转型中的微力量

微博公共事件中的公众参与

—— · 文远竹 ⊙ 著 · ——

中 国 出 版 集 团

世界图书出版公司

广州 · 上海 · 西安 · 北京

图书在版编目（CIP）数据

转型中的微力量 ： 微博公共事件中的公众参与 / 文
远竹著 -- 广州 ： 世界图书出版广东有限公司，
2013.12

　　ISBN 978-7-5100-7321-2

　　Ⅰ． ①转… Ⅱ． ①文… Ⅲ． ①互联网络－传播媒介－
公共管理－研究－中国 Ⅳ． ① G219.2 ② D63

中国版本图书馆 CIP 数据核字（2014）第 003371 号

转型中的微力量：微博公共事件中的公众参与

策划编辑　　赵　泓
责任编辑　　阮清钰
封面设计　　梁嘉欣
版式设计　　文　竹
出版发行　　世界图书出版广东有限公司
地　　址　　广州市新港西路大江冲 25 号
电　　话　　020-84459702
印　　刷　　虎彩印艺股份有限公司
规　　格　　787mm×1092mm　　1/16
印　　张　　12
字　　数　　152 千
版　　次　　2014 年 1 月第 1 版　2015 年 4 月第 3 次印刷
Ｉ Ｓ Ｂ Ｎ　978-7-5100-7321-2/G・1508
定　　价　　48.00 元

微博公共事件中的公众参与
对转型中国的特殊意义（代序）

2011 年 7 月 19 日，中国互联网络信息中心（CNNIC）在北京发布《第 28 次中国互联网络发展状况统计报告》显示：截至 2011 年 6 月底，微博用户数量以高达 208.9% 的增幅，从 2010 年底的 6311 万爆发增长到 1.95 亿，成为用户增长最快的互联网应用模式。

2012 年 9 月 20 日，互联网监测研究平台 DCCI 互联网数据中心发布的《2012 中国微博蓝皮书》称，经过 5 年的培育，微博用户总量约为 3.27 亿，中国微博市场用户规模已基本稳定和成熟。微博用户开始大规模地向移动端迁移：通过智能手机进行微博访问的用户已经达到了 89.35%。对于用户来说，在微博上"找乐子"是他们的重要驱动力之一。虽然偏向于娱乐，但微博凸显正气的特性，是正能量的传播平台。用户更加倾向于转发和评论正向信息，而讨厌哗众取宠、低俗恶毒的信息。微博赢得"社会人"的属性。"移动＋社交"的模式完美地将时间、空间、真实社会融合在了一起，移动微博模糊了虚拟与真实的界限。

2013 年 7 月 17 日，中国互联网络信息中心（CNNIC）发布的《第 32 次中国互联网络发展状况统计报告》显示，截至 2013 年 6 月底，我国微博网民规模为 3.31 亿，较 2012 年底增长了 2216 万，增长 7.2%。"微博已经成为网民获取信息的重要途径之一，微博从满足人们弱关系的社交需求上逐渐演变成为大众化的舆论平台，越来越多机构及公众人物都通过微博来发布或传播信息。""2013 年以来，微博平台与一些互联网资源和平台联通，微博扮演的角色将会扩展。"

有关微博的这些数字还将在今后不断刷新。在传播史上，微博实现了或正在实现传播技术和传播方式的前所未有的巨大革新。作为一种全新媒体，微博普及应用的速度在传播史上实属罕见。

伴随着微博传播技术的兴起，还有公民权利意识的勃兴。借助微博这一新的信息载体和传播平台，公民的权利意识空前高涨，公民对公共事件的关注得以加强，公民的行动能力得以大幅扩展，公民参与社会公共事务和民主管理的兴趣空前高涨，与公权力之间的博弈也进入了一个全新的阶段。在微博公共事件的参与中，以往对公共事件和公共事务漠不关心的一些公民突然之间对公共事件产生了浓厚的兴趣，并在微博上将这种兴趣转化为实实在在的公众参与行动，形成一股源自草根微末、终究汇流成河的"微力量"。这种公众参与的良好状态显然会有益于一个健康的公民社会的创建。这也让我们对微博公共事件中的公众参与的研究从传播技术、传播观念、传播模式等传播学领域逐渐扩展至政治学、社会学的层面。

改革开放已有30多年的当代中国，伴随着经济体制的巨大变革，中国社会正由传统社会、农业社会向现代社会、工业社会甚至后现代、后工业时代转变。在这种遽变之中，不仅是GDP的急剧增长、工厂厂房的兴建和基本经济制度的变革，而且让政治管理、文化结构、社会心理、公众个体精神面貌等各个层面都发生着巨大的变化。这种转型是急速的、深刻的，也是渐进的、不完善的。在转型之中既有公众公民意识的觉醒、个体权利意识的彰显，也带来了新阶层的出现和社会深层次矛盾的凸现。温家宝总理在2012年3月举行的十一届全国人大五次会议闭幕后的记者见面会上回答记者提问时说，现在改革到了攻坚阶段，没有政治体制改革的成功，经济体制改革不可能进行到底，已经取得的改革和建设成果还有可能得而复失，社会上新产生的问题也不能从根本上得到解决，"文化大革命"这样的历史悲剧还有可能重演。在谈到网络"拍砖"时，温总理直言群众批评值得政府深思，还透露说准备考虑请一些对政府持批评意见的人来中南海，当面听听他们的想法和意见。温家宝的这番话，不仅表明转型中国面临着诸多有待解决和深化的社会问题，也从另一个方面表明了包括网民在内的公众参与对于增进政府公权力与普通公众的私权力的良性互动，对于提高政府公共行政的透明度和效率无疑将起到显著的作用。在时隔一年以后的第十二届全国人民代表大会第一次会议闭幕会上，中共中央总书记、国家主席习近平在讲话中表示："我们要随时随刻倾听人民呼声、回应人民期待，保证人民平等参与、平等发展权利，我们要随时随刻倾听人民呼声、回应人民期待，保证人民平等参与、平等发展权利。"虽然习近平没有直接提到微博，也没有专门论及公众参与，但提到了"保证人民平等参与的权利"。从这些语句中，我们也能够见微知著地感受到微博公共事件中的公众参与对转型中国具有着特殊的意义：

一是微博公共事件中的公众参与降低了普通公众的表达门槛，激发了他们关心社会公共事务的兴趣，也让他们能够以一个公民的姿态参与到公共事务的监督、决策、评价中去，让他们的知情权与表达权在微博中得到极大的彰显。这与以前公众在公共事件面前不闻不问的态度"判若两人"。这将在本书有关"温州动车追尾事故"、"郭美美事件"等具有代表性的微博公共事件中的分析论述中得以体现。

二是微博公共事件中的公众参与给予底层公众维护自身合法权利的"微力量"，也给他们提供了一个私权力与公权力抗争的平台。在这里，公众不仅可以批评政府部门的公共管理，进行"拍砖"，而且可以让公权力的不作为、乱作为等行径曝光在广大公众面前，并以强大的舆论压力作为后盾，用于维护自身的权益。底层公众通过微博公共事件来进行维权（简称"微博维权"）是一种典型的借助大众传播手段的维权模式。维权者在传播史上第一次成为在大众传播媒介上掌握信息发布主动权的"传者"（此前的网络维权，维权者在互联网上发布的维权信息还需经过管理员或版主等网络把关人的审核和过滤），受众是不确定的海量的对象。"微博维权"不仅具有信息发布速度的快捷性、发布方式的便捷性和低成本，而且具有反馈的即时性和互动性，极易达成群体共识，形成很有社会影响力的公民新闻活动，取得良好的传播效果。因而，我们可以说，"微博维权"是当代中国公众政治参与底层抗争的一种全新手段和模式。随着手机在底层公众中的日益普及和底层公众维权意识的日益增强，"微权维权"还将在底层抗争中发挥更大的作用。这将在本书有关"宜黄拆迁自焚事件"的分析中进行详细描述。

三是微博公共事件中的公众参与让公众参与的兴趣和范围从一般性的公共事务、突发性公共事件、维权性公共事件等"硬"领域拓展到语言文化、身份认同、公益爱心等"软"领域。微博不仅让政府、组织和个体公民提供了一种在信息传播和意见表达方面更便捷的新媒体，更重要的是，微博还提高了公民对公共事件的深度参与能力，以及与此相关的政治效能感的提升。本书有关"广州保卫粤语事件"、"微博解救乞讨儿童行动"的分析便体现了公众参与的这种范围拓展。

四是微博公共事件中的公众参与也给政府部门的管理者带来了全新的课题和考验。微博公共事件中的公众与政府、企业、社会组织等各个方面的相互关系和力量博弈通过微博这一平台来进行分化组合和力量重组，让微博公共事件中的公众参与具有许多其他公共事件中所不具备的新特点。可以说，有了微博的力量，公众参与的面貌焕然一新了。而是否能成功应对这种全新媒体下的公众参与，是否能化解公众参与下的公关危机，是否能准确掌握和疏导公众参与的社会心理趋势，是否能在公私权力博弈中得以维持各方均势和平衡，是否能防范恶性公共事件的发生等等，都考验政府部门的管理者。当然，不管这种应对是自愿的还是被动的，也必将推动政府部门的依法行政和社会公正。

目　录

微博公共事件中的公众参与对转型中国的特殊意义（代序）　/　1

引言　/　1

　　一、微博公共事件中的公众参与：热点事件中的热门话题　/　1

　　二、微博公共事件公众参与研究的历史回顾　/　4

　　三、探讨微博公共事件走势及和谐发展之道：本书的价值追求　/　14

第一章　公众参与的理论溯源与现实观照　/　16

第一节　公众参与的概念界定　/　16

　　一、政治参与：平民试图影响政府决策的活动　/　16

　　二、公民参与：政治参与的一种高级、成熟形式　/　17

　　三、公众参与：社会大众影响公共事务发展和治理的行为　/　19

第二节　中国语境下的公众参与　/　22

　　一、公众参与的历史考察　/　23

　　二、新时期公众参与的新进展和面临的困境　/　27

第二章　微博公共事件公众参与的类型及特征　/　31

第一节　微博公共事件公众参与的类型　/　31

　　一、微博公共事件的定义及类型　/　31

　　二、微博公共事件公众参与的类型　/　34

第二节　微博公共事件公众参与的特征 / 39

　　一、群体性 / 39

　　二、草根性 / 40

　　三、匿名性 / 41

　　四、互动性 / 42

第三章　微博公共事件公众参与的组织动员 / 44

第一节　微博公共事件中的公众参与与集群行为 / 44

　　一、作为集群行为的微博公共事件中的公众参与 / 44

　　二、从价值累加理论看"温州动车追尾事故"中的公众参与行为 / 46

　　三、从社会挫折理论看"温州动车追尾事故"中的公众参与行为 / 48

第二节　微博公共事件公众参与的组织动员模式 / 50

　　一、微博公共事件中的公众参与是一种基于组织动员的行动 / 50

　　二、以"宜黄拆迁事件"为例看微博公共事件公众参与的组织动员 / 51

　　三、微博公共事件公众参与的组织动员模式及两种理论解释 / 54

第四章　微博公共事件中的意见领袖与公众参与 / 58

第一节　微博公共事件中的意见领袖 / 58

　　一、意见领袖在信息传播中的中介功能 / 58

　　二、从"微博解救乞讨儿童行动"看意见领袖在公众参与中的作用 / 59

　　三、意见领袖与公众参与的关系：两种理论视角的解读 / 64

　　四、意见领袖的平民化：以"郭美美事件"中的"@温迪洛"为例 / 65

第二节　微博公共事件中的名人微博与粉丝效应 / 67

　　一、名人微博传播模式与明星崇拜现象 / 68

　　二、姚晨的微博：粉丝个体情感投射的对象 / 70

　　三、名人微博的粉丝效应 / 73

　　四、粉丝的分化与对立：以"孔庆东事件"为例 / 75

　　五、微博名人与粉丝的关系：共建了"名人微博亚文化" / 77

第三节　微博公共事件中的"微博推手"与"微博水军" / 78

　　一、"微博推手"引导公众参与的特点及组织运作方式 / 79

二、"微博水军"的组织工作流程和炒作技巧 / 83

第四节　微博公共事件中意见领袖与公众参与的心理分析 / 86

一、微博公共事件中意见领袖的心理特点 / 87

二、微博公共事件中普通公众的心理特点 / 88

第五章　微博公共事件中的力量博弈 / 95

第一节　微博公共事件中公私权力的博弈 / 95

一、微博公共事件中公私权力博弈的特点 / 95

二、微博公共事件中公私权力博弈的过程 / 97

第二节　微博维权与底层抗争 / 103

一、微博维权降低公众参与公私权力博弈门槛 / 104

二、微博维权的实质：话语权的博弈 / 106

三、微博维权：当代中国社会底层抗争的一种全新手段和模式 / 109

第六章　微博公共事件公众参与的政治效能感分析 / 112

第一节　公众参与、媒体接触与政治效能感的关系 / 112

一、公众参与、媒体接触与政治效能感的概念解析 / 112

二、公众参与、媒体接触与政治效能感的关系分析 / 114

第二节　微博公共事件公众参与与政治效能感的实证研究：以"广州保卫粤语事件"为例 / 116

一、"广州保卫粤语事件"的传播路径及媒体接触 / 117

二、"广州保卫粤语事件"的选题意义及研究方法 / 122

三、"广州保卫粤语事件"案例的研究发现 / 125

第七章　微博公共事件公众参与的控制 / 133

第一节　微博公共事件中的谣言传播及其控制 / 133

一、微博公共事件中的谣言传播种类 / 133

二、微博公共事件中谣言传播的原因分析 / 136

三、微博公共事件中谣言传播的控制 / 139

第二节　微博公共事件公众参与的引导与管控 / 142

　　一、对微博公共事件公众参与进行引导的必要性 / 142

　　二、微博公共事件公众参与的政府引导与管控 / 145

　　三、微博公共事件公众参与的心理疏导和心理控制 / 147

第八章　微博公共事件中的公众参与与公共领域的建构 / 152

第一节　微博与公共领域 / 152

　　一、公共领域理论概述 / 152

　　二、微博与公共领域的关系 / 155

第二节　微博公共事件中的公众参与与公共领域 / 157

　　一、微博公共事件中的公众参与与公共领域关系研究综述 / 157

　　二、公共领域在中国的建构：基于几起典型微博公共事件的分析 / 158

　　三、微博公共事件中的公众参与建构中国公共领域的前景 / 161

中外文参考文献 / 163

　　一、中文部分 / 163

　　二、英文部分 / 167

附录：微博公共事件年表（2009 年 - 2013 年） / 171

后记 / 180

引　言

一、微博公共事件中的公众参与：热点事件中的热门话题

微博公共事件的公众参与这一论题涉及到微博、公共事件和公众参与这三个相关的概念。从目前笔者掌握的资料来看，学界有关这三个概念的相关论述可谓多矣，然而却是相互分隔、各自为政的论述，鲜有系统、全面论述"微博公共事件的公众参与"这一论题的。

2010 年后微博在中国的兴起，引爆了学界和业界对这一全新的传播载体的研究热，但却大多从微博对传播技术、传播模式的革新，对新闻采编、信息发布、媒介经营的影响以及对政务公开、官民互动的促进等方面进行论述。在有关微博对信息发布影响的论述中，一些学者论述了微博"自媒体"特点让更多的公众参与到新闻信息的采集和发布中来的特点；在有关官方微博和微博舆情的论述中，一些学者分析了公众借助微博平台参与公共事务管理和进行舆论监督的事实。然而，这些论述都没有专门对微博公共事件作为一个研究对象进行详细的实证研究和学理分析，更不用说深入到微博公共事件的公众参与这一层次展开深入研究。

改革开放以来，尤其是上个世纪 90 年代以来，学界有关公共事件的研究也是一个热点，至今仍方兴未艾。像于建嵘等人从社会学的视角出发，系统论述过农民维权、农民工维权与公共事件的关系；有一些学者从政府公共管理、政策决策制定、民主社会架构、政治体制改革、危机事件处理等政治学角度来展开对公共事件的研究；也有一些学者从公共事件中相关各方法律关系调整以及法制社会建构、民主法治进程等法学角度对公共事件进行讨论；当然也有一些学者从传播模式、媒体作用、舆情监控、公共事件传播策略、危机公关等传

播学角度来对公共事件进行分析，像陈韬文、邱林川、周葆华等传播学者对"新媒体事件"进行过卓有成效的研究。这些论述都会或多或少地观照到"公众参与"的问题，但由于学者们开展这些研究时微博尚未诞生，或即使微博已经诞生，但微博公共事件还未成大气候，或即使微博公共事件已经纳入研究范畴，但在研究时却偏重于事件的形成、演变、控制或与其他社会因素的关系方面，对其中的公众参与或一笔带过，或轻描淡写。

公众参与这一论题，对于法学、社会学、政治学的学者们来说，就像受众这一概念对于传播学者来说一样，是老生常谈的热门话题。改革开放新时期以来，公众参与与民主参与、政治参与等概念一道成为学界炙手可热的论题，并且对这些西方泊来的概念的学理解析很快与新时期中国出现的众多公共事件的实证分析相结合。像于建嵘等学者分析农民、农民工、下岗职工等维权案例引发的公共事件时，对农民、农民工、下岗职工等群体的参与情况进行过详细的论述；邓正来等学者从公民社会、市民社会的建构这一角度探讨过公众参与的问题；周葆华等学者对"厦门PX事件"等互联网公共事件中的网民参与问题进行过专题探讨。但是目前学界对微博及微博公共事件中的公众参与还处于预热阶段，少有全面、深入的论著出现。

本书对微博公共事件中的公众参与展开专门论述，主要基于以下几个方面的考虑：

一是可以通过研究微博公共事件中的公众参与来展现微博这一全新的新媒体的传播特点和社会作用。微博的影响不仅仅局限于媒体传播领域，它对当今社会产生深刻而全方位的影响通过微博公共事件集中表现出来。微博公共事件不仅较好地体现出自媒体性、草根性、即时性、交互性、多样性等微博传播的特点，而且可以很好地展现作为传播平台的微博与政治体制、社会文化、经济结构、时代背景等因素的相互交集和融合，凸显出微博这一冰冷的传播技术背后人文的温暖。因而社会性、人文性以及政治性理所当然地成为微博公共事件研究的学术特点，摒弃就技术论技术、就传播论传播的"技术决定论"和"空对空"的研究模式。"公共事件"让微博研究披上了社会性的"外衣"，"公众参与"又让微博研究有了"人气"。本书力求以大量的微博公共事件的案例分析，来展现公众参与丰富多彩的类型、复杂多变的过程、差异明显的效果，展现公众参与过程中各方力量的作用和博弈，尤其是深入到公众参与的内心深处，来呈现他们的心理特点和心理因素。总之，要将有关微博公共事件中的公众参与的研究做成活生生的学问，而不是死气沉沉的说教。

二是可以通过研究微博公共事件中的公众参与来展现微博公共事件这一全新的公共事件的传播模式和社会影响力。微博公共事件虽然是公共事件的一种类型，可以划入新媒体公共事件或新媒体事件的范畴，但是微博公共事件是一种全新的公共事件类型，有着与众不同的鲜明特点，而且深深地打上了"微博"的印迹。微博传播的即时性、草根性、广泛性等特点让微博公共事件大批量的、快速的、全景式的出现在我们每天的视野之中，其丰富性、快捷性、民生性和社会深刻性，是包括互联网公共事件等其他新媒体公共事件所望尘莫及的，更不用说过去那些主要依靠报纸、电视等传统媒体唱主角的公共事件了。微博入选2010年中国媒体十大流行语。微博作为一种全新的新媒体，已经和正在从许多方面改变人类的生活，微博的发展带给人类社会的推动也将是革命性的。"围观"正在改变中国。由微博"围观"引发的各种微博公共事件是名副其实的"热点"事件，不仅给传播领域带来了革命性的改变，而且在社会生活中也掀起了一场"微革命"。近年来，"宜黄拆迁自焚事件"、"郭美美炫富事件"、"我爸是李刚事件"、"上海献花事件"、"广州保卫粤语事件"、"郭美美事件"、"广州街道办主任裸聊照片被微博曝光"、"江苏溧阳卫生局长微博上晒开房"、"陕西安监局'表哥'事件"等微博公共事件层出不穷，"你方唱罢我登场"。酸甜苦辣、喜笑怒骂之中，微博公共事件正在对公共领域产生重要而深远的影响。微博公共事件是否正在促成哈贝马斯所谓"公共领域"的第三次结构转型，并形成新的公共领域？在微博公共事件中，意见意见领袖与普通公众的关系，是否体现了一种新的社会交往模式？这里面又有着什么深刻内涵？微博公共事件搭建了一座社会精英与普通民众之间沟通、互动的桥梁，能否实现社会精英和普通民众的去阶层化，实现两个阶层的和解与融合？对这些问题的探讨，让微博公共事件的研究从其他公共事件的研究中脱颖而出，而且具有他们所无法比拟的理论前瞻性和现实重要性。

三是可以深入研究微博公共事件中的公众参与这一全新命题的组织动员全过程、内在动力、效果评判，探寻其运作规律和发展趋势，彰显其社会作用。公众参与的话题虽说是法学、社会学、政治学中司空见惯的老话题，但由于嫁接了微博传播中草根性、即时性等特点，让微博公共事件中的公众参与具有其他公共事件中的公众参与前所未有的低门槛、高参与度、广泛性和效果良好等优势。例如，微博中的底层维权可以作为微博公共事件中公众参与的一种重要类型进入我们的研究视野。微博降低了底层民众言论表达门槛，拓宽了他们的维权诉求的表达渠道，让底层维权成为可能。近年来出现的以"宜黄拆迁自焚事件"为代表的微博维权案例，是当代中国底层社会"抗争研究"的鲜活素材，是底层社会表达渠道与话语权的一大变革。通过对这些典型微博维权案例的维权可能性、维权效果和维权传播模式的分析，我们可以得知，微博维权降低底层民众言论表达门槛，让话语权得以释放和群体共识得以形成。通过对以"宜黄拆迁自焚事件"为代表的"微博维权"案例进行个案和定性分析，可以建构当代中国底层社会抗争的一种全新的传播学和社会学的一种复合逻辑。微博公共事件降低了底层公众参与的门槛，彰显了他们的话语权，这能否改变目前日趋严重的信息不对称现象，重新分布整个国家乃至世界的话语权，使之能够像市场经济这只"无形的手"调节资源配置一样，让话语权也趋向一个理想的平衡？微博公共事件能够让广大公众参与到公共事件的力量博弈中来，这能否显著提高他们的政治效能感，鼓舞他们参与到公民社会的建构中去？随着广大公众对微博公共事件的参与，这促进公共空间与私人空间的融合的同时，是否也会引发公共空间与私人空间重合、冲突的矛盾，引起个人心理状态发生变化和多重人格，以及如何重新定位个人与社会的关系等问题？对这些问题的研究，不仅可以直接呈现当今正处于社会转型中的中国社会矛盾多发和光怪陆离的现实，把脉社会发展中的难题，而且可以让研究深入到哲理、人性的层面，闪耀出人类思辨的理性之光。

本书有关微博公共事件中的公众参与的研究在吸收了以往学者对微博、公共事件和公众参与这3方面大量出色研究成果的基础上，运用传播学、社会学、政治学等复合视角，力求将微博公共事件中的公众参与放在一种历史演进和时代转换的宏大背景下进行开拓性、创新性的研究。

二、微博公共事件公众参与研究的历史回顾

由于本书有关微博公共事件中的公众参与的研究包含微博、公共事件和公众参与等3个方面的要素。因而本选题的已有研究综述也将分别从微博、公共事件和公众参与等几个方面进行归纳。

（一）有关微博的研究

2006年3月成立于美国旧金山的Twitter.com是最早出现的微博服务的网站。Twitter最初是作为一个边缘项目诞生的，让首创这个项目的埃文·威廉

姆斯（Evan Williams）意想不到的是，凭借对传统交流方式的颠覆性改变，Twitter 迅速风靡全球。作为 twitter 模仿者与替代品，中国本土化微博产品开始在 2007 年出现，自 2009 年 8 月新浪推出微博产品后，微博在中国开始勃兴，并迅速将互联网和博客这些此前的新媒体甩到了身后。

国外学者对微博的研究起步较早，也比较成熟，以定量研究居多。从目前笔者掌握的一些国外学者的研究成果来看，绝大多数集中于微博的社交功能、表达功能以及微博营销这三个方面。这跟微博在国外一些国家的发展现状有关。与微博在中国作为一种全新媒体（自媒体）登上传媒舞台不同，微博在美国等许多西方国家，最初是作为类似 Facebook 一样的社交工具出现的，微博的媒体功能并不明显。

国外学者对微博的研究兴趣最初是被微博的全新的社会交往特点所吸引，他们发现，微博以身临其境的现场感和媒体的丰富性营造出很强的"环境知觉"；"推－推－拉"的交往模式可以让每个微博用户同时加入多个群组，从而实现一对多、背对脸式的多样化交互方式，让微博用户在彼此交往中还表现出明显的自我表现、自我表露倾向。[1] 微博这种低门槛的社会交往功能让人们维持良好的"环境亲密"（Ambient Intimacy）关系。[2] Sarita Yardi 认为，Twitte 上大范围的互动既能让人们找到志同道合者，也能与观点相左的人进行交流，人们既能找到归属，又不至于极端，多元化观点的碰撞将有利于社会的健康发展。[3]当然，微博这种新型社交模式也带来了个人信息易暴露[4]、不确定性增加[5]等交往风险。微博独具魅力的表达功能也吸引了许多国外学者的研究兴趣。有学者详细总结了微博在内容表达方面的特点；也有学者将微博用户分为两类，大部

1. Fischer E, Reuber A R. Social Interaction via New Social Media：(How) can Interactions on Twitter Affect Effectual Thinkingand Behavior. Journal of Business Venturing，2011，26(1)：1 ～ 18. 转引自闫幸，常亚平. 微博研究综述. 情报杂志，2011(9)

2. Java A，Song X，TimFinin, et al. Why We Twitter：An Analysis of a Microblogging Community，2010

3. Sarita Yardi，Danah Boyd. Dynamic Debates——An Analysis of Group Polarization over Time on Twitter. http://www.danah.org/papers/2010/BSTS-Twitter Polarization.pdf. 转引自孙晓峰. 微博客国外研究现状. 百库文库. http://wenku.baidu.com/view/56a5bf4e2e3f5727a5e96293.html

4. Elwood S，Leszczynski A. Privacy，Reconsidered：New Representations，Dta Practices，and the Geoweb. Geoforum，2011，42(1)：6 ～ 15

5. Malita L，Badescu I，Dabu R. Culture Tips of Online Job Searching. Procedia - Social and Behavioral Sciences，2010，2(2)：3070 ～ 3074

分人以自我表达为中心，另有一小部分人以分离信息为主，他们的交往需求都能在微博上得到满足。[1]Jana Herwig 却认为，与其他社会化媒体丰富多彩的多媒体效果相比，Twitter 反而显得很朴素。未来的创新点应该放在如何让人们参与微博的表达上，比如在 Twitter 中如何用 140 个字表达有意义的内容。[2]

国外的研究者们从微博全新的社交功能和表达功能中找到了微博的价值。这种价值表现大致在三个方面：一是商业价值，如微博具有的巨大商业应用前景；二是政治和社会价值，如利用微博在大选前测量选民的意愿；三是舆情监测价值，如在地震等重大灾难过后，利用微博监测公众的真实想法。笔者认为这三项功能都是微博社交功能和表达功能这两项基本功能的延伸和利用，都是为了达到经济上、或政治上、或社会上的营销目的，因而可以笼统地称为"微博的营销功能"。

首先，我们来看微博的商业价值。作为新型社交平台的微博，其商业价值十分广泛，国外学者的研究也十分全面。有学者从 Twitter 提供的数据中发现了消费者对企业品牌评价的概况及其周期性变化。[3]有学者认为，微博能够增强消费者对企业的粘性，提升企业形象。[4]也有学者发现，微博还可以对电影票房[5]、企业股票价值[6]等商业行为进行准确度较高的预测。此外微博的商业价值还体现在为企业提供更多的消费者购买决策的信息[7]、提升消费者满意度和树

1. Mor Naaman，Jeffrey Boase，Chih-Hui Lai. Is it Really About Me Message Content in Social Awareness Streams. http://www.mendeley.com/research/earthquake-shakes-twitter-users-realtime-event-detection-social-sensors-3/

2. Jana Herwig. Liminality and Communitas in Social Media-The Case of Twitter. http://homepage.univie. ac.at/jana.herwig/PDF/herwig_ir10-Liminalitycommunitastwitter_v5oct09.pdf. 转引自孙晓峰. 微博客国外研究现状. 百库文库. http://wenku.baidu.com/view/56a5bf4e2e3f5727a5e96293.html

3. Jansen B J，Zhang M，Sobel K，et al. Twitter Power Tweets as Electronic Word of Mouth. Journal of the American Society for Information Science and Technology，2009，60(11)：2169～2188

4. Eberle D. iBranding -the Impact of Social Media on Corporate Brands. Rotterdam：RSM Erasmus University，2010

5. Asur S，Huberman B A. Predicting the Future With Social Media. http:// arxiv.Org/PS_cache/arxiv/pdf/1003/1003.5699v1.pdf，2010

6. Tayal D，Komaragiri S. The Impact of Micro Blog on Market performance. International Journal on Computer Science and Engineering，2009，1(3)：176～182

7. Kaplan A M，Haenlein M. The Early Bird Catches the News：Nine Things You Should Know about Micro-blogging. Business Horizons，2010，20(october)：1～9

立企业形象 [1]、客户关系管理 [2] 等方面。

其次，微博的政治和社会价值方面是国外学者的另一个研究热点。Nicholas Diakopoulos 等学者将微博与美国大选扯上了关系，凸显了微博的政治价值。他们受到 2008 年的总统竞选时包含态度和情感的微博信息大量增加的启发，提出可以将微博与电视紧密结合提供一种全新的社会化视频体验（Social videa experiences），并设计出一套可更好的理解选民态度的分析方法。在 CMU Researchers Analyze Twitter Sentiments 一文中，他们提出可以通过分析工具将选民在 twitter 中的发言定性为支撑或反对等维度，对其长期的监测将能反映出选民对对竞选的态度，其结果与平常进行的选举调查（polling data）基本相近。学者 Thomas Roach 也对微博在大选中的作用持相似的态度，他认为今后可以通过对含有特定关键词的 twitter 进行监控，并在相关区域进行定点广告投放。[3] 微博在政治选举方面的一个典型的应用是在 2009 年 6 月伊朗总统选举期间，由于政府对信息的管控，伊朗的选民反而通过微博进行了较好的信息沟通。此外，微博也普遍成为了当前各国政府官员与民众沟通的平台。在社会价值方面，微博在新闻、教育、社会资本、找工作、反垃圾信息和微博地图等方面都有着广泛的应用。

最后，微博的舆情监测价值最集中地体现在重大灾难和危机事件之中的信息和民意收集。日本学者 Takeshi Sakaki 等人在 Earthquake Shakes Twitter Users:Real-time Event Detection by Social Sensors 一文中表示，他们通过对东日本大地震后的微博进行语义分析和位置检测而发明了一套地震报告系统。Cynthia Chew 等人以 2009 年 H1N1 流感爆发为研究对象，进行了与日本学者相似的研究，并得出了与日本学者类似的结论。他们认为，Twitter 不仅可以作为官方的信息发布平台，也是各类民间观点和意见的展示平台，通过对 Twitter 进行即时内容分析和信息传播研究，可以让卫生部门更好地反馈公众关注。[4] Neil Savage 认为 Twitter 能很好地反映社会动态，从中可窥探社会

1. Hsu C，Liu C，Lee Y. Effect of Commitment and Trust Towards Microblogs on Consumer Intention. International Journal of Electronic Business Management，2010，8(4)：292～303

2. Greenberg P. The Impact of CRM 2. 0 on Customer Insight. Journal of Business & Industrial Marketing，2010，25(6)：210～219

3. 孙晓峰. 微博客国外研究现状. 百库文库. http://wenku.baidu.com/view/56a5bf4e2e3f5727a5e96293.html

4. 同上

这个庞大机体的运行。他还为此专门制作了了一个清晰的结构图来生动地呈现 Twitter 上帖子的互动、转发和话题的提及。[1]

我们再看看国内学者有关微博的研究，便会发现他们的研究兴趣主要集中在两个方面：一是微博传播模式等理论方面；二是微博对传媒生态、新闻生产和发布的影响、对政务公开的促进以及微博营销等实务方面。

在微博传播模式方面，李开复提出，微博传播信息的新模式是一种"基于信任的病毒传播"。[2]李开复借用营销学的术语描述了微博传播的全新模式，生动形象，入木三分，但似乎少了些传播学上的理论色彩，将微博的传播过程想像得过于简单，没有充分考虑到传播中的互动、链接、阻力、管控等因素。而喻国民引入"植入式嵌套"这一新名词来解释微博传播范式的基本特点。[3]他对微博表达出浓厚的研究兴趣，2011 年 5 月他还出版了一本著作《微博：一种新传播形态的考察——影响力模型和社会性应用》[4]，从传播效果与社会化网络等层面对微博传播进行分析。但微博能否成为整个互联网生态结构内信息指向和发出的核心信源？嵌套之链如何应对碎片化的危机考验？微博传播中的虚假信息或危害社会稳定的信息如何防范？这些问题并不能简单地用"嵌套性"、"影响力模型"等词汇得到解答。

而对于微博传播实务的研究，描述性的居多，理论性的甚少。在 2010 年微博在国内勃兴之初，微博营销和盈利模式成为业界积极探索的新命题，也引起了一些研究者的重视。许多研究者对微博营销的巨大潜力和低成本性进行了展望和预测，[5]但又担心微博内容太短、稍纵即逝，很难直接植入广告。[6]有研究者认为，许多网站正在试验的"微群"和"垂直领域微博"是微博将来发展的前景所在。[7]也有研究者看好微博在财经信息传播方面的优势及发展前景。[8]有关微博对传统媒体影响的研究文献在 2010 年和 2011 年这两年更是汗牛充栋。

---

1. Neil Savage.Twitter as medium and message.Communications of the ACM,2011,54(3):18~20. 转引自孙晓峰. 微博客国外研究现状. 百库文库. http://wenku.baidu.com/view/56a5bf4e2e3f5727a5e96293.html

2. 李开复. 微博改变一切. 上海：上海财经大学出版社，2011．49

3. 喻国明，欧亚，张佰明，王斌. 微博：从嵌套性机制到盈利模式. 青年记者，2010（7 下）

4. 喻国明. 微博：一种新传播形态的考察——影响力模型和社会性应用. 北京：人民日报出版社，2011

5. 苏浩军，李国红. 媒体微博营销的功能和类别. 新闻战线，2011（3）

6. 郭全中. 如何发掘微博的营销价值. 中国记者，2011（6）

7. 张敏. 微博的前景. 网络传播，2011（5）

8. 李承. 浅析微博在财经信息传播方面的优势及发展前景. China's Foreign Trade，2011（4）

翻开这两年的《新闻战线》和《中国记者》，可以看到几乎每一期都有相关的论文发表。《青年记者》杂志 2011 年 3 月下刊发了一组名为 " '织围脖' 的媒体人" 的前沿报告，用第一手资料，对传统媒体官方微博、媒体人微博的传播实践以及微博如何影响传统媒体的新闻生产进行了较全面的总结。但许多论文泛泛而谈的都是感性的认识或猜想，缺乏将研究对象放至宏观的传播史中进行考察，也缺乏对某一传统媒体等典型范本进行社会学意义上的数理统计和调查研究。在这些研究中，在理论建树方面取得突破的是彭兰教授的研究，她认为，当微博对当前传媒生态产生不可逆转的影响时，传统媒体必须善于利用微博，为我所用，将其当成一个新的信息发布和广告营销平台。[1]

有关微博的研究也成了在校大学生撰写学位论文的热门选题，这从 2011 年的硕士学位论文的题目中便可见一斑，如《公共领域视野下的微博传播研究》[2]、《微博客的媒介生态研究》[3]、《微博在分众营销方面的应用及效果研究》[4]、《微博时代"玉树地震"公共危机事件传播的框架分析》[5]、《微博在突发公共事件中的功能和角色浅析》[6]、《微博的舆论引导功能研究》[7]、《基于微博嵌入小伙伴阅读网的分析与设计》[8]、《基于微博的媒体营销研究》[9]等。有研究者选取维普数据库作为数据来源进行统计发现，国内研究微博的文献最早出现在 2008 年，从 2008 年至 2010 年 4 月 6 日共检索出与"微博"相关的文献 77 篇，研究文献呈逐年增长之势。国内有关微博的研究与国内微博的兴盛同步，研究的重点和焦点是微博对政府信息公开、对企业营销推广等实用研究和微博与传统媒体关系研究。"相比于国外而言，国内对微博客的研究较少从传播学视角，进行微博客的本体研究。"[10]

1. 彭兰. 媒体微博传播的策略选择. 中国记者，2011（2）

2. 张树诚. 公共领域视野下的微博传播研究：[硕士论文]. 广州：暨南大学，2011 年

3. 吉卫华. 微博客的媒介生态研究：[硕士论文]. 西安：西北大学，2011

4. 亓欣欣. 微博在分众营销方面的应用及效果研究：[硕士论文]. 广州：华南理工大学，2011

5. 王培培. 微博时代"玉树地震"公共危机事件传播的框架分析：[硕士论文]. 兰州：兰州大学，2011.

6. 陈艳霞. 微博在突发公共事件中的功能和角色浅析：[硕士论文]. 重庆：重庆大学，2011

7. 王子. 微博的舆论引导功能研究：[硕士论文]. 广州：华南理工大学，2011

7. 钟睿祺. 基于微博嵌入小伙伴阅读网的分析与设计：[硕士论文]. 广州：华南理工大学，2011

9. 吴敏. 基于微博的媒体营销研究：[硕士论文]. 广州：暨南大学，2010

10. 李齐. 微博客传播效果研究——以新浪微博客网站为例. 人民网传媒频道，2010-12-23. http://media.people.com.cn/GB/22114/150608/150615/13563658.html

（二）有关公共事件的研究

国外学者对公共事件的研究起步较早，绝大多数集中在突发卫生事件和突发灾难事件这两类公共事件上。对这两类公共事件的应急管理的研究是他们研究的重点。而这方面的研究又主要集中在"国家政治体制与突发事件应急管理的政策和立法、应急管理政策效果的研究、应急管理技术性政策等三个方面"[1]。许多学者从信息沟通技术与地理信息科学这两个方面对突发事件的应急管理进行研究。他们普遍得出这样一个结论：在突发公共事件中与公众进行信息沟通是政府机构的一项重要功能，信息沟通技术与政策对于引导公众参与心理，促进突发公共事件应急管理顺利完成具有积极作用。还有学者通过研究已有的突发公共事件公共沟通模型以及案例，提出了突发公共事件条件下政府公共信息政策的构成以及存在的变量。[2]

中国国内的学者基于截然不同的国情，将公共事件研究的焦点放在群体性事件和媒体公共事件这两类公共事件上。对集体上访、讨薪、集会等群体性事件的研究之多，更是成为了一大中国特色。而这些所谓的"群体性"事件，在国外的一些研究者看来，只不过是司空见惯的民主权利之一，不需要进行太多的研究。在群体性事件方面，于建嵘、李连江、欧博文、王洪伟等国内社会学学者此前已开展了卓有成效的研究，形成了一些可资借鉴的研究结论和理论框架。但这些研究，几乎都侧重于农民、农民工等弱势群体、底层民众的抗争内容与行为模式的定性研究，多从社会学上进行逻辑建构，而较为忽略底层民众提出诉求和实施抗争所依赖的传播手段和传播模式，缺乏传播学的视角分析。

在媒体公共事件方面，香港中文大学新闻与传播学院的陈韬文、邱林川、李立峰、朱顺慈等学者进行了许多开创性的研究，尤其是对互联网、手机、网络视频等新媒体公共事件的研究既面向经验事实，进行视角独特的案例分析，又依据经验事实或理论分析质疑既有理论假设。他们的研究将公众使用新媒体的行为放在一定的社会文化背景之下进行考察，并探讨了这种新媒体的使用对公众、对事件以及对社会的影响。香港中文大学新闻与传播学院在 2009 年 1月举办了"新媒体事件"深度工作坊，来自两岸三地的数十位传播学者就新媒

---

1. 郭翔，余廉，唐林霞. 国外应急管理政策研究述评. 软科学，2008（10）

2. Maxwell T A. The Public Need to Know：Emergencies，Government Organizations，and Public Information Policies. Government Information Quarterly，2003，20：233 ～ 258

体事件的特点、网络事件中的情感动员、新媒体事件中的谣言分析、新媒体事件中新媒体与传统媒体的互动关系、新媒体事件中的网络参与、网络论坛与城市社区建构、社会运动中的网络表达以及手机公民社会等话题展开了深入讨论和研究。[1] 但可惜此时微博在中国大陆仍处于萌芽时期，微博公共事件还没有进入他们的研究视野。

（三）有关公众参与的研究

西方有关公众参与的研究最早可追溯到西方资产阶级推翻封建专制时提出的古典民主主义。托马斯·杰弗逊的政治哲学思想中就提出公共行政中应扩大公众参与民主的观点，让每个公民都能亲身参与到公共行政中来。[2] 很多西方学者认为公众参与是新公共行政学的基本主题。像德怀特·沃尔多认为，公民参与不但是一种政治过程，同时也是一种组织过程，是公民参与政府公共事务的一种有效手段，并形成一种"人类平等和参与的行政文化"。在有关公众参与的理论研究中，上世纪 70 年代后相继出现的"参与民主理论"和"协商民主理论"是两个具有代表性的理论。尤其是作为公众参与理论一个发展的协商民主理论对中国影响深远。协商民主理论强调公众通过自由、平等的协商、对话来实现公共利益，并形成合理、合法的国家和社会治理体制。公众参与成了协商民主过程中一个关键一环。近年来，国外学者对公众参与的研究出现"淡化政治、强化社会"的趋势，研究兴趣逐渐从政治民主参与转向环境保护、城市规划、食品安全、社区建设等社会性公共事务中来，并且做了许多典型案例的实证研究。

国内学术界对公众参与的系统研究始于上世纪 70 年代末 80 年代初。有研究者认为，国内最初有关公众参与的研究是从介绍国外公众参与城市规划的研究开始的。[3] 到了 1990 年代，学术界出现了公众参与环境影响评价的研究热潮。学者们对公众参与环境影响评价的意义、手段、途径以及环境信息公开对公众参与的影响等问题进行过较为系统的研究。[4] 进入 21 世纪以后，研究者有关公众参与的研究逐渐转移到社会公共事务管理上来。研究范围从公众参与对政府

---

1. 参见邱林川，陈韬文. 新媒体事件研究. 北京：中国人民大学出版社，2011

2. 谢昕，成书玲. 行政民主理论视角下的政务透明和公众参与关系研究. 湖北社会科学，2006（10）

3. 万仲武. 政府信息公开中公众参与的问题研究：[硕士论文]. 长沙：湖南师范大学，2010

4. 王华聪，初本广，戚玉杰. 环境影响评价公众参与的实例分析. 环境工程，1998（6）；杨瑞. 环境影响评价中公众参与的意义. 环境科学与技术，1999（2）；李艳芳. 公众参与环境影响评价制度研究. 北京：中国人民大学出版社，2004

管理效率的提升和行政制度的改进[1]、公众参与与公共政策的关系[2]、公众参与对公共运动的促进[3]、公众参与公共事务的制度构建[4]等诸多方面。一些学者对公众参加立法听证会、法学家、律师和民间人士起草法律草案等公众参与立法进行过系统研究，认为公众参与立法体现了民主精神。[5]近些年，SARS 事件、禽流感事件、三鹿奶粉事件、汶川大地震、2008 年冰雪灾害、宜黄拆迁事件、温州动车追尾事件等一系列公共性危机事件的发生，使得公众参与中的危机管理和政府管控也成为公众参与的研究热点。[6]尽管国内有关公众参与的研究取得了许多突破，但与国外公众参与的研究相比，在环境保护、城市规划等实务研究方面，国内的研究缺少经得起推敲的经典案例，实证研究的方法也存在许多问题；在政府管理、行政制度等公共决策制定及执行方面，国内的研究理论化、概念化的论述较多，引进、借鉴西方经验和理论的表述较多，独创性的理论建树和实证研究却比较少；在公众参与案例的研究中，对政务信息公开、政治协商等体制内的公众参与研究得较多，对互联网、微博等新媒体公众参与和上访、群体性事件等体制外的公众参与研究得较少；对公众参与情况的效果评价方法目前主要有技术评价、公众参与项目管理的成本效益分析、政府绩效评估等 3 种[7]，这 3 种方法缺乏对公众本体的关注，也没有公众参与效能感的体现；对公众参与的社会意义，也存在不够科学、主观臆断的分析论述，有些研究要么对公众参与大加吹捧，要么对其罗列"罪状"，很多表述缺乏思辨性的分析。有些研究画地为牢，难以突破理论"禁区"，有的研究还停留在"喊口号"的阶段，既缺乏理论层面的深入探究，对公众参与实践也没有多少指导意义。可以说，当前国内有关公众参与的理论研究已经较明显地落后于公众参与的实践。

（四）有关微博公共事件中的公众参与的研究

微博公共事件是近年来继网络、手机等新媒体事件之后兴起的又一种类型的公共事件。所谓微博公共事件，是指主要以微博为载体进行传播或微博传播

1. 崔建周. 效能政府建设应强化公众参与. 理论探索，2008（3）；王锡锌. 公众参与和行政过程：一个理念和制度分析的框架. 北京：中国民主法制出版社，2007

2. 韦春艳，王琳. 公共政策执行中的公众参与探讨. 理论月刊，2009（1）

3. 王锡锌. 公众参与和中国新公共运动的兴起. 北京：中国法制出版社，2008

4. 蔡定剑. 公众参与：风险社会的制度建设. 北京：法律出版社，2009

5. 邵东华. 论行政立法程序中公众参与的问题与对策. 河南师范大学学报（哲学社会科学版），2007（5）

6. 张红梅. 协同应对：公共危机管理中的公众参与. 长白学刊，2007（6）

7. 吕同舟，黄伟，钟婷. 公众参与问题的研究综述. 管理观察，2009（2）

在事件进程中发挥关键性作用的具有公共性、广泛关注度和较大社会影响力的事件。微博公共事件亦称"微博事件","宜黄拆迁"、"我爸是李刚"等许多公共事件"由于微博的介入改变了原有的轨迹",可被称为"微博事件"。[1]

微博公共事件既具有新媒体事件的一般共性,如话语权力关系由传统精英垄断转变为对底层民众的"传播赋权"(communication empowerment),事件的背后体现一种新的"书写历史草稿"的传播机制:公民新闻(citizen journalism)与大众舆论,[2]但微博公共事件也有其独特之处。有关学者此前结合某些微博公共事件的个案分析,对其中的传播机制和传播理论问题进行了相关研究,也涉及到公众参与的作用、参与模式、参与效果等方面。如,王君超通过分析"微博寻找乞讨儿童事件"、"东日本大地震"、"瘦肉精事件"等公共事件后认为,微博为公众提供了一个可以让他们参与讨论公共事务和发动公众参与行动的"大社区"。[3]赵一鸣认为,微博凭借其裂变式传播释放的公共舆论能量,微博中的意见领袖引导着微博舆论,公众的广泛参与让微博成为公众参与、公民表达、舆论监督的新途径,成为网络舆论中比较有影响力的一种载体,改变了传统网络舆论格局的力量对比。[4]谢婧通过对2011年1月中国社会科学院农村发展研究所于建嵘教授发起的"微博解救乞讨儿童"事件为例分析认为,微博中的公众参与让微博成了公共话语空间,能够推动公共事件取得进展。[5]陈艳霞在其硕士论文《微博在突发公共事件中的功能和角色浅析》中对微博在突发公共事件中媒介的参与形态、信息传播特性进行了探究,在对"山西疫苗事件"、"地沟油事件"、"湖北宜黄拆迁自焚事件"等典型微博公共事件的分析中,对微博条件下的公众参与的作用进行了探讨,但论文主要围绕微博的功能展开论述,对微博公共事件中的公众参与没有过多涉及。[6]

对微博公共事件中的公众参与进行研究不可能与当前不断涌现出的大量微博公共事件相脱离。这些微博公共事件的传播实践不断出新,推动着公众参与研究的不断深入。而对公众参与的深入研究也可以厘清微博公共事件从酝酿、形成、发展到消寂、结束等各个环节的脉络,对微博公共事件的控制与防范等

1. 周葆华. 作为"动态范式订定事件"的"微博事件". 当代传播,2011(2)
2. 邱林川,陈韬文. 新媒体事件研究. 北京:中国人民大学出版社,2011. 8,3
3. 王君超. 微博的"颠覆性创新". 传媒,2011(4)
4. 赵一鸣. 微博在网络舆论中的传播机制与对策. 青年记者,2011(5下)
5. 谢婧. 微博对公共事件的推动力. 网络传播,2011(5)
6. 陈艳霞. 微博在突发公共事件中的功能和角色浅析:[硕士论文]. 重庆:重庆大学,2011

方面具有很大的现实意义。但目前对微博公共事件中的公众参与进行专门研究的非常少，有关论述大多散见在有关微博公共事件或微博与公共领域的研究之中，而且描述性的居多，理论性的甚少，有关论述散见于零星的论文和报刊评论、通讯中。如一些学者对"宜黄拆迁自焚事件"等典型微博维权案例中的公众参与行为进行了只言片语的评论，如，陈婉莹认为："宜黄事件中的微博直播颠覆了传统媒体、改变了传媒生态。微博维权，给人们带来了微弱的希望，也推动了公民社会的成长。发表和转发微博，是言论，也是行动。"[1] 胡泳认为，微博是公民新闻的聚集地，公共话语的策源地，也是公民行动的产生地，在中国"破天荒地形成跨越地域和阶层的全国性公共领域"。[2] 但这些散见于新闻报道中的评论缺乏对微博公共事件中的公众参与行为从学理上进行深入探讨，尤其缺乏将微博公共事件中的公众参与放到建构当代中国底层社会抗争的一种全新的传播学和社会学的复合逻辑层面进行研究。

三、探讨微博公共事件走势及和谐发展之道：本书的价值追求

本书的研究目的在于：在考察微博公共事件的产生背景、发展进程以及传播模式、传播观念的基础上，探讨微博公共事件中的公众参与的类型、特征、组织动员过程、意见领袖与公众参与的关系、公众与公权力的力量博弈、公众参与的政治效能感、公众参与的控制以及公众参与对建构中国公共领域的意义等问题。

从微博公共事件中公众参与的组织动员过程、意见领袖的作用、名人微博与粉丝效应的关系、"微博推手"与"微博水军"的运作方式与炒作技巧、微博公共事件中谣言传播的种类与成因等传播学研究视角出发，转入微博公共事件中的公众参与的心理分析等社会学研究范畴，最后再深入到微博公共事件公众参与中公私权力的力量博弈、微博维权与底层抗争、公众参与的政治效能分析及控制、公共领域的建构等政治学研究领域。这种表达逻辑正是体现了传播学、政治学、社会学的复合视角，并通过对"宜黄拆迁自焚事件"、"温州动车追尾事故"、"微博解救乞讨儿童行动"、"郭美美事件"、"孔庆东事件"、"广州保卫粤语事件"等典型微博公共事件的分析，将整个研究置身于当代转型中国的宏大背景下，力求体现出本研究对转型中国的特殊意义。

---

1. 徐伟. 微博围观改变中国. 时代周报，2010-11-26
2. 胡泳. 微博：看客如何实现落地？. 时代周报，2010-11-26

　　本书的逻辑线条是：引言部分是方法论、价值取向和已有研究的概述；第一章是公众参与总体的理论框架和现实描述，体现一种历史的维度；第二章是对微博公共事件公众参与的类型和特征的认知；第三章写公众参与的过程——微博公共事件公众参与的组织动员；第四章写过程中的核心因素，也是组织动员的核心力量、灵魂人物——意见领袖；第五章分析组织动员过程中的内在动力和决定公众参与走势的动因——各方力量的博弈；第六章是对公众参与的效果评判——政治效能分析；第七章写公众参与的控制——对谣言传播的控制和对公众参与在政府、社会心理两个层面的控制；第八章分析公众参与的作用、意义、价值判断和未来展望——对公共领域的建构。

　　微博既是全新的媒体，又是崭新的社交平台，微博公共事件公众参与又与整个社会背景和政治环境密切相关，对于微博公共事件中公众参与活动的研究理应放在整个社会政治、经济、文化环境的范围内进行综合考察。因此，本书拟融合传播学、社会学、政治学、心理学、文化人类学等方面的相关理论及研究成果，作为研究的理论支撑。

　　本书将通过文献研究、定性分析、实证调查等方式展开研究。在实证研究环节，采用个案研究、问卷调查、深度访谈和焦点小组访谈等方法对微博公共事件传播效果与社会影响、微博公共事件公众参与与政治效能感等指标进行实证调查。在充分了解微博公共事件传播机制和发展现状的基础上，诠释公众参与对微博公共事件产生、发展、演变等关系的深层次内涵，揭示微博公共事件在公众参与层面存在的现实问题，探讨微博公共事件今后的走势及其与社会和谐发展的方式与策略。

第一章

公众参与的理论溯源与现实观照

第一节　公众参与的概念界定

研究微博公共事件的公众参与，首先得厘清公众参与、公民参与、政治参与这三个概念之间的关系，并对与微博公共事件相关的公众参与进行理论上的建构。

在一般情况下，公众参与、公民参与、政治参与这三个概念可以互换，它们指的都是作为公民的公众参与政治活动的行为，普通公众通过他们的参与行为来影响政府的决策或公共政策的制定。但是，深入分析起来，这三个概念也各有侧重，具有不尽相同的外延和内涵。

一、政治参与：平民试图影响政府决策的活动

政治参与的概念源于近代民主理论中有关公民权利的思想，是现代民主政治的重要表现之一。何谓政治参与？亨廷顿有一个简洁的定义："政治参与是平民试图影响政府决策的活动。"[1]这一定义已经得到西方社会的普遍公认。

在西方学界有关政治参与的定义五花八门，但都强调公民或平民对政府决策和政府组织人选的影响力，而且这种参与是建立在参与主体自愿的基础之

---

1. 塞缪尔·P·亨廷顿，丁·纳尔逊. 难以抉择. 北京：华夏出版社，1989. 5

上。[1] 参与过程贯穿政策制定、通过、执行、评价全过程。[2] 西方学界对政治参与有一个共性，即对参与行为大多持宽容、支持的态度。这反映在许多有关政治参与的定义都将非法的抗议活动甚至暴力活动纳入政治参与的范畴之中。与之形成鲜明对比的是，当代中国学界对政治参与的参与行为却有着不同的理解，如强调行为的合法性[3]和遵循"一定的法律程序"[4]。多年来，中国学者有关政治参与的定义大多都将"非法参与"和"违法参与"排除在政治参与之外。但是近几年来，也有不少学者提出了不同的看法，认为政治参与应该包括"失控的非法参与"和"非制度化参与"。[5]

通过对中西方学术界对政治参与的许多定义进行仔细分析，我们可以发现，政治参与的主体并不一致，有平民、公民、任何人、社会成员，有的定义干脆省略参与主体，只说是一种"行为"。而恰恰正是参与主体的差别，成为政治参与与公民参与相区分的一个重要指标。

二、公民参与：政治参与的一种高级、成熟形式

公民不仅是一种法律概念或形式上的"公民"身份，它还是一个政治概念，具有实质性的政治内涵。一般来说，政治参与的主体应该是公民，但也有例外，正如前面我们分析的那样，还有平民、任何人和社会成员。其实，公民与平民、任何人和社会成员的区分，不只是范围大小的问题，更重要的是体现在政治内涵的不同上。在"政治参与"前面加上"公民"二字，这不仅限定了"政治参与"的主体，而且无形中为"政治参与"打上了民主宪政的深深烙印。一般来说，公民政治参与是在正式制度安排下进行的政治参与。公民政治参与不仅是指"公民"这一参与主体的政治参与，而且表明参与主体应具有一个公民应该具备的合格的政治参与素养，参与条件是处于一种良好的民主宪政环境之中。

而政治参与的主体并不都是真正意义上的公民，也不是都能享有实质性的公民参与权利和自由，有些也不具备合格的政治参与素养。在民主宪政不充分或形同虚设的的情况下，制度设置上也没有提供完善的政治参与机制和参与途

1. 程同顺. 当代比较政治学理论. 天津：南开大学出版社，2001．58-60
2. 戴维·米勒等. 布莱克维尔政治学百科全书. 北京：中国政法大学出版社，1992．563
3. 中国大百科全书：政治学. 北京：中国大百科全书出版社，1992．485
4. 当代世界政治实用百科全书. 北京：中国社会科学出版社，1993．173
5. 赵前前，金江磊. 社会公众"社会流动—政治参与"行为选择模式研究. 兰州交通大学学报，2010（4）

径，这个时候参与主体还需通过一些非制度性的甚至非法的途径来进行政治参与。像"文革"期间"写大字报"、"批斗走资派"等许多群众性的政治参与并不是真正意义的公民参与。因而，有学者将公民参与看作是"政治参与的一种高级、成熟形式"。[1]

具体说来，公民参与与一般性的政治参与的区别在于：（一）制度性参与和非制度性参与。公民参与都是制度性参与，如法律认可的选举、游行等政治参与行为。而一般性的政治参与除了制度性参与之外，还包括非制度性参与，所进行的政治参与是现行政治制度不允许或没有正式规定，甚至是违反现行法律、颠覆现有政权的，如搞政治小团体、"树山头"、黑金政治、权钱交易，甚至政治暗杀、武装暴动等。"之所以存在非制度性参与，除了参与政治参与制度的局限性之外，政治参与冲动往往在某种契机下被激发出来，使得高涨的参与热情突破原有的制度框架。"[2]（二）主观意愿性参与和非主愿意愿性参与。公民参与几乎都是公民自愿进行的政治参与，他们出于履行自己的公民政治权利或承担相应政治义务的主观意愿。公民参与往往是积极的、主动性的、作为的政治参与。作为参与主体的公民一般都具有较高的参政议政素质，公民可选择参与，也可选择不参与某项政治活动。而一般性的政治参与还包括非主观意愿性参与，如政治动员下的参与、强迫式的参与、盲从式的参与等，参与主体在参与或不参与上，要么不能自由选择，要么无法自由选择。这种非主观意愿性的政治参与在一些集权主义政治制度下比较多见，政权的组织和公共政策的制定都掌握在作为少数人的核心权力集团手中，投票选举、游行结社等政治参与都是作为一种幌子或符号象征出现，要么是作为一种政治任务摊派下来的结果，要么是政治动员的产物，要么是荣誉的体现。这些政治参与行为并非参与主体主观意愿的真实体现。因而，一般性政治参与还包括了公民的政治冷漠、政治反感等"不作为性"的政治参与。（三）关注公共政策领域和关注政治权力领域。公民政治参与一般具有较为完善的民主政治制度背景，因而大多关注于公共政策领域，公民通过规范的政治参与程序来影响社会、经济、文化、民生等公共政策的制定与执行。而一般性的政治参与置身于不够完善的民主政治制度之下，政治参与的范围更为广泛，还经常涉及政治权力争斗、政治体制建构、政府组织运转甚至国家根本政治制度变革等领域。

---

1. 张伟. 刍议政治参与理论. 学习时报，2005-05-18
2. 同上

三、公众参与：社会大众影响公共事务发展和治理的行为

有学者认为："规范意义上的公众参与，是指公共权力在立法、制定公共政策、决定公共事务或公共治理时，由公共权力机构通过开放途径，从公众和利害相关人或组织获取信息，听取意见，并通过反馈互动对公共决策和治理行为产生影响的各种行为。它是公众通过直接与政府或其他公共机构互动的方式决定公共事务的过程。"[1] 从这个对于公众参与具有代表性的定义中，我们可以看出，公众参与与政治参与、公民参与意义十分接近。只不过，政治参与偏重于政治权力和制度外的参与，公民参与偏重于公共政策、公共管理和制度内的参与，而公众参与偏重于社会公共事务和反馈互动的参与。从参与主体来说，政治参与的参与主体是社会成员或任何人，公民参与的参与主体是公民，而公众参与的参与主体是公众。

那么，何谓公众？公众与社会成员、公民又有何区别？所谓公众，即英文里的"general public"，即"大众、大家"的意思。公民，即英文里的"citizen"，是指具有一国国籍，并根据该国法律规定享有权利和承担义务的人。社会成员，即英文里的"Members of the society"，是指组成并属于社会这个集体的人员。从字义上看，公众是一种较为松散的、较为随意的组合，与公民这一概念的浓厚政治属性和法律色彩不同，也与社会成员这一概念强调个体的社会属性、集体属性有所差别。

本书认为，公众参与是社会大众对涉及公共利益或引起广泛关注的社会公共事务，通过获取信息、发表意见、采取行动等方式来影响公共事务发展和治理的行为。公众参与对公共事务的影响力主要通过公众与公共事务管理部门之间的反馈互动机制来实现。一般来说，公众参与是自愿的、非强迫的。较之政治参与和公民参与的政治性、政策性事务，公众参与的公共事务范围更广，既包括一部分涉及公共利益的政治性、政策性的相关事务，如社保、税收等公共政策的调整，也包括一部分不涉及公共利益但却引起公众广泛关注的非政治性、政策性的事务，如交通事故、家庭暴力等。此外，动员性的、强迫性的政治参与也不应纳入公众参与范畴之内。如果说政治参与和公民参与是一种包含与被包含的关系，那么政治参与和公众参与便是一种交叉的关系，两者有交叉重叠的部分，即涉及公共利益的政治性、政策性事务，但两者又各自有着不一样的参与领域。如图 1 所示：

---

1. 蔡定剑. 从公众参与走向政府善治. 中国改革，2010（11）

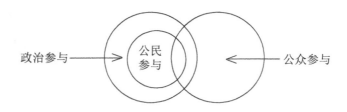

图 1：政治参与、公民参与、公众参与关系图（参与领域）

较之政治参与的社会成员和公民参与的公民，公众参与的参与主体最为广泛，是最为常见和松散的大众或大家，套用一句惯用语来说，公众参与具有最广泛的"群众基础"。在现实生活中，公众参与的公共事务也最为常见，往往看得见、摸得着，还司空见惯。从这个意义上说，三者之间的关系便是一个金字塔形，如图 2 所示：

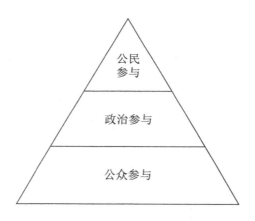

图 2：政治参与、公民参与、公众参与关系图（参与主体）

本书研究的微博公共事件里的公众，都是基于共同的利益或是关注共同的公共事件，在微博这个载体里进行信息传播，发生相互作用。这种公众参与主要依托微博这一新型大众传播媒体，公众之间在微博上进行的关注、转发、评论等行为其实也是一种大众传播行为。此外，这种公众参与依托微博这一全新的社交平台，公众之间进行信息交流与互动并结成共同的群体，也可看作是一种公共关系行为。因此，微博公共事件里的公众与大众传播学里的"大众"和作为公共关系学研究客体的"公众"最为接近。下面套用公共关系学里几个有关公众的定义对参与微博公共事件的公众进行解释：（一）公众有共同的利益或面临共同的问题。如，何慧星、王敏彦主编的《公共关系学》认为："共同的利益、意识和兴趣及共同的文化心理，使某些人结合成一个社会群体，具有合群意识，就可称之为公众。"[1]王延彦、林清编著的《公共关系学》认为，公众是"任何因面临某个共同问题而形成的社会群体。"[2]参与微博公共事件的公众正是因为该微博公共事件对他们产生了共同的利益关系或他们共同面临着该微博公共事件，并被该事件所吸引。（二）公众是一种"社会群体"。　居延安等著《公共关系学》认为，公众是"任何因面临某个共同问题而形成并与社会组织的运行发生一定关系的社会群体。"[3]居延安、冯志坚主编《公共关系实用大全》认为，公众"是指与公共关系主体发生作用，其成员面临某种共同问题、共同利益的社会群体"[4]。张荷英编著《现代公共关系学》认为，公众是"任何因面临某个共同问题而与一个社会组织发生相互作用的社会群体"[5]。上文所引警官教育出版社和南京大学出版社的《公共关系学》教材中的公众概念也认为公众是一种社会群体。微博公共事件的公众也是因某一具体的微博公共事件结缘而形成的具有共同利益、共同观点或共同关注对象的社会群体。（三）公众具有组织性。张利庠等主编的《公共关系学》认为："所谓公众是指作为公关活动目标具有共同特征，对一个组织的目标和发展具有现实或潜在的利益关系和影响力的所有个人、群体和组织。"[6]陈耀春著《中国政府公共关系》认为，公众"是指与组织的生存发展有直接间接关系的组织、群体和个人"[7]。参与微博公共事件的公众一般也会结成利益共同体、观点共同体或兴趣共同体，以微博信息为纽带，在微博上形成一个相对松散的"类组织"，它们通过关注、转发、评论等线上行动甚至游行、结社、上访等线下行动对公共事件的相关当事人或有关政府部门施压，影响微博公共事件的走向。（四）公众具有整体性和总和性。熊源伟主编《公共关系学》认为："所谓公众，即与特定的公共关系主体相互联系及相互作用的个人、群体或组织的总和，是公共关系工作的对象的总称。"[8]与此相似的还有李道平、单振运著《公共关系协调原理与实务》认为：

1. 何慧星，王敏彦. 公共关系学. 北京：警官教育出版社，1994. 55

2. 王延彦，林清. 公共关系学. 南京：南京大学出版社，1993. 28

3. 居延安. 公共关系学. 上海：复旦大学出版社，1999. 72

4. 居延安，冯志坚. 公共关系实用大全. 上海：上海文艺出版社，1990. 53

5. 张荷英. 现代公共关系学. 北京：北京经济学院出版社，1996. 6

6. 张利庠. 公共关系学. 北京：人民中国出版社，1996. 35

7. 陈耀春. 中国政府公共关系. 北京：中国经济出版社，1999. 5

8. 熊源伟. 公共关系学. 合肥：安徽人民出版社，1994. 120

"公众是指与社会组织相关的有共同利益需求的个人、群体、组织的集合而成的整体。"[1]微博公共事件中的公众不是一个个分散的个体，而是与微博这一具有部分"社会组织"功能的传播载体和社交平台相关的有共同利益需求的想到联系及想到作用的微博个人用户、微博群或官方微博集合而成的整体或总和。

对于政治参与、公民参与，学术界此前从政治学、法学的角度出发，围绕公民民主政治权利这一中心已进行了大量的研究，但对西方民主法治理论的介绍和纯理论式探讨的居多，结合中国国情进行案例分析和展开论述的较少。对于公众参与，在此前的研究中，绝大多数将其当成政治参与或公民参与的代名词，鲜有独到的解释和阐述。就算偶尔有些研究者将公众参与与政治参与、公民参与相区别，但也大多是从政治学、法学或社会学的角度来展开论述，几乎还没有专门从传播学的角度来对公众参与进行理论建构。

本书试图在前人研究政治参与、公民参与的基础上，围绕微博公共事件，通过典型的案例分析，以侧重于传播学和社会学的观点来建构起一种全新的公众参与理论。将公众参与从政治性、政策性事务的范畴扩展到涉及公共利益和共同关注的公共事件中来，不只是研究公众参与如何通过微博公共事件影响政府公共决策和管理，而且还要研究公众是如何通过微博这一全新的传播载体来影响公共事件的形成、发展、解决的。其中与公众参与相关的组织动员、意见领袖、议程设置、交往模式、信息反馈等传播学命题都将纳入我们的研究范畴。本书还将对公众参与的政治功效和民主功能等政治学命题和微博维权中的公众参与等社会学命题进行全新的论述。此外，微博公共事件的公众参与必然与社会心理和文化传统相关，因而我们的公众参与研究还将涉及到心理学和文化学的领域。

第二节 中国语境下的公众参与

研究微博公共事件的公众参与，有必要将公众参与放至中国语境和历史文化背景下进行考察。本书将对中国古代阶级社会、辛亥革命到新中国成立之

---

1. 李道平，单振运. 公共关系协调原理与实务. 北京：中国商业出版社，上海：复旦大学出版社，1998. 13

间的近代社会、1949~1977 年等 3 个不同时期的公众参与情况进行概述，并对 1978 年改革开放以来的新时期公众参与的新进展和当前面临的困境进行评述。

一、公众参与的历史考察

在中国，作为社会群体的公众参与公共事务的历史可以追溯到远古时期。史书记载，尧舜禹时期君主是由部落大会推选，实行"禅让制"。虽然我们不能将"禅让制"与现代民主理念和现代民主制度划等号，但也可以将它看作是一种朴素民主社会。虽然史书对部落大会推行管理者和部落成员参与部落日常管理事务没有详细的文字记载，但是从君主由部落大会推选这一史实中，我们可以推测出作为社会群体的部落成员有权参与部落的日常公共事务管理。《诗经·大雅·板》有一句话："先民有言，询于刍荛。"意思是说：古代统治者在在一项政策出台前，会广泛听取山野村夫等老百姓，即社会公众的意见。因此吕思勉教授才因此感慨："最古之世，人民之得以参与政事者也"[1]。由是观之，公众参与在远古社会比较乐观，参与情况较为普遍，而且参与面较广，从领导人的推选到公共政策的出台都有公众参与，而且不受参与主体社会地位的影响。

那么，进入到古代阶级社会以后，公众参与的情况如何呢？王绍光教授认为，在古代中国，传统社会结构和传统政治文化成为"利益表达难以逾越的屏障"，公众很难实现对政府决策的有效参与[2]。此观点对古代中国政治参与来说，不无道理。但对于参与主体和参与范围都更为广泛的公众参与来说，似乎有失偏颇。本书认为，在进入阶级社会以后的古代中国，尽管受某些专制政权的压制，底层民众对政治事务"失声"，政治参与状况堪忧，但对于涉及公共利益和普遍关注的公共事务，无论是上层人士还是底层民众都表现出较高的参与热情，公众参与状况反而较为良好。

《诗经》里的公众参与便可见一斑。《诗经》里有很多民谣和"政治美刺诗"，或劝谏君王，或褒贬时政，反映了进入阶级社会早期的商周时期，从卿士大夫到底层民众等公众通过吟诵民谣、民歌，采写诗歌等形式参与公共事务管理的情况。研究者普遍认为，《诗经》里的"风"很大一部分是老百姓的民谣。这里面很多便是老百姓用唱歌的方式来讽刺朝政，如把当官的比作硕鼠。反映出底层民众对政治和公共事务的意见表达，这其实就是一种典型的公众参与。

1. 吕思勉. 中国制度史. 上海：上海教育出版社，2002. 370
2. 王绍光. 政治文化与社会结构对政治参与的影响. 清华大学学报（哲学社会科学版），2008（4）

公众在这种意见表达中反映出一种对政府治理和社会管理的诉求，也是通过这种方式对政府治理和社会管理产生制约。

《诗经》中的政治美刺诗分为政治颂美诗和讽谕怨刺诗两类，基本存于"二雅"之中，很多研究者认为出自周朝卿士大夫之手。笔者认为，这两类诗现实主义很强，应该不全是卿士大夫的作品，有些是他们从民间歌谣中收集素材，加工整理的。政治颂美诗是对整个统治阶级及执政者的赞美，主要是歌功颂德。主要代表作品有《大雅》中的《泂酌》、《卷阿》、《烝民》、《崧高》、《假乐》、《韩奕》，《小雅》中的《采菽》、《都人士》《天保》、《庭燎》、《南山有台》、《裳裳者华》等。讽谕怨刺诗是对统治阶级及执政者进行讽谕和规谏，主要是揭露黑暗、批判现实，如《大雅》中的《板》、《桑柔》、《荡》；《小雅》中的《十月之交》、《巧言》、《正月》、《小宛》等。这类诗表现了那一时期公众的忧患意识和忧患之情。讽谕怨刺诗在抨击不良政治时，把锋芒直指周王和权臣。像《大雅·桑柔》讽刺周厉王的暴政导致民怨沸腾，《小雅·十月之交》揭露当政者皇父等人在其位不谋其政，中饱私囊，营私舞弊。《诗经》中的政治美刺诗是当时社会公众情绪和公众参与意识的反映，在诗中对统治者和现实社会无论是赞美还是讽刺，都表达出公众对政治事务或公共事务的一种态度，这也是一种公众参与的体现。

春秋时期"子产不毁乡校"的故事反映了古代中国人朴素的公众参与意识和儒家正统思想对公众参与的看法。据《左传·襄公三十一年》记载："郑人游于乡校，以论执政。然明谓子产曰：'毁乡校，何如？'子产曰：'何为？夫人朝夕退而游焉，以议执政之善否。其所善者，吾则行之。其所恶者，吾则改之。是吾师也，若之何毁之？我闻忠善以损怨，不闻作威以防怨。岂不遽止？然犹防川也：大决所犯，伤人必多，吾不克救也；不如小决使道，不如吾闻而药之也。'"文中还记载，孔子听到这件事后说："以是观之，人谓子产不仁，吾不信也。"从这个故事中我们可以推知两个事实：一是孔子生活的那个时代，公众参与确实存在。这个可以让无名氏"郑人"纵论时事、批评政府的"乡校"（民办学校或乡村酒吧）有点像现在的BBS或微博的雏形，公众可以在这里就公共事务发表意见，展开讨论。二是作为儒家正统思想的代表人物，孔子及其学生子产对公众参与持支持态度。子产把"乡校"作为获取群众议论政事的反馈信息的场所，而且注意根据来自公众的意见，调整自己的执政政策和行为。"孟子更加发扬'民为贵，君为轻'，老百姓有点相当于西方说的'人民的声音就是上帝的声音'，在儒家底线，虽然你是国王，但是你的权力不是至高无上的，人民对你有权利，尤其是有言论权对你进行批评，这是儒家思想的一个出发点。"[1]

王绍光认为，在中国古代社会，政治参与的主体是约束较少的士大夫阶层，他们才享有较充分的表达权。工匠和商人也可以"有限的和地方性的"进行政治参与。但农民等底层公众限于"蜂窝状结构"的束缚，无法进行政治参与，"在蜂窝状结构下，即使赋予农民利益表达和参与政治的权利，他们充其量只能在小共同体内行使这种权利。更何况传统政治文化根本不允许他们享有这种权利"。[2] 王绍光的这一论断对于中国古代社会的政治参与总体情况来说，是较为准确的。但事实上，传统社会结构和传统政治文化对居庙堂之高的士大夫阶层来说，约束并不少，虽然他们享有名正言顺的政治参与权利，但作为社会结构和政治文化的既得利益者和维护人，士大夫阶层的政治参与更多的是惟命是从。而且对于以社会公共事务为主的公众参与来说，他们的身份既与公众相差甚远，他们的兴趣也全然不在公共事务。相比较之下，处江湖之远的"三教九流"的底层公众却因自身利益和兴趣所在，对社会公共事务表现出极大的参与热情。就算像宋江一样在酒楼的墙壁上题写几句匿名反诗，也不妨可视为公众参与的一种表现。更不用说许多底层民众通过类似《诗经》里的民谣或"郑人论执政"那种方式进行意见表达和利益诉求。就说"独享"政治参与权利的士大夫阶层，因其成分复杂和流动性较大，也没有完全排斥底层公众。最早的士阶层可追溯到殷商时期的"巫，祝，史，宗"。战国末年逐渐形成的士大夫阶层不仅包括儒墨道法等各派学士、摇舌鼓噪的策士，还包括算命占卜的方士和鸡鸣狗盗的食客，可谓三教九流。因而从某种意义上说，可以将这个士大夫阶层看作是一个浓缩版的"公众"群体。

虽然政治参与有可能成为公众参与的一部分，但参与主体和参与范围更广的公众参与更偏重于公众对涉及公共利益或引起共同关注的公共事务的关注。作为社会底层民众的广大农民、士兵、流浪者、乞丐也许可以"勿谈国是"，但对村规民约、兵饷发放、丐帮帮规等涉及公共利益的非政治事务却不能不参与。在血缘和地缘为纽带的中国古代宗法社会里，村民对村庄或宗族里公共事

---

1. 郭宇宽. 儒法分歧与当代中国走向. 燕山大讲堂 63 期实录，2010-03-23. 腾讯公益，http://view.news.qq.com/a/20100323/000028_5.htm

2. 王绍光. 政治文化与社会结构对政治参与的影响. 清华大学学报（哲学社会科学版），2008（4）

务表现出极大的参与热情。笔者长期在广州白云区、番禺区、萝岗区等地的农村采访，发现当地村民将祠堂称为"乡约"，缘于村民习惯在祠堂里讨论村规民约等涉及全村公共利益的公共事务。据考证，这种"乡约"的习俗在当地已沿用了数百年，可成为中国古代社会公众参与的佐证。

古代中国是一个大的宗法社会，作为这一宗法社会的有机"零件"，单一的村庄或宗族事务有可能因血缘和地缘关系的放大，而演变成乡、县、府、省，甚至全国范围的公共事务或政治事务。在这种演变中，村民们对村庄或宗族事务的参与热情也有可能扩散开来，成为参与社会公共事务或政治事务的热情。像广东开平一带，由于侨商多，许多村庄在民国初年就开始修建碉楼，许多村民纷纷参加的村里的地方武装，以防范土匪抢劫财物，这本是村庄一级的公众参与。但是在抗日战争期间，村民们参加的地方武装转而抗击日本侵略者，这便由村庄一级的公众参与演变成了在全省甚至全国具有影响的政治参与了。

随着中国跨入近代社会，政治参与和公众参与的面貌都大为改观。辛亥革命以后尤其是"五四运动"以后，随着"民主"、"科学"的思想深入人心和近代报刊的极大繁荣，许多原本不为人知或不愿知之的公共事务逐渐进入大众的视野，公众参与的热情日益高涨。而且公众参与组织性的特点日益明显，除却工会、农会、政党等纯政治团体的增多不说，商会这种具有近代特征的新式民间社会团体更多地关注自身的公共商业利益，成为公众参与的一种具有代表性的组织。此外，遍布城乡的"帮会"人数众多，经常介入一些引起公众广泛关注的公共事件，也成为公众参与的一种组织。商会和"帮会"在近代中国的兴盛，从一定意义上说明近代中国公众参与的勃兴。

1949 年新中国成立以后至 1977 年"文革"结束这段时期，工农大众的政治参与，尤其是群众运动等动员式的、被迫式的政治参与得到了前所未有的大发展。这种政治参与在 10 年"文革"期间接近疯狂，但很难说是一种民主社会中的"公民参与"。而且这种政治参与大多局限于他们所在的工厂和村社，而且形式的参与大于内容的参与。由于公共空间和公共领域被压缩，建立在自愿和沟通互动基础上的公众参与在这段时期却极大萎缩。公共利益被政治利益取代，公共事务也被政治事务取代。虽然人人讲政治，人人参与政治运动，但却几乎看不到有公众对公共事务的自愿参与和公私权力之间的双向互动。在一直有着公众参与优良传统的广大农村，农民画地为牢，也不再就涉及公共利益的村务进行参与，而一切听党安排，由党组织说了算。

二、新时期公众参与的新进展和面临的困境

1978 年改革开放以后，人大、政协等参政议政机构得以重新设立起来，8 大民主党派和工商联、工青妇等社会团体也得到恢复，民众政治参与的制度条件得以初步建立。在全国范围内推行的厂务公开、村务公开和居民和村民自治也重新开启了公众参与的大门。在改革开放初期，由于大众传播媒体不发达，参与方式和参与平台十分有限，公众参与很大程度上反映在政治参与上，这两者也形成了一种互相促进的关系。

在具有公众参与良好传统的中国广大农村，许多村民以政治参与的方式来关注和解决涉及公共利益的本地事务。1990 年初，北京大学曾经对京郊 4 个县的农民政治参与情况进行过一次问卷调查。调查结果见表 1。

表 1　4 县农村居民政治参与行为的频率(%)

参与方式	是
A.您最近是否参加过本地党组织的会议？	8
B.您是否联合过他人(包括家人与亲戚)试图解决本地问题？	12
C.您是否曾给干部写信或向干部提意见和建议？	14
D.您是否曾向村委会、乡人大、县人大代表反映过情况？	24
E.您最近是否参加过村民大会？	47
一般参与方式得分	
从未	41
一种方式参与	31
两种方式参与	16
三种方式参与	8
四至五种方式参与	4
投入更大的参与方式得分(B、C、D)	
从未	66
一种方式参与	22
两至三种方式参与	12

（表 1 转引自王绍光：《政治文化与社会结构对政治参与的影响》，《清华大学学报（哲学社会科学版)》，2008 年第 4 期。）

美国学者肯特·杰宁斯基于北京大学的这次调查结果进行分析研究后认为，中国农民的政治参与行为和参与意识出乎意料的乐观。比如，西欧的民主国家爱沙尼亚在许多调查指标上比中国农村的调查结果还低。而且中国农民的政治参与不仅仅限于与自身利益相关的事项，而且还表现在对当地公共利益的追求

上。[1] 从表 1 中我们也可看出，有接近一半的村民参加过村民大会，而村民大会与"祠堂会议"这种中国农村传统的公众参与方式十分接近。12% 的村民曾试图联合他人解决本地问题，而这种行为便是一种典型的公众参与行为。从这一项调查可以看出，1990 年初的中国农村公众参与传统已经得到了很好的恢复，而且出现了借助政治参与来提升公众参与的新情况。

进入 20 世纪 90 年代以后，政治环境的宽松、社会流动性的增强、公民意识的觉醒和都市类报纸的崛起，都极大地促进了公众参与。一方面，这些都市类报纸将许多过去不能在党报上公开报道的涉及公众公共利益的公共事物披露出来，吸引了广大公众参与。另一方面，许多公众为都市类报纸提供线索、撰写评论，以这种公众参与行为来影响公共决策。像《华商报》的"夫妻看黄碟事件"、《南方都市报》的"孙志刚事件"都是因为公众的广泛参与而成为具有全国影响力的公共事件，并深刻地影响了中国的民主和法制进程。2002 年以后，中国开始进入互联网时代，由于网络传媒的即时性、双向互动性、匿名性和管控较松等特点，广大公众可以在互联网上相对自由地曝光黑幕或发表意见，无论从知情权还是参与权来说，互联网的诞生让公众参与得到了前所未有的大发展。中国很多引起公众参与的公共事件首先由网络来引爆，并从互联网走向传统媒体和网下现实接触，成为"网络公共事件"或"新媒体事件"。这种情况已成为常态，并颇具中国特色，像"深圳，你被谁抛弃"事件（2002 年底至 2003 年初）、日本人珠海买春事件（2003 年）、孙大午案（2003 年）、刘涌案（2003 年）、衡阳大火（2003 年）、繁峙矿难（2003 年）、西北大学反日事件（2003 年）、张默打人事件（2003 年）、宝马车肇事案（2003 年底至 2004 年初）等"网络公共事件"成了公众参与的主战场。这些事件也因公众参与而改变了发展的走势和命运。"网络公共事件"中的公众参与非常典型的例子便是 2007 年的"厦门 PX 事件"和 2009 年的"广州番禺垃圾焚烧事件"。正是由于公众线上线下的讨论和参与行动，最终促使这两个项目停建并重新选址。在这两起事件中，公众参与成功地影响了公共政策决策。法国《解放报》前副总编、RUE89 新闻网创始人 Pierre·HASKI（中文名韩石）认为："以前公众从报纸、电视、广播等媒体只能单向接受新闻信息，个人意见的反馈无处表达。而互联网的出现为

---

1. Jennings M K. Political Participation in the Chinese Count ryside，A merican Political Science Review，1997，91(2). 转引自王绍光. 政治文化与社会结构对政治参与的影响》. 清华大学学报（哲学社会科学版），2008（4）

民众提供了一个交流思想、表达观点的广阔平台，个人从信息被动接受者转变成信息参与者、传播者。尤其是很多涉及国家政治、百姓生活利益相关的话题，常常是位居点击榜首，可见互联网能激发公众主动关注新闻事件的兴趣、调动他们政治参与意识，从而有利国家民主建设。"[1]2010 年以来微博兴起，微博公共事件风起云涌，微博成为公众参与的全新载体和平台，并极大地推动了公众参与。微博公共事件的公众参与具有一些新的特点，这将成为本书研究的重点。

尽管新时期的公众参与取得了很大进展，但是当前也面临着一些困境。一方面，公众参与呈现出非理性倾向，要么对公共事件进行恶搞和娱乐化，如"犀利哥事件"；要么对公共事件实施"网络暴力"或"道德审判"，如"姜岩案"。另一方面，公众参与遭遇权力的傲慢，参与的有效性成为问题。有时公众参与得很热烈，但政府等公共决策部门却置之不理，公众参与对公共决策没有起到什么作用，成了"无效参与"。此外，有些公权力部门从制度上给公众参与设置障碍。这些都给公众参与带来了严重的参与危机。2002 年开展的一次全国性的抽样调查显示，人们对经济发展成就很满意，但却有六成多的调查对象对公众参与和影响公共政策表示不满意。因而有学者认为"参与危机"对当前中国的健康发展构成严重挑战。[2]

此外，当前的公众参与还面临着许多禁区，像"王立军事件"这样的政治敏感事件、"藏区僧人自焚事件"这样的民族宗教敏感事件、"广东乌坎村事件"这样的恶性群体性事件，由于政府部门的管控和舆论高压，当前的公众参与仍然难以做到十分顺畅。由于多年来政治体制的束缚、公众参与意识的薄弱或出于风险规避的考虑，广大公众在公众参与活动中也普遍养成了"不碰政治高压线"的"参与习惯"。因而我们可以看到，在微博、互联网和其他媒体中，我们可以看到，衣食住行、娱乐八卦等民生方面、低层次的公众参与如火如荼，但在政府公共政策决策、尤其是全局性的政治、经济、文化体制改革方面的公众参与却有点冷场。在有关地方行政法规的立法听证会或水、电、气等价格听证会方面，公众参与是貌似热烈，其实很多是"走过场"、"当摆设"，因而才出现听证会"逢听必涨"一说。

当前的公众参与的形式和组织动员模式也面临着无组织性和低组织性的特

1. 李琰. 互联网推动公众积极参与政治生活. 人民网国际频道，2008-08-26，http://world. people. com. cn/GB/14549/7728625. html

2. 王绍光. 政治文化与社会结构对政治参与的影响. 清华大学学报（哲学社会科学版），2008（4）

点。许多公众参与是在网上或微博上自发组织起来的，公众之间多半处于"一盘散沙"的状态，刚开始一哄而上，一碰到来自政府或公权力方面的阻力或者公众兴趣点的转移，这种公众参与又很快"作鸟兽散"。而且这种公众参与缺乏自我判断和独立精神，很容易被不良动机的"意见领袖"所利用和误导，甚至对社会正常秩序和社会公正产生危害。当前的许多公众参与也缺乏人文关怀和社会责任感，有些是图一时之快，有些是急功近利，对长远的社会建设和发展没有太多的积极意义。

第二章

微博公共事件公众参与的类型及特征

第一节　微博公共事件公众参与的类型

微博公共事件中的公众参与是以微博公共事件为客体展开的，既包括线上的参与，也包括线下的行动。不同的微博公共事件自然也会有其相应的公众参与类型。公众参与类型的变化是为了满足微博公共事件发展的需要。反过来，不同的公众参与类型对微博公共事件也会产生不一样的影响。因此，要了解微博公共事件公众参与的类型，我们首先要从了解微博公共事件开始。

一、微博公共事件的定义及类型

所谓微博公共事件，是指主要以微博为载体进行传播或微博传播在事件进程中发挥关键性作用的具有公共性、广泛关注度和较大社会影响力的事件。微博公共事件有时也被称为"微博事件"，有学者在论述"宜黄拆迁"、"我爸是李刚"等事件时认为，这一系列事件"由于微博的介入改变了原有的轨迹"，可被称为"微博事件"。[1]

微博公共事件，顾名思义，是经由微博传播或与微博相关的公共事件。那么，什么是公共事件呢？公共事件是经广泛传播并"能引起社会普遍关心并引发议

---

1. 周葆华. 作为"动态范式订定事件"的"微博事件". 当代传播，2011（2）

论以及社会波动的事实"[1]。一般来说，在现代社会，公共事件都需经过大众媒体的传播，大众传播成了公共事件形成的一个必不可少的环节。微博公共事件当然也是一种公共事件，也就是说它也必须具有公共事件的所有特点。

首先，从事件本身的性质来看，微博公共事件具有公共性，即事件事关社会公共利益或公众广泛参与其中。像"广东保卫粤语"、"温州动车事故"等事件关系到广大社会公众的切身利益和全社会的整体公共利益，因而具有公共性。"宜黄拆迁"、"我爸是李刚"等事件虽然是只牵涉到少数个人利益的个案，但由于事件的发展过程中得到了广大公众的参与，便不再是"个人"的事了，而成了"大伙"的事，从"个人事件"转变成了"公共事件"，因而也具有公共性。这些"个人事件"为何经由微博等媒体报道后，演变成了"公共事件"呢？许多研究都指向政府对"个人事件"出现后的危机应对失误或舆论引导不当。当然也有一些研究深入到广大受众在接受"个人事件"新闻信息后的心理反应，即触及受众的社会心理层面。谢泳曾以1946年发生的"沈崇事件"为例在史学探析的基础上分析了个人遭遇为何能成为公共事件。他认为，"个人遭遇成为公共事件，决定于个人遭遇中包含的特殊因素与社会普遍心理之间的暗合关系。"他也承认，"媒体在个人遭遇成为公共事件中起主导作用。"[2]陈力丹、董晨宇以"杭州飙车案"为例进一步分析了新闻媒体叙事中的心理暗示作用在"个人事件"发展成了"公共事件"中起到的重要作用。人们为什么关注个人事件？"原因就在于媒体报道将个人事件中的人物角色进行了'原型沉淀'，而沉淀之后的原型恰恰符合人们的'社会心理'，进而呼唤了人们的集体共鸣。"[3]

其次，从事件的传播过程来看，微博公共事件具有广泛关注度，即这一事件经由微博这一大众媒体公开传播，并得到了广大受众的持续关注。有些事件虽经微博传播，但最后却石沉大海，没有引起太多受众兴趣，也不能称为微博公共事件。因而微博上关注度的多寡是衡量一个事件是否是微博公共事件的一项硬指标，像广泛吸引眼球的"我爸是李刚"事件属于微博公共事件，而随后没多久发生的"我叔是金国友"事件由于关注度不够高而不能入选微博公共事件行列。

最后，从事件的传播效果来看，微博公共事件具有较大社会影响力，即事

---

1. 谢泳. 关于沈崇事件的一些历史材料. 见：李公明选编. 2004年中国最佳讲座. 武汉：长江文艺出版社，2005，转引自中国选举与治理网，http://www.chinaelections.org/newsinfo.asp?newsid=16674

2. 同上

3. 陈力丹，董晨宇. 从个人事件到公共事件——以"杭州飙车案"为例. 民主与科学，2009（4）

件不仅得到受众的广泛关注，而且在受众中产生强烈反响，并对社会现状产生影响。这样说来，一个事件在微博上虽然很多人看到了，但看了后没有理会，漠不关心，那么这一事件也不能称之为微博公共事件。像"郭美美事件"是一个典型的微博公共事件，不仅在于这一事件在微博上简直众所周知，"闹翻了天"，更重要的是这一事件引发了人们对"炫富"现象和不合理的红十字会慈善捐赠体制进行深刻反思，并推动了对慈善捐赠体制的修正和完善。

人类的历史其实就是由一个个事件组成的历史。这些事件有些惊天动地，有些却静水流深，但都是组成历史之链上的一颗颗珍珠，闪耀着理性的光芒。在大众传媒诞生前的古代社会，这些事件依靠人们口口相传或史官、文人的文本记载流传下来。由于传播的不畅和信息的闭塞以及政府的舆论管制，很多事件尽管对社会影响极大，甚至影响历史进程，但在当时却鲜为人知，难以成为公共事件。像清朝康熙末年的"九子夺嫡"之类的宫廷纷争，不可谓意义不大，但由于没有大众传媒的介入、信息的极度不公开，而在当时难以成为公共事件。反而在数百年后的今天，围绕这些历史事件进行的激烈学术论争和影视题材演绎，却有可能引发新的公共事件。如，1997 年 2 月，中央电视台在第一频道播出 14 集电视连续剧《炎黄二帝》，该剧在剧情安排中将汉民族的始祖炎黄二帝塑造成正义智慧的化身，而将苗族始祖蚩尤演绎成凶残愚昧的恶魔。电视剧播出后，引发苗族知识分子们的轩然大波。不久，在第八届全国人大会议上，苗族人大代表龙明伍、张明达以人大代表建议的方式指出该电视剧"伤害了少数民族的民族感情，影响了民族之间的团结"，引起高层重视，广电部总编室答复称，已转发通知，各地电视台不再重播该剧。1999 年 6 月间，湖南电视台播放 20 集电视连续剧《釜山大结盟》，因同样犯了丑化蚩尤形象的错误，在刚刚播出不久，便遭到苗族社会知识分子的抗议，三大方言的苗族知识分子们聚集在一起，以"全国各界苗族人士及蚩尤族团平反委员会"的名义向全国发出公开抗议书。很快，《釜山大结盟》这一电视剧在还没有播放完的情况下被停播。[1] 这些都是历史事件在当代社会经由现代传媒的传播和再演绎而演变成新的公共事件的例子。再如，2008 年 10 月 5 日下午，著名学者、《百家讲坛》主讲人阎崇年在江苏无锡新华书店图书中心签售《康熙大帝》、《明亡清兴六十年》两本书时，遭到一名对他的某些历史事件表述持不同看法的青年男子

---

1. 杨志强."蚩尤平反"与"炎黄子孙"——兼论近代以来中国国民整合的两条路线.中国农业大学学报(社会科学版)，2010（4）

掌掴。[1] 这一事件引发各大媒体和网民广泛关注和热议，变成了名副其实的公共事件。

微博公共事件是新媒体事件的新类型。从事件的内容来说，我们可以将微博公共事件分为8种类型：（一）底层维权型事件，如"宜黄拆迁事件"。（二）官员腐败型事件，如"卫生局长开房事件"、"街道办主任裸聊事件"。（三）社会冲突型事件，如主要借助微博和手机短信组织起来的内蒙群体性事件、广州增城事件。（四）围观监督型事件，如"我爸是李刚"、"上海献花"等事件。（五）社会公益型事件，如"微博解救乞讨儿童行动"。（六）造谣型事件，如"金庸去世"、"抢盐风波"等事件。（七）名人八卦型事件，如"张柏芝谢霆锋离婚事件"、"韩寒麦田论战事件"。（八）民族主义型事件，如"方正县开拓团立碑事件"。

当然，以上分类未能穷尽微博公共事件可能囊括的所有内容。这种划分也不是截然的划分，它们之间也可能存在交叉和演化，如有些微博公共事件是因官员的腐败而引发的底层维权事件或社会冲突事件，有些名人八卦事件却与社会公益事件或谣言事件相关。

二、微博公共事件公众参与的类型

（一）对抗式公众参与

不同的微博公共事件类型因其传播模式和传播特点的不同而形成了其不尽相同的公众参与类型，具体说来，有如下几种类型：

这主要发生在底层维权型、官员腐败型、社会冲突型和围观监督型等4种类型的微博公共事件中。"宜黄拆迁事件"中的公众参与便是一起典型的对抗式公众参与。媒体记者的"微博直播"和广大普通公众的合力参与让"宜黄拆迁事件"成为微博上的舆论热点，并进一步带动报纸等传统媒体的广泛关注。当传统媒体因面临监督对象的阻挠、新闻禁令的限制等压力，新闻发布渠道受限时，公众在微博上的接力参与和社会动员不仅让微博成为真相传播的出口，而且让微博成为对抗宜黄地方政府和有关部门的舆论阵地。在意见领袖慕容雪村、邓飞等的带领下，对抗式的公众参与得以在微博上形成。广大公众在微博上对自焚者及其家属进行声援，对宜黄地方政府进行声讨，最终促成宜黄地方政府的领导被免职。

---

1. 肖余恨. 掌掴阎崇年是不是被过度阐释了. 珠江晚报，2008-10-10

说白了，对抗式的公众参与就是与政府和权力部门"唱反调"，参与的公众以微博为阵地，极度彰显草根一族的知情权和表达权。各个分散和公众在参与行动中紧紧抱团，形成合力，以私权力的集体代言人的身份关注弱势群体利益和社会不公平现象，与政府和权力部门的公权力"叫板"。这种公众参与体现的是公私权力在微博上的角力。

（二）行动式公众参与

这主要发生在公益型微博公共事件中。这种参与类型的代表是"微博解救流浪儿童行动"。2011 年 1 月 25 日，中国社会科学院农村发展研究所于建嵘教授开设了"随手拍照解救乞讨儿童"的微博。此微博一经开通就引起了全国各地的公众和公安部门的高度关注。据统计，于建嵘教授"随手拍照解救乞讨儿童"的微博开通才 5 天就已有 1 万余人关注，300 多条乞讨儿童信息发布其上。许多普通公众在微博的带动下积极参与到这项解救行动中来，在微博上不断上传乞儿照片，帮助寻找各种有关乞儿的线索，希望家中有孩子失踪的父母能借此信息找到自己被拐的孩子。有些公众还在微博上提出一些建设性的建议，如针对随手拍照上传微博会不会侵犯被拍儿童隐私？让乞儿们的照片在网络上流传，人贩子会不会立即将其藏匿或灭口？许多公众在参与中不断发现问题，进行理性分析和讨论，并提出行之有效的解决办法，如要防止因拍照对乞讨儿童的二次伤害、开设保密的照片数据库、建立全国被拐儿童父母的DNA资料系统等。

在此类公众参与中，广大公众以微博为载体进行的线上或线下参与行动，由点及面普及开来，类似一场群众性的"运动"，这些参与的公众都为了一个共同的公益性或公共性的目的，他们的参与都是合作式的。是否具有广泛性的群众基础和能否形成普遍性的群众行动是此类公众参与的主要特点。与对抗式的参与截然不同，行动式的公众参与体现了公众与公安部门、民政部门等政府部门一致的共同利益，也体现了公私权力在微博上的协作关系。在建设式的公众参与中，公众的理性得到极大的彰显，因而也可称之为"理性"公众参与。

（三）关注式公众参与

名人八卦型微博公共事件中的公众参与类型主要是关注式的。这类事件之所以能成为公共事件便主要是因为其娱乐性、趣味性等特点能在微博上吸引广大公众的注意力。像公众参与到"张柏芝谢霆锋离婚事件"此类事件中来，并非是要与某种公权力相抗衡或进行协作。这类事件大多也与普通公众的个人利益和公共利益无关，很多公众参与其中纯粹是为了好玩、消遣或满足其好奇心、"偷窥欲"。张柏芝谢霆锋要离婚，这本是私事，但因为他们是影视明星，此事也便具有公众性。2011年6月23日下午，一位自称是张柏芝好友的博主"Yu-ki_Lee"在微博中连续发出了几张手机短信的截屏，大爆"锋芝"婚变内幕，称谢霆锋在婚姻里的好男人形象全是做戏，还逼张柏芝开口跟他离婚，张柏芝为婚姻忍辱负重，为保护两个儿子才哑忍至今。此微博"一石激起千层浪"，得到期待证实"锋芝"二人婚变传言的公众的广为关注，纷纷转发和评论这条微博。甚至佛教界人士也卷了进来，延参法师在他的微博上发了一条名叫"真实的谢霆锋"的微博力挺谢霆锋："大家平时看到谢霆锋大多在屏幕上，或者一些影片宣传或者公益活动上，难免觉得有一些明星的光环。真实的谢霆锋语言不多，甚至有些内向和腼腆，还像个没长大的孩子，有些豪爽，有些小孩子一样的坚持和固执。走过风雨，相信会更好。祝福。"[1] 直到8月22日下午，张柏芝谢霆锋两人发表声明正式宣布离婚之前，微博上公众围绕两人婚变这一话题的讨论不断升温，逐渐演变成一场"媒体盛宴"和"网络狂欢"。

此类公众参与最大的特点便是为了吸引微博受众的眼球，参与的公众也主要是出于娱乐、好奇、猎奇甚至恶搞的目的。在关注式公众参与中，公众的参与行动普遍表现得轻松、散漫，甚至随心所欲，有些是偶尔路过表示关注，有些是关注过后胡乱评点几句，有些是出于好奇还人肉搜索一番，有些粉丝级的公众还各自为阵、互相攻击，闹得沸沸扬扬。因而从这个意义上说，关注式公众参与也可以称之为"狂欢式"公众参与。

（四）盲从式公众参与

这种参与类型主要在谣言型的微博公共事件中表现得比较突出。2011年日本"3·11"大地震后，在微博上各种谣言四起，其中最为典型的当数"抢盐风波"。3月17日晚，以"靠加碘盐中的碘可预防辐射"和"核污染会影响海水水质，今后海盐没法儿吃了"为主要内容的信息出现在微博上，被不明真相的公众广为转发，这些微博信息经过一些实名认证用户和名人明星等"意见领袖"的转发后，以几何速度向四面八方传播。而且很快就促成了上海、浙江、广东、广西等地公众率先采取线下行动——"抢购食盐"。后来尽管有传统媒体和专业人士出来辟谣，但广大公众还是"宁可信其有，不可信其无"，争先恐后在微博上向亲友转发谣言，并上街抢盐。

在此类由微博谣言引发的公共事件中，公众的参与方式是盲从式的、跟风

---

1. 延参法师的微博. 新浪微博, http://weibo.com/hutuheshang

式的，即在短时间内无法鉴别微博信息真伪的情况下，在微博谣言的引发和一些"意见领袖"的带领下，纷纷信谣、传谣，并采取相关行动。在鱼龙混杂、泥沙俱下、"听风便是雨"的微博世界里，微博传播又具有即时性、便捷性等特点，作为公众成员的个体，很多时候看到一条微博信息，来不及多想，大拇指一按便转发了出去。这样，一传十，十传百，迅速裂变成庞大的微博之链。这样的盲从式公众参与体现的是公众的"从众心理"，因而又可称之为"从众式"公众参与。

（五）发泄式公众参与

民族主义型微博公共事件中的公众参与大多是发泄式的，"方正县开拓团立碑事件"中的公众参与便是典型的发泄式公众参与类型。2011 年 7 月 30 日，一则关于"黑龙江方正县为侵华日军死者立碑"的信息在微博上发布并迅速"发酵"。该微博称，为了 GDP 和政绩，黑龙江省方正县为吸引日商投资，竟然不顾民众情绪，花费 70 万元为侵华日军死者立碑，以求吸引日商投资，并把这一事件称之为"中国式碑剧"。截至 31 日下午 16 时，该微博已被网友转发 8.1 万次，评论超出 1.8 万条。广大公众在转发和评论中纷纷发泄自己的愤恨和不满，表现出明显的民族主义情绪。如网友"深蓝的海"在微博中说："如此 GDP 要它何用？如此换来的投资与乞讨何异？难道诺大的中华民族为了不一定能挣到的小日本的那几个臭钱就要摇尾乞怜，甚至忘记国耻，放弃尊严？"网友"纠缠的麻花"在微博中说："正视历史才能面向未来，而不是为了所谓的友好而歌功颂德、去立碑，那些默默牺牲的英雄给立碑了没？这是讨好，不是友好！"[1]微博上公众的持续讨论引起了报纸等传统媒体的关注，31 日下午，方正县常务副县长洪振国接受新华网"中国网事"记者采访时辩称：立碑不是出于经济考虑，为日本开拓团立碑体现了中华民族的胸怀。这种官方解释没有平息微博上广大公众的愤慨情绪，反而激起更多的原来"旁观"的公众参与进来讨论，并很快将微博上的这种线上参与转化成了线下的实际行动。有一些公众前往黑龙江方正县往这个开拓团的石碑上泼油漆，更有 5 名公众举起铁锤去砸石碑。他们 5 人砸碑的照片被发在微博上，被广泛转发，并被网友们称为"砸碑五壮士"。迫于舆论的压力，方正县地方政府于 8 月 5 日深夜悄悄地将"开拓团"石碑拆除。接下来，许多公众在微博上欢呼他们的参与取得了胜利果实。其实在这一事件中，

---

1. 强勇，潘祺，徐宜军. 黑龙江方正县：为日本开拓团立碑体现民族胸怀. 新华网哈尔滨 7 月 31 日专电

方正县不仅是立了开拓团的碑，还建了一座"中国养父母逝者名录"的纪念碑，纪念日本投降后抚养滞留在中国的 4500 多名日本妇女、儿童的"中国养父母"。开拓团碑上的名字没有日本军人，方正县立碑的行动此先也得到过外交部的批准。新华网等官方媒体在"方正县开拓团立碑事件"成为微博公共事件后，及时发布了这些信息。但广大公众的民族主义情绪已经点燃，在微博上每天都有公众不断地参与进来，只顾发泄愤怒之情，全然不顾有关事实真相。

发泄式的公众参与是"一边倒"的参与，是"情感战胜理智"式的参与。参与的广大公众抓住一点，不顾其它，并且利用微博上信息短小、快速和传播范围广等特点将兴奋点放大，广泛联想、牵扯与之相关的其它不满情绪，并将这种不满情绪在当下事件中发泄出来，不仅要痛打"落水狗"，而且还要将其它讨厌的"狗"一并打死。至于事件的原委和来龙去脉，参与的公众并没有过多在意，甚至故意置之不理。因而也可将此类公众参与称之为"不讲理"的公众参与。

以上结合微博公共事件的不同类型对公众参与的类型进行划分，综合考虑了参与方式、参与者的心理情绪、参与者与公权力的关系等多种因素。但这种有关公众参与类型的划分不是绝对地与相关微博公共事件类型一一对应的，不同的微博公共事件可以共用一种公众参与方式。如，对抗式公众参与主要发生在底层维权型、官员腐败型、社会冲突型和围观监督型等 4 种类型的微博公共事件中，但有时候"民族主义型"微博公共事件中也有明显的公私权力的对抗，如前文所述"方正县开拓团立碑事件"中便有"砸碑五壮士"为代表的广大公众与方正县政府为代表的公权力的对抗。再如，发泄式公众参与主要发生在民族主义型微博公共事件中，但有时候在"围观监督型"微博公共事件中也有公众较强烈的情绪发泄，如"上海献花事件"中就有许多公众发泄对有关政府部门的不满，"献花"本身便是一种情绪发泄的体现。此外，从不同的维度来对微博公共事件的公众参与进行划分也会得出不同的类型。如，从参与者层次来进行划分，便可划分为个体型公众参与和团体型的公众参与；从参与渠道来进行划分，可划分为体制内的公众参与和体制外的公众参与；从参与方式和参与内容是否符合现行法律法规来划分，又可划分为合法的公众参与和非法的公众参与。

第二节　微博公共事件公众参与的特征

微博公共事件中的公众参与除了具有公众参与的普遍特征之外，还具有一些独特的特征。这些特征与微博这一全新媒体独特的传播特点密切相关，深深地打上了"微博"的印记。

一、群体性

在普通的公众参与主体中，个体参与和组织参与并存。但是微博公共事件中的公众参与却呈现出鲜明的群体性特征，即使作为参与主体的个体，也是以群体中的个体出现，个体的声音经常裹挟在群体的宏大话语之中，显得有点微不足道。也正是群体性的参与，才得以让微博不微，推动和深刻影响公共事件的进程。可以说，群体性是微博公共事件公众参与最本质的特征。微博公共事件的公众不是一个个零散的个体，而是一个社会群体，是因某一具体的微博公共事件结缘而形成的具有共同利益、共同观点或共同关注对象的社会群体。

参与微博公共事件的公众最初形成一个群体时，可能只有简单的互相认同关系，这种认同或是缘于共同的关注对象，或是出于共同的利益所在，或是基于共同的观点看法。但是随着作为一个群体对微博公共事件合力产生影响，各个参与个体会自发形成一种较为固定的交往准则和模式，以实现群体的共同目标。这种行为规范虽不是复杂的正规的规章制度，而更多是简单的、非正规的通过互相信任、彼此接近形成的一些承诺和惯例。如"厦门PX"事件中市民通过微博或短信约定去市政府门前"散步"，而不是采用暴力对抗等过激手段。此外，参与微博公共事件的公众具有共同一致的群体意识。在对待某一公共事件时，分属于不同群体的公众个体被要求在微博线上或线下的参与活动中保持一致并以此与群体以外的公众区分开来，形成一种群体归属感，对群体有了相应的期望和归属意识。这种群体归属感便于群体内的公众在参与微博公共事件时采取一致行动。这在底层维权型、社会冲突型和围观监督型等类型的微博公共事件中表现尤为明显。

当然，微博公共事件中的公众参与群体是一种非正式群体，他们是在日常互动中自发形成的人际关系系统，是以共同的利益、共同的关注对象或共同的观点看法为纽带的群体。群体结构松散，各个角色和地位之间并没有明确的分工。在微博公共事件中的公众参与群体内部有时因为观点的分歧或关注点的侧重，还会形成较小的次级群体或子群体。但尽管是较为松散的非正式群体，参与微博公共事件的公众仍然对外表现出一定的群体凝聚力，通过在微博上关注、转发等方式在群体内部体现出一种人际吸引，通过在微博上进行评论或转发在群体外部表现出目标和行动的一致性。

二、草根性

这一特点也可称为大众性特点，是与微博的传播特点息息相关的。微博的门槛很低，注册方式也很简单，任何人只需通过邮箱验证便可注册成为微博用户。微博操作也很简便，只要会发手机短信，便可以熟练使用微博，无需用户拥有太高的文化程度和教育水平。微博让每一个用户都形成了一个"自媒体"，每个人都是信息的生产者和消费者。特别是突发事件和社会热点事件中，微博成了无数用户的"个人通讯社"。有人说，微博为世界带来了一个"人人都能发声，人人都可能被关注的时代"。被称为"沉默的大多数"的数量庞大的草根群体在微博上找到了展示自己的舞台，也成为微博公共事件的最主要的参与主体。以往的政治参与、公民参与中，规范的参与规则、程序和明显的阶级、阶层、身份、地位差异，让许多草根阶层望而却步，被排除在参与主体之外。但在微博上，人人都是平等的参与主体，对于共同感兴趣的事件或引起广泛关注的事件都可以随心所欲地发表看法，结成各自的微博参与群体，左右或影响微博公共事件的形成。纵观"江西宜黄拆迁事件"、"上海高楼火灾献花事件"等许多微博公共事件，参与主体绝大部分是草根一族。

考察公众参与对微博公共事件的效果，我们也可以发现，尽管有意见领袖和"网络推手"对微博公共事件的形成和发展产生重要影响，但对事件起着最关键、最主要作用的还是广大普通的公众。这是微博公共事件的公众参与与传统媒体公共事件的公众参与最本质的不同。报纸、广播、电视等传统媒体上的公共事件，充当"把关人"的传统媒体牢牢掌控着事件的进程，并引导着普通公众进行"理性"的、适度的参与，普通公众在传统媒体公共事件中一直起着次要的作用。如果把媒体公共事件比作一台大戏，在传统媒体公共事件中，传统媒体唱主角或当着后台老板，普通公众唱的是配角或充当起哄的观众。但在微博公共事件中，由于微博传播的开放性和自发性，传统意义上的"把关人"缺位，监管者的监控也有心无力，作为微博博主的广大普通公众不仅成了台上主角，也是台下观众，自演自唱还自我欣赏，台上、台下的界限并不十分清楚，舞台大戏演变成了广场联欢。

三、匿名性

微博有加"V"的实名认证微博，但更多的是后台实名、前台匿名微博或通过邮箱等注册的完全匿名微博。因而，像互联网 BBS 论坛、网上社区的公众参与一样，微博公共事件中的公众参与也表现出匿名性的特点，这与政治参与、公民参与一般要求真实身份和身份公开不同，也与传统媒体公共事件的公众参与不太一样。公众参与的匿名性特点，让许多以前在传统媒体上无法或难以变成公共事件的事件浮出水面，并最终水落石出，得以解决。底层维权型、官员腐败型、社会冲突型、围观监督型等这几种类型的微博公共事件只所以能占据到微博公共事件的主要部分，是因为公众参与的匿名性所致。像官员腐败型的一些微博公共事件，最初的报料人或线索提供者很多便是官员的下属，在事件进程中不断提供新鲜素材和猛料的很多参与公众也是与官员有着特殊关系的人。也正是因为有了匿名性这一"保护伞"，广大参与公众才敢肆无忌惮地对腐败官员进行大胆的口诛笔伐。试想如果不是微博的匿名性特点，不仅微博公共事件无所取得新进展，而且有些根本难以形成公共事件。

匿名性不仅深刻影响到公众参与的积极性，而且还对公众参与的效果产生重要影响。因为匿名性，公众得以在微博上表达他们真实的意见、看法和情感，就算有些公众在参与过程中不太理性的渲泄，那也是一种个人意愿具有个性的表达。微博上呈现出来的广大参与公众的原生态的意见场，正是微博公共事件公众参与的一大特色，也是微博公共事件独具风格的一面。像在"宜黄拆迁事件"中，许多公众在微博上对宜黄县当地政府和某些主要领导匿名发表的几近控诉、超出理性的意见表达，产生了一种轰动效应，强烈地吸引了公众的眼球，因而也带动了其他众多的公众参与到事件中来，并在短时间内形成一种意见的聚合力，最终推动了事件的解决。在"温州动车追尾事故"中，广大公众匿名表达的质疑、愤怒、失望和哀伤，让微博不仅成为一个公众参与的载体，而且也成了一个公众发泄的场所。其实，发泄也是一种参与方式，广大公众正是在发泄中表达对"温州动车追尾事故"这一微博公共事件的意见和看法。

四、互动性

任何公众参与都有或多或少地具有互动性，如选举这一公民参与需要候选人之间的辩论、选民之间的讨论，政治协商这一政治参与需要各种政党和政治力量之间进行协商、博弈。但是在公众参与互动性的广度、力度和速度等各个方面，其他公众参与在微博公众参与面前都得甘拜下风。这与微博的新媒体特点和传播模式密切相关。微博是一个全新的新媒体，以"手机"+"电脑"的形式，打通了移动通信网与互联网的界限，将手机短信、社交网站、博客等媒体功能"一网打尽"，并强化了微博与各网络媒介的纽带关系。微博140字的容量限制，更符合现代社会人们的生活快节奏，"关注"与"被关注"的互动，也让人们之间原本脆弱的人际关系变得更加紧密。微博不仅是一种全新的新媒体，而且也是一种全新的社会交往平台。微博用户可以"关注"别人，而无需被别人"关注"。这种关注可以是"一点对多点"、"多点对一点"，也可以是"点对点"。关注的方式可以是留言、评论、转载，也可以仅仅是浏览。

微博的这一特点，也让互动性成为微博公共事件公众参与的一大本质特点，并且形成了与其它类型公众参与的互动性截然不同的特点。先说微博公共事件公众参与的互动性的广度。微博这一全新媒体以其独特的传播特性不断壮大它的使用群体，微博用户的数量不断刷新，成为任何一家传统媒体无法比拟的传播载体。再加上微博上的公众参与具有草根性、匿名性，因而微博公共事件中公众参与的互动性具有其他类型公众参与无法比拟的广泛性。这一广泛性表现在参与互动的主体的广泛上，也表现在互动方式的广泛上，不仅有微博线上的关注、被关注、评论、转发等等互动，而且还有线下通过电话、电子邮件甚至面对面的交流。这种互动的广泛性还体现在微博信息发布方式的多样性方面，在微博上，文字、图像、音频、视频、链接等都可以成了用户信息发布的方式。这种互动不仅有微博上零散、随机的互动，而且还有微博群和微博子群内的有组织的互动。公众可以加入不同的微博群或话题讨论组参与信息分享和话题讨论。再说微博公共事件公众参与的互动性的力度。这种力度一方面表现在其参与互动的人数之多，形成合力之大，另一方面也表达在由于匿名性、草根性，公众参与互动时意愿表达的真实性、情愿发泄时的强烈性以及对微博公共事件进展的巨大影响力等方面。最后说微博公共事件公众参与的互动性的速度。由于微博发布信息的即时性，这种公众参与也表现出即时互动的特点，这种互动的过程不仅速度极快，而且中间环节很少。微博用户之间只需凭借一台手机或一台笔记本电脑便可实现随时随地进行观点交流和互动沟通。微博不仅可以"现场直播"微博公共事件，而且可以让广大公众在微博上进行即时的互动。

第三章

微博公共事件公众参与的组织动员

第一节　微博公共事件中的公众参与与集群行为

任何一个过程都是由一个个具体的行为作用的结果，公众参与也不例外。研究微博公共事件公众参与的整个组织动员过程，首先需从研究公众参与的行为入手。如前面一节所述，微博公共事件的公众是因某一具体的微博公共事件结缘而形成的具有共同利益、共同观点或共同关注对象的社会群体，群体性特点是微博公共事件公众参与最本质的特点。如果从行为研究的角度来看，更确切地说，微博公共事件中的公众参与是一种集群行为。

一、作为集群行为的微博公共事件中的公众参与

芝加哥学派重要代表人物之一、美国社会学家帕克于1904年用德文撰写了《聚众与公众》一书，开始了他对集群行为的研究。后来帕克与博格斯合著《社会学科学导论》一书，第一次对集群行为（collective behavior）作出全面介绍，从而将集群行为正式纳入到社会学研究领域之中。在帕克看来，集群行为是一种在共同和集体情绪冲动的影响下发生的个人行为，是社会互动的结果。没有社会互动，也就不会有集群行为。

在过去100多年中，西方学者发展出了一系列互成体系的理论来阐析集群行为的产生原因和发生机制，如从众理论、匿名理论、模仿理论、紧急规范理论、

价值累加理论、社会挫折理论、归因理论、控制转让理论等。在这些理论体系中，具有代表性的当属美国社会学家斯米尔赛提出的"价值累加理论（value-added Theory）"。美国学者斯米尔赛出于解释集群行为的目的，提出"价值累加理论（value-added Theory）"。斯米尔赛提出了导致集群行为产生的 6 个依次出现的"充分必要条件"：一、有利于产生集群行为的的空间场所，如广场、公园、剧场、运动场、街道等公众赖以聚集得以形成集群行为的公共场所。二、使人感到压抑的结构性紧张，如经济萧条、种族歧视、社会冲突、自然灾害、不安全感等都可能成为刺激集群行为产生的"温床"。三、共同信念或普遍情绪的产生。人们对身处环境或对某些问题形成某种较为一致的看法和感受是集群行为产生的一个前提。四、促发因素，即促发集群行为出现的"导火索"。这种因素既可能是一个突发性事件，也可能是怀疑、不安等普遍性的社会情绪。五、参与者的行动动员。群体内的意见领袖或"带头大哥"实施的口头或行动上的组织动员，标志着集群行为的开始。它可使旁观者变成集群行为的参与者，使原本松散的无组织群体能够产生较为一致的行动。六、社会控制的失败。社会控制主要是指社会通过道德、法律、专政机器等社会控制要素对集群行为进行控制的行为。一旦控制失败，集群行为便在所难免。[1]

中国改革开放以来，国内学者对集群行为的研究兴趣日益浓厚，研究范围主要局限于群体性事件或群体性突发事件、群体性治安事件中的集群行为。

微博公共事件中的公众参与也是一种典型的集群行为。我们首先可以从集群行为的定义出发进行阐述。著名社会心理学家米尔格拉姆认为，集群行为"是自发产生的，相对来说是没有组织的，甚至是不可预测的，它依赖于参与者的相互刺激"。美国社会学家波彭奥认为，集群行为是"在相对自发、不可预料、无组织的以及不稳定的情况下对某一共同影响或刺激产生反应的行为"。米尔格拉姆和波彭奥两人的定义都强调了三个方面的内容：一、集群行为事先没有制度进行规范和遵守严格的组织程序，是一种自发的行为；二、集群行为是一个不断变化的动态发展过程，行为不可预测；三、集群行为是对某一共同影响或刺激产生的反应。

从这三个方面的内容出发来进行考察，我们发现，微博公共事件中的公众参与完全吻合这三个方面的特征：一、从某一事件在微博上还没有形成公共事件开始，动辄数以千计的公众便是自发地参与到事件中来。事先并没有经过任

---

1. 乐国安. 集群行为与群体性事件. 南开大学报，2010-10-29

何明确的组织程序，也不受任何制度规范。即使是这一事件在广大公众的参与下形成微博公共事件以后，公众参与分成了不同的阵营，也开始受到意见领袖的影响，参与行为目的性更强，也受同一阵营的某些行为规范约束，那也是一种微博上的松散的组织结构，毫无章法可言，行为约束也是自愿性质的、非强迫性的约束。参与者随时可以脱离这一阵营，甚至可以转投另一阵营，或者干脆退出参与、关闭微博。二、微博公共事件大多是突发性的事件，有些原因不明，有些瞬息万变，有些前途未卜。微博公共事件的难以预测性，让公众参与的行为也变得不可预测。此外，参与的公众数量极其庞大，个体差异也非常大，很多公众参与表现出随意性、多变性的特点，参与活动又没有明确的组织和制度规范，这也让微博公共事件的公众参与总体上始终处于一种不断变化的动态发展过程之中，具有不可预测性。三、公众之所以参与到微博公共事件中来，就是因为都受到某一事件的共同吸引，这一事件的某些特征又强烈地刺激了公众的参与欲望。公众参与的动机种种，或路见不平，或不吐不快，或好奇心起，或良心未泯，总之，公众都不是平白无故地参与进来，而是受到某一共同影响或刺激产生的反应。参与者都不是出来"打酱油"的，而是有感而发，出于一种刺激之下的压力。

二、从价值累加理论看"温州动车追尾事故"中的公众参与行为

我们再套用斯米尔赛"价值累加理论"中导致集群行为产生的 6 个依次出现的"充分必要条件"来分析"温州动车追尾事故"中的公众参与行为。我们可以发现这些行为很好地满足和解读了导致集群行为产生的 6 个"充分必要条件"：

（一）微博提供了一个有利于产生集群行为的的空间场所，广大网民可以聚集在微博上，就发生在 2011 年 7 月 23 日晚上 8 时 38 分的"温州动车追尾事故"发表各自的看法。几乎在事故发生的同时，新浪微博网友"袁小芫"发出了第一条微博"D3115 在温州出事了，突然紧急停车了，有很强烈的撞击。还撞了两次！全部停电了！我在最后一节车厢。保佑没事！现在太恐怖了！！——7月 23 日 20 时 38 分。"在新浪微博上，从 7 月 23 日 20:34 至 7 月 28 日 0 时共有 7821999 条微博在讨论温州动车事故，新浪微博为此还专门在新浪微博和新浪首页上开设专页"微博：在爱中成长的力量"，提供一个让广大公众参与

讨论、各抒己见的平台和空间。[1] 微博在这一公共事件中发挥的作用，跟其它集群行为得以凭借的广场、剧院一样，是一个形成集群行为的公共场所，不过微博这个公共场所是一个无形的公共场所，但也是一个比广场、剧院等任何一个有形的公共场所范围都更为广泛得多的虚拟公共领域和"舆论场"。从理论上来说，微博这一个公共场所具有无限的空间。

（二）"温州动车追尾事故"以其无法预测的突发性、极大的社会危害性以及事故原因不明、伤亡情况不详、善后措施不力等因素使人感到对动车安全、铁路乘运安全甚至公共安全的焦虑，也让人对相关的公共管理和公共服务表示不满和愤慨，这种焦虑和愤恨直接促发压抑的结构性紧张，这种紧张状况刺激着公众参与这一集群行为得以产生。

（三）广大公众在参与"温州动车追尾事故"中形成了一些共同信念或普遍情绪，这成为产生集群行为的前提。当然，这种共同信念或普遍情绪也不是一成不变的，而是随着事件的发生、发展、结束等不同阶段而形成不同的共同信念或普遍情绪，如事件发生之初的"传递关注和力量"，救援基本结束后的"质疑和愤慨"，事件善后阶段的"悼念和反思"等。

（四）突如其来的动车追尾事故成为促发"温州动车追尾事故"公众参与这一集群行为出现的"导火索"。而接下来的事故原因扑朔迷离、铁道部发言人的语出惊人和事故救援和善后的不力，又激发公众在微博和互联网上发表质疑、发泄不满等进一步的集群行为。

（五）广大公众在"温州动车追尾事故"这一微博公共事件中体现了参与公众的行动动员，实现了从网上发帖到网下行动的转变。微博在这起公共事件中表现出强大的动员功能，大有一呼百应之势。在事故发生之初的传递"关注与力量"，便是通过"关注"转变成实施行动的"力量"。微博上的"关注"正如一场群众基层牢固的组织动员。普通公众在现实生活中步伐较为一致的参与救援和求助行动，标志着集群行为的开始。在这些传递"关注和力量"的行动中，许多旁观者变成集群行为的参与者，原本在微博上较为松散的广大公众能够产生较为一致的行动。

事故发生的当天晚上，许多公众夜不闭博，不断地转发，呼吁更多的公众对事故中的伤员进行援助。据不完全统计，当晚有近 1700 多名公众连夜参与

---

1. 新浪微博，http://news.sina.com.cn/z/hzdccg2011/weibo/index.shtml

献血行动。[1]此外，广大公众在微博上发布寻亲信息、死亡人员名单和现场搜救情况动态，并发起组织"为小伊伊捐款"等行动。"温州萤火虫义工团"通过微博在事故发生半天内就迅速组织起来成立起了私家车车队，义务接送伤员。

（六）温州动车追尾事故发生后，消息在微博上的不胫而走、事故现场情况在微博上的"现场直播"给这一起事故的社会控制带来了极大的难度。事故发生后，铁道部在救援过程的失误以及新闻发言人的"乱讲话"让政府部门对事故的社会控制"雪上加霜"。在新闻发布会上，铁道部新闻发言人王勇平被问到"为何救援宣告结束后仍发现一名生还儿童"时，他说："这只能说是生命的奇迹。"随后，他又被记者问到"为何要掩埋车头"时，王勇平又回答说："至于你信不信，我反正信了。"[2]王勇平"反正我信了"的语录迅速在微博和互联网上成为网络流行语，引发广大公众对官方公布的事故原因、死亡人数等的质疑，并在微博上形成声势浩大的集群行为。微博上的集群行为迅速蔓延到了报纸等传统媒体，《新京报》从 7 月 26 日起连续多天针对广大公众关心的事故原因发出系列深度报道，进行质疑。《人民日报》也在 7 月 29 日的"人民时评"栏目迸发一篇题为《让公布遇难者名单成为制度》的评论，细致分析了公众关注的焦点问题，并表达对制度中存在的漏洞进行责任追究的理性思考。后来中宣部等有关部门出来进行"社会控制"，严令报纸、电视、广播等传统媒体对事故的报道进行统一口径，并责令各大报纸连夜"撤版"。但最后报纸"撤版"的消息也在微博上激起广大公众新一轮的愤怒，并为进一步的公众参与推波助澜。可以说，到这时候，有关政府部门试图进行的社会控制宣告失败。公众参与"温州动车追尾事故"的集群行为也不可避免地出现。

三、从社会挫折理论看"温州动车追尾事故"中的公众参与行为

社会挫折理论认为，集群行为是公众对社会挫折的一种反应，是对社会病态现象的一种病理性的反应。因为现实社会已经患上了某种社会病，集群行为正是公众发表意见，揭露丑恶，宣泄不满，治疗社会病的一种行动。

集群行为的社会挫折理论，其理论根源又是最初由约翰·达莱德提出的"挫折—攻击理论"。该理论认为，攻击是对挫折的反应，受挫折后必定发生某种形式的攻击冲动或行为。在社会挫折理论看来，集群行为之所以发生，直接原

---

1. 蒋萍，刘海波，朱奕等. 23 小时，1700 多人献血. 文汇报，2011-07-25
2. 铁道部发言人"反正我信了"语录成网络流行语. 现代快报，2011-07-27

因在于人们的心理挫折感。而心理挫折感从何而来，又有多种不同的理论解释，如收入差距、政治地位不平等、阶级压迫、社会不公等。笔者以为，这种心理挫折感并不仅仅是对个体挫折心理的指称，而更多的是对一个群体的心理挫折感的反映。作为对挫折反应的攻击冲动或行为，并不一定是一种具有社会破坏性和人身危害性的攻击行为，而是对较强烈的行为反应的一种统称。因此，如果将"挫折—攻击理论"运用到微博公共事件中的公众参与中来，不妨可以改称为"挫折—反应理论"或"挫折—回应理论"。例如在以上分析的"温州动车追尾事件"中，突出其来的交通事故让广大普通公众感到一种不安全感，但这种不安全感还不是一种挫折感。但是接下来有关部门对动车事故是由于雷击导致的荒唐解释，铁道部新闻发言人对死亡人数、救援情况等的信口开河，有人从即将掩埋的车厢里冒死救出一名父母双亡的幼童，微博上有关铁道部门就地将机车切割掩埋是因为将其拖回去不吉利的传言等等，让广大公众开始躬身自问：如果自己或者自己的亲人当时在车上，怎么办？这样一问之下，不安全感便演变成挫折感，一种将自己归于弱势群体的社会挫折感。这种挫折感也是作为一个群体的普通公众以公权力或强势部门为参照对象相比较时产生的一种"相对剥夺感"。这种相对剥夺感也是广大普通公众对公权力或强势部门的现实状况与心目中抽象的理想标准相比较的一种剥夺感。

按照"挫折—反应理论"或"挫折—回应理论"，"温州动车追尾事件"发生后在广大公众中蔓延开来的挫折感，促使广大公众作出反应或回应，即引发微博上质疑强势部门、表达不满和愤慨并将这种质疑和表达扩展到报纸、电视、广播、互联网等媒体之中，形成强大的舆论声势，"对挫折进行解释，赋予挫折以意义，建立起社会不公正的框架，培养人们的集体身份认同"[1]。在现实生活中，这种质疑和表达直接促成上海铁路局局长、党委书记、副局长被免职并接受调查，铁道部新闻发言人被免职，国务院成立调查组对事故原因重新进行调查。公众的质疑还引发公众不坐动车或高铁的变相"抗议"行动，最终促使铁道部在当年的"十一"前后全国范围内的动车和高铁降速和降低票价，以及对所有列车安全运行的大检查。

总之，作为集群行为的微博公共事件中的公众参与是以广大公众在微博公共事件中遭受的挫折感为起点，在微博上组织动员各种资源，对挫折感作出反

---

1. 胡联合. 群体性事件：何以发生与演化——关于群体性事件的理论及其启示. 中国社会科学内部文稿，2009（3）

应或回应，以改变受挫境遇的集体行动。当然，公众参与微博公共事件这一集群行为也不是永久的，在参与成本过高、对参与能否成功缺乏信心、社会控制成功或微博公共事件已经得到解决的情况下，公众会选择退出作为集群行为的公众参与。

第二节　微博公共事件公众参与的组织动员模式

微博公共事件中的公众参与是一种集群行为。跟作为有共同利益和共同目标的个体集合的"集体"不同，"集群"是由多个社会阶层的民众聚集而成的临时性群体，因而微博公共事件中的公众参与具有一定的自发性和非组织性。但这并不是说，微博公共事件中的公众参与便是一盘散沙、杂乱无章的个体行为。微博公共事件中的公众参与也有着独特的组织动员，这不仅是因为"参与者的行动动员"是斯米尔赛"价值累加理论"中提出的导致集群行为产生的 6 个依次出现的"充分必要条件"之一，而且微博公共事件中的公众参与不只是一种集群行为，还是一种基于组织动员的行动。

一、微博公共事件中的公众参与是一种基于组织动员的行动

有学者运用西方集体行动理论分析认为，"行为"与"行动"有细微差异，在诉求、持续时间、组织化程度以及与现存制度的对抗关系上，"行为"都要比"行动"弱得多。[1] 现代西方哲学有一个分支叫"行动哲学"（philosophy of action），"行动"和"行为"之间的区分被认为是"行动哲学"的基本前提。研究这个分支的学者有一个基本共识是"行动"（action）和"行为"（behavior）的区别在于有无"意向性"（intentionality）。"行动当然是行为，而行为如果没有意向性的话就不是行动。"[2] 德国哲学家尤根·哈贝马斯曾做过一个题为"行为与行动的区别"的演讲，"在肯定行动与行为的区别在于行动的意向性

---

1. 覃爱玲. "散步"是为了避免暴力——中国社会科学院社会学所研究员单光鼐专访. 南方周末，2009-01-14
2. 童世骏. 大问题和小细节之间的"反思平衡"——从"行动"和"行为"的概念区分谈起. 华东师范大学学报，2005（4）

的同时，强调行动的意向性特点与行动的遵守规则的特点有密切联系"。[1] 总的来看，"行为"具有随机性、散乱性和自发性的特征，而"行动"却具有意向性、规范性和较明显的组织性的特征。

本书此前章节已分析过公众本身具有组织性。参与微博公共事件的公众一般也会以微博为纽带，结成利益共同体、观点共同体或兴趣共同体，在微博上形成一个相对松散的"类组织"，并通过意见领袖等的组织动员，由随机散乱的"集群行为"上升为具有一定意向性和组织性的参与行动，如关注、转发、评论等线上行动甚至游行、结社、上访等线下行动，这些行动通过对公共事件的相关当事人或有关政府部门施加压力，直接或间接影响微博公共事件的走向。

二、以"宜黄拆迁事件"为例看微博公共事件公众参与的组织动员

下面，我们以"宜黄拆迁事件"这一具有典型性的微博公共事件为例来考察微博公共事件中公众参与的组织动员全过程。

（一）公众以"议程设置者"的面目出现在微博传播之中

2010 年 9 月 10 日上午，江西省抚州市宜黄县政府对该县凤冈镇女村民钟如九一家房子进行强拆时，钟如九的大伯叶忠诚、母亲罗志凤和妹妹钟如琴在屋顶点燃汽油自焚，3 人都被烧成重伤。

9 月 16 日早上，钟如九和姐姐钟如翠准备从南昌机场乘飞机去北京接受凤凰卫视记者采访，但在机场遭到闻讯赶来的宜黄县委书记邱建国等人的拦截，两人最终未能登机。钟如翠在女厕所里给《新世纪周刊》记者刘长打了个电话，告知了被县里干部拦截的事。随后，刘长在他的微博上发了条信息，将钟如九两人受阻机场的事发布了出去。但由于刘长的粉丝太少，他的这条微博转发不多，这起自焚事件这个时候还没有引起公众的有效关注。大约 20 分钟后，刘长的这条微博被在微博上拥有较高人气和众多粉丝的"微博意见领袖"慕容雪村转发。情况发生了显著变化：短短一个小时之内，近千名粉丝转发了慕容雪村的这条微博信息。一个上午，这条微博就被广大微博网友转发近 300 次。钟家拆迁自焚事件由此开始进入公众视野，在吸引广大公众关注的同时，也激发广大公众参与讨论。原本是钟家的私事因为进入微博公共话语空间而被赋予了公共意义。作为一起微博公共事件的"宜黄拆迁事件"开始形成议程设置，公众正在成为这起微博公共事件中重要的议程设置者。

---

1. 孙惠柱. 社会表演学与和谐社会. 解放日报，2006-04-03

一般来说，互联网上的议程设置中的议题可以是源于报纸、电视、广播等传统媒体的既有报道话题，也可以是源于广大普通公众的发帖。而微博公共事件议程设置的议题，绝大部分来源于广大普通公众，然后经由媒体人和微博意见领袖的转发扩大传播范围。"宜黄拆迁事件"议程设置的议题最初来源于钟如翠给《新世纪周刊》记者刘长的电话，随后在刘长和慕容雪村等专业媒体人和微博意见领袖的"推波助澜"下带动更多的普通公众参与到这一起公共事件中来。可以说，广大公众和专业媒体人、微博意见领袖在微博上共同组织并推动了这一起微博公共事件公众参与的形成。

（二）微博局部性优势意见的形成推动公众参与进入高潮阶段

在慕容雪村转发刘长的微博之后没多久，钟如九用手机拍下的简短视频"机场女厕攻防战"被《凤凰周刊》知名记者邓飞放到他的微博上进行现场"直播"，并一连发了8条微博信息，引发广大微博网友纷纷跟帖，在微博上产生一股"小旋风"。9月18日凌晨，钟如九的大伯叶忠诚因抢救无效去世后，以宜黄县县长苏建国为首的数十人在南昌大学附属第一医院抢夺尸体，并打伤钟家人。随后，又有多名宜黄当地工作人员在南昌的街头当众将钟如九等5名家属强行带上一辆校巴后拉回宜黄。钟如九通过她的手机将"官员抢夺自焚者遗体"等部分后续进展在微博上进行了直播，引起公众极大关注。接下来的几个月，钟如九几乎每天都要向近3万名在新浪微博上关注她的"粉丝"通报母亲和姐姐的康复进展。在"宜黄拆迁事件"这起微博公共事件中，钟如九扮演了多重角色，她既是事件当事人的亲属，又是事件的见证者，还是参与微博公共事件"议程设置"的一名公众。她的"微博直播"进一步带动了广大公众的参与，并在微博上形成公众参与的一个阶段性成果——同情、支持钟家姐妹，谴责、批评宜黄政府官员的"局部性优势意见"。

微博具有互粉、转发以及评论功能也让公众参与的组织动员变得得心应手和随心所欲。"每一个微博作者可以对自己的'粉丝群'进行信息传播和意见表达，而'粉丝们'对所认同的信息和意见表达，用'转发'功能实现'信息流'、'意见流'裂变式的传播，评论功能则使这一事件在极短的时间内迅速形成了'评论流'，这种聚变和裂变式的传播方式使微博空间迅速成为一张不断扩张的关系网络，这张网络使得个体信息和意见广泛传播，形成微博优势意见，并最终形成社会影响力。"[1]这种微博局部性优势意见在微博上像一块具有巨大引力的

---

1. 徐瑗. 微博传播影响公共事件走向的机制分析--以江西宜黄拆迁自焚事件为例. 青年记者, 2010（12上）

磁石，吸引着更多的公众参与到对"宜黄拆迁事件"的讨论中来，并发挥着舆论引导和方向指引作用，对接下来的公众参与"定调调"，像滚雪球一样放大公众相同的意见，化解、打压不同意见。

在此阶段，报纸、广播、电视等传统媒体开始广泛介入、跟进报道。"相较于微博对信息的快速发布、对各种意见的大量聚合、对现场的多维还原以及公众高度参与程度来说，传统媒体确实难以匹敌。不过，传统媒体的权威性以及对事件的深度挖掘与细致分析，同样是信息传播不可忽视的。"[1] 发源于微博的这起地方性的恶性事件在传统媒体的跟进推动下，得以演变为全国瞩目的微博公共事件。随着亿万公众热议和关注钟家姐妹的命运、钟家拆迁事件的最终处理结果，公众参与逐渐进入高潮阶段。

（三）公众参与形成主流舆论影响公共事件走向

"宜黄拆迁事件"这一微博公共事件公众参与的组织动员，既有外力的激发，也有内力的促动。先说外力，事件发生后，宜黄当地有官员化名"慧昌"在网上发表言论《透视江西宜黄强拆自焚事件》，文中有一句话是"没有拆迁就没有新中国"。这一言论在微博上引起轩然大波，被广大公众当成"靶子"进行批判。这个"靶子"的树立，让广大参与的公众得以"同仇敌忾"，结成统一战线，促成各种纷繁杂乱的观点和看法趋于一致。再说内力，"宜黄拆迁事件"被邓飞、慕容雪村等媒体专业人士和"微博意见领袖"当成了一个"坏典型"，是一个"不顾民众死活、藐视法治原则、背离执政基础的暴力拆迁、强制拆迁，它激起了公愤，触犯了社会的容忍底线，挑战最高的宪法原则"[2]。

一般来说，衡量一个微博公共事件中公众参与的组织动员是否取得成效，最显著的一个指标是事件中"旁观者"的参与。对于一个具体的微博公共事件来说，公众可以分成三个不同的部分，即事件的"参与者"，如钟如九；事件的"反对者"，如宜黄县政府有关负责人；事件的"旁观者"，也就是"非直接利益者"，如微博上持观望态度的普通公众。对于任何一起微博公共事件来说，起初阶段，旁观者都是大多数，他们没有任何利益动机来参与这起公共事件，他们在观望着参与者与反对者的对峙、辩论。最后，旁观者纷纷"挺身而出"，成为参与者，便宣告公众参与的组织动员取得了成效。旁观者为什么愿意承担

1. 陈晓伊. 温州动车事故中新旧媒体的传播共振. 岭南新闻探索 2011（4），广州：羊城晚报出版社，2011
2. 陈柏峰. 钉子户与强制拆迁——反思宜黄事件. 江西论坛，http://bbs.jxcn.cn/dispbbs.asp?boardid=6&Id=355657

时间、风险等参与成本成为参与者？旁观者参与事件中来或许是因为同情参与者，或许是为了事件中所包含的道德意义，或许是为了维护某种社会理想。不管是哪种情形，作为"非直接利益者"的旁观者成为了直接的参与者表明微博公共事件的公众参与进入了一个新的阶段。

最初发端于微博的"宜黄拆迁事件"逐渐扩展到天涯社区、猫扑等网络论坛和报纸等传统媒体，新华社、《人民日报》等中央媒体也加入了谴责宜黄的行列。这带动了广大参与进来的公众对这一事件进行持续的关注和激烈的讨论，并最终达成相对一致的观点和诉求，形成主流舆论，产生强大的社会影响力，并深刻影响到"宜黄公共事件"的走向。

9月18日，抚州市方面发布消息称，已于9月17日晚作出处理决定，分别对宜黄县委书记邱建国、县长苏建国进行立案调查，同时免去直接带队拆迁的副县长李敏军、房管局局长李小煌、房管局副局长纪焕华、建设局局长范剑华等人职务，并对负有主要领导责任的宜黄县交通局局长熊继勇立案调查，对宜黄县公安局副局长兼凤岗镇派出所所长黄健进行诫勉谈话，并要求其写出深刻书面检查。这一处理结果彰显了微博公共事件中公众参与的巨大力量，正是因为公众参与之下形成的主流舆论影响到了这起微博公共事件的走向，并推动了事件的迅速解决。公众参与取得了实际效果。在完成既定"议程"之后，作为"议程设置者"的公众也逐渐退场。在"宜黄拆迁事件"相关责任人处理结果公布后，广大公众开始在微博上欢呼公众参与取得重大胜利。"微博意见领袖"任志强在其微博中写道："没有微博大约也不会有这个效果！"在微博上拥有众多粉丝的"微博活跃人士"、《新周刊》执行总编封新城9月18日在其微博中称："这也是新浪微博创办以来最有价值的一天。"

三、微博公共事件公众参与的组织动员模式及两种理论解释

公众个体的组织动员是集体行动的核心。依据不同的标准和侧重点，可以将微博公共事件公众参与的组织动员模式进行不同的分类。

如果借鉴的研究者针对网络群体性事件划分的4种动员模式[1]，从公众参与的组织动员的客观诱发因素出发，也可以将微博公共事件中的公众参与划分为4种动员模式：一是焦点型动员模式，如"宜黄拆迁事件"主要围绕拆迁自

---

1. 何国平. 网络群体性事件的动员模式及其舆论引导. 思想政治工作研究，2009（9）

焚这一焦点事件展开动员，层层推进，步步紧逼，直到事件取得阶段性进展，公众参与才告一段落。二是诱发型动员模式，如"微博解救乞讨儿童事件"因于建嵘教授发起，诱发众多普通公众和公安机关参与到微博上的解救行动中来。三是泄愤型动员模式，如"方正县开拓团立碑事件"中的公众主要是借机发泄民族情绪而参与到这起微博公共事件中来，泄愤的动机甚至掩盖了追求事实真相的动机。广大公众在发泄中实现动员，也在发泄过后做"鸟兽散"。四是公关型动员模式，如"张柏芝谢霆锋离婚事件"、日本地震后的"抢盐风波"等此类微博公共事件公众参与的背后都可以看到明星经纪人、造谣者等"网络推手"和"网络水军"公关活动的身影。

如果从公众参与的组织动员的主体层面出发，也可以将微博公共事件中的公众参与划分为3种动员模式：一是公众个体型动员模式，如"温州动车追尾事故"中导致公众参与的最初主体是一个个分散的公众个体，在公众参与整个过程中也是分散的公众个体在微博上发挥主导作用。二是意见领袖型动员模式，如"宜黄拆迁事件"本是一个偏僻小县城发生的事件，最后演变成具有广泛关注度和巨大影响力的微博公共事件，邓飞、慕容雪村等意见领袖在动员广大公众的过程中起到了非常重要的作用，并且这种作用贯穿整个事件的全过程之中。虽然邓飞、慕容雪村等意见领袖也是个体，但他们不是普通的个体。三是群体型动员模式，如"厦门PX事件"中的公众参与主体一开始便是以一个群体的形式，一个与政府决策机构截然对立的群体形式出现的。在随后的事件发展中，广大公众也是以群体为单位进行组织动员，无论是在微博线上的参与，还是在线下现实生活中的"散步"等行动中，广大公众都是铁板一块，"同呼吸、共命运"，及至事件有了一个令他们大伙都满意的结果。

不管对公众参与的组织动员如何进行分类，我们都可以看到，微博群体极化现象在微博公共事件的公众参与中都普遍存在。而具有很大关注度的公共事件、微博网友的共同体验、活跃的意见领袖、开放的微博传播载体和相对分隔的微博群体等5个方面，则是微博公共事件演化和组织动员的关键要素。纵观诸多微博公共事件，其公众参与组织动员的全过程大体上都要经历"公共话题出现→公众展开讨论→分成公众子群体→意见领袖介入→微博与传统媒体互动→相对一致意见形成→线上公众参与转向线下公众行动"的过程。

在前面我们已经分析过，微博公共事件中的公众参与是一种集群行为，也是一种基于组织动员的行动，因而笔者不妨将其称之为"集群行动"。控制权转让理论认为，一个个分散的理性的个体公众只所以参与到"集群行动"中来，其实是一种控制权的理性转让，即把对自己行动的控制权主动地转让给别人。对于微博公共事件来说，这种控制权的理性转让便是个体公众响应相关组织动员，主动参与到公共事件中来。这种控制权的转让，虽说在公众参与的前期有感情因素的激发，但从持续性的公众参与来看，绝对不是一时感情冲动的结果，更不是对外界的本能反应，而是一种经过外界动员和内心权衡利弊的理性行动，在"厦门PX事件"、"广州保卫粤语事件"等一些涉及公众个人和公共利益、或参与行动可能危及自身安全的微博公共事件中，公众在控制权转让之前还会进行一番"成本—收益分析"。公众认为"自己保持对行为控制权的代价超过了其所获得的收益，而转让控制权则可以获得最大限度的利益"[1]。像"厦门PX事件"、"广州保卫粤语事件"等微博公共事件中，广大公众最后都选择了上街"散步"（即游行在微博或网络上的委婉说法）的线下参与行动，其实就是广大公众在内心权衡了这一参与行动的成本（浪费时间、出行交通费、请假、旷工甚至被有关部门抓捕的风险）与收益（保护个人、家人及公共的生活环境及身体健康或维护自身族群的粤语语言权）以后作出的控制权转让行为。如果没有广大公众的控制权的集中转让，上街"散步"这种组织性、目的性都极强的极端公众参与行动几乎不可能发生。"在充满同仇敌忾的群体中，接受转让控制权的对象越集中（如集中于一个领导者），群体采取敌对行动甚至极端行动（如暴力）的可能性就越大，且其行动越具组织性；反之，如果缺乏领导者，则会发生类似于脱逃时的慌乱无序行为。"[2]

除了控制权转让理论之外，还有一种理论可以对微博公共事件公众参与的组织动员进行解释，这便是资源动员理论。资源动员理论（Resource Mobilization Theory）的基石是理性选择理论。跟控制权转让理论一样，理性选择理论也强调参与公共事件的公众是理性的公众，公众参与行为不是一种非理性的情绪化行为，而是追求利益最大化的公众个体对参与集群行为的"成本—收益"进行分析之后的一种理性行动。社会学家和政治学家查尔斯·蒂利、扎尔德、莫里斯等人通过对集群行为的研究提出了更为明确的资源动员理论。该理论不是将集群行为当作是社会病态的反映，而是把集群行为看成是对社会

---

1. 胡联合. 群体性事件：何以发生与演化——关于群体性事件的理论及其启示. 中国社会科学内部文稿，2009（3）
2. 同上

新形势的一种积极的、理性的、创新型的反映形式。在资源动员理论看来，社会中的不满和对立是经常存在的，但是组织动员公众参与的集群行为的资源并不常有。组织动员集群行为需要的社会资源成本较为庞大，如时间、人数、金钱、第三方势力的支持，场地或公共平台的提供，意识形态的引导，大众传媒和意见领袖的介入等等。以微博公共事件为例，如果没有在微博这一公共平台上对公众行动资源的动员，公众没有对"成本大于收益"的理性预期，即使微博上已经存在或形成了不满情绪或愤慨意识等可能导致集群行为发生的意识形态，也不过是昙花一现的发泄而已，很难形成有大规模公众参与的集群行动。此外，公众参与微博公共事件不仅要权衡公众个人的"成本—收益"，而且还涉及到公共政策制定者、意见领袖以及公权力与私权力之间的力量博弈，涉及到旁观的公众和大众传媒。在组织动员的全过程中，大众传媒作为信息的过滤器对公众的参与行动具有很大影响。公众参与行动的机会成本其实也包括对以上各种官方、民间、社会等多种力量互动、博弈的衡量、判断。只有当公众有能力组织起集群行为所需的资源时，集群行为才可能发生。在微博公共事件公众参与的组织动员中，也需要时间、人数、金钱、第三方势力的支持等行动资源，但最需要依赖的行动资源却是时间。这种时间资源有两方面的含义，一方面，微博上的公众参与不需要太多的金钱，但公众为之付出的时间却显得尤为宝贵。无论是关注还是转发、评论微博信息都需要时间的付出，线下的"散步"等参与行动也需要不少时间。时间是公众参与微博公共事件的最主要成本。另一方面，微博公共事件与其他公共事件的一个最大不同之处便在于传播时间的快捷性，一个事件在微博上可以得到即时的传播，如"温州动车追尾事故"中，有关这场事故的微博信息与事故的发生几乎同步。在有些事件中，微博还可以进行现场直播，如"宜黄拆迁事件"中，微博对南昌机场的"厕所攻防战"便进行了"现场直播"。在传播时间上的快捷性是组织动员公众参与微博公共事件的终极资源。只有能动员出相当数量的公众愿意为微博公共事件心甘情愿地付出他们的时间，公众参与行动才可能最终发生。

第四章

微博公共事件中的意见领袖与公众参与

第一节　微博公共事件中的意见领袖

研究微博公共事件中的公众参与，不能不专门分析意见领袖与粉丝这两个独特的公众类别。从个体来看，意见领袖和粉丝都是公众参与中的一员，但他们绝对不是普通一员。他们对微博公共事件公众参与的组织动员以及运行全过程都起着不同寻常的作用。

一、意见领袖在信息传播中的中介功能

"意见领袖"这一概念最早由拉扎斯菲尔德等人提出，他们认为，一般情况下，"信息是通过大众媒介传播到'意见领袖'，再从'意见领袖'扩散到其追随者中去"[1]。也就是说，意见领袖是信息传播链条中的中间站，信息在这一中间站中得以加工成为意见和观点，并传播到关注他们的广大的固有受众，即我们俗称的"粉丝"中去。说白了，意见领袖是可以影响别人的观点、态度甚至行为的人，在信息传播中起到了一种"加工厂"、"包装店"、"发酵池"的作用。意见领袖在信息传播，尤其是舆论形成和引导中起着举足轻重的作用。

在微博公共事件中，意见领袖也是参与的公众，而且是积极参与的公众，

---

1. Lazarsfield P F, Berelson B, Hazel Gauset. The People's Choice: How the Votes Makes Up His Mind in a Presidential. New York: Columbia University Press, 1948. 151

对公众参与的形成、组织动员、冷却、消散等各个阶段都起着"带头大哥"似的促进或引导作用。如图3所示：

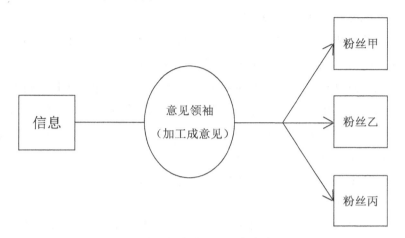

图3：意见领袖对信息的中介功能图

在网络等新媒体出现之前的传统媒体时代，意见领袖大多由传统媒体的记者、编辑、专栏作家等充当。由于"把关人"在信息传播中的强势作用，意见领袖能否顺利发挥作用，还要看"把关人"的脸色。在有的时候，干脆直接由"把关人"充当意见领袖角色。互联网等新媒体出现后，由于网络信息传播的自发性特点和"把关人"的缺位，意见领袖得以大展拳脚，尤其是在一些新媒体事件中起到了"风向标"和"鼓风机"的作用。作为新媒体事件中的一种，意见领袖在微博公共事件中的作用也过之而无不及。

二、从"微博解救乞讨儿童行动"看意见领袖在公众参与中的作用

2011年春节期间的"微博解救乞讨儿童行动"（或称"微博打拐行动"）是一个具有众多公众参与和广泛社会影响力的微博公共事件。我们可以通过分析意见领袖在这起微博公共事件中引发公共议题、激发公众参与热情、引导公共事件走向、评判事件社会效果等全过程来看意见领袖在公众参与中的作用。

2010年1月25日，著名社会学者、中国社会科学院研究员于建嵘在微博上发起"随手拍照解救乞讨儿童"行动,得到了广大公众的广泛关注和热烈回应，短短几天时间就得到上千上万普通名公众的响应。2月8日，《凤凰周刊》知名记者邓飞在微博上帮助湖北一位名叫彭高峰的普通老百姓找到了他走散3年

多的儿子。于建嵘、邓飞等意见领袖成为这起微博公共事件的引发者和推动者。在于建嵘、邓飞等意见领袖的帮助、带动下，这一微博公共事件在短期内便初见成效，各地纷纷传来"破镜重圆"的消息。"微博解救乞讨儿童行动"取得的这些初步效果更进一步促进了公众的参与，春节前后短短半个月时间，各地公众已经在微博上上传了2000多张流浪乞讨儿童的照片及相关信息。与此同时，新浪微博在2月9日设立了"儿童救助寻子平台"，发起"解救乞讨儿童、传递寻子信息，微博在行动"的公益活动。这一系列活动引起了公安部门的关注，并有人大代表、政协委员在全国"两会"上针对此问题提交相关建议、提案。

（一）意见领袖引发公共议题

美国学者韦弗根据他1976年的一项调查结果认为，公众的"议题"包括"个人议题"、"谈话议题"和"公共议题"。[1] 公共议题是那些与社会广大公众的公共利益密切相关、具有公共性并广受关注的话题。但是，微博中的海量信息主题过于分散，杂乱无章，难以形成公众的密集关注，当然也难以形成微博公共事件。因此，微博上海量的碎片化的信息要脱颖而出成为公共议题，引发公众广泛参与，首先要取决于这些信息反映的事件本身具有的社会影响力和社会关注度。如"微博解救乞讨儿童"这一事件本身是一个热点问题，对被拐儿童的悲惨经历和家破人亡的人间悲剧极易引发广大公众的同情心，拐卖和逼迫儿童的犯罪分子的恶劣行径也让广大公众悲愤填膺，信息反映的事件本身具有的"内在素质"是其成为公共议题的必要条件。

但仅有"内在素质"这一个必要条件，这些信息还难以成为公共议题，还需要一个"外在因素"作为一个充分条件，那就是意见领袖的引发。意见领袖不仅有广泛的知名度和巨大的号召力，而且于建嵘、邓飞等意见领袖的微博本身便是"名人微博"，上面的一举一动、一言一行都能引发广泛的公众关注，更何况是"微博解救乞讨儿童行动"这种本身便具有广泛关注度的热点问题。意见领袖在微博上海量信息转变成公共议题的过程中发挥了"催化剂"的作用，能彰显出议程设置和引导公众参与的强大作用。"专家、学者型的名人通过微博传播的信息，初始可能只在小范围内产生影响。但是他们的声音一旦经过微博这个'放大器'的放大，就会变成强有力的呼声，并在短时间内形成网络的舆论场，从而引起公众、媒体乃至权力阶层的关注，也弥补了传统媒体在议程

---

1. 郭庆光. 传播学教程. 北京：中国人民大学出版社，1999. 216

设置中的不足。"[1]纵观新浪微博"热门话题"排行榜，那些文体明星和知名人士等意见领袖拥有数量众多的粉丝，其引爆公共议题的频度也非常高。

意见领袖引发公共议题的作用主要体现在以下三个方面：一是作为意见领袖的名人效应（引起公众关注）；二是作为意见领袖的社会公信力（值得公众关注）；三是意见领袖对相关领域的专业知识背景（引导公众关注）。在意见领袖这三方面的发力之下，"个人议题"极易转化为"公共议题"。"微博解救乞讨儿童行动"中的意见领袖就是这样同时具有名人效应、社会公信力和专业知识的公众人物。发起"随手拍照解救乞讨儿童"的中国社会科学院农村问题研究所于建嵘研究员，多年来以关注弱势群体和农民维权问题而备受社会公众的尊敬，被誉为"中国底层民意的真实代表"。而《凤凰周刊》首席记者邓飞除了在这次"微博解救乞讨儿童行动"中有出色的表现外，在此前的"宜黄拆迁自焚事件"等诸多微博公共事件和新媒体事件中已经充当过意见领袖的角色，被网友称为"敢说、敢干、正直、仗义、可爱的记者"。

（二）意见领袖激发公众参与热情

这些意见领袖推动"个人议题"转化为"公共议题"，引起公众广泛关注。凭借他们的名人效应、社会公信力和相关专业知识背景等个人魅力，意见领袖也激发了广大公众参与到"公共议程"中来的热情。

"微博解救乞讨儿童行动"是一起典型的由意见领袖在微博上发起倡议，公众线上线下联动的公众参与活动。微博这一传播平台可以集文字、图片、视频、音乐等内容于一体，意见领袖们很好地利用了这一传播平台提供的传播方式开展有效的公众参与互动的社会救助活动。于建嵘发起的"随手拍"活动中，无论是以公众个人身份注册的微博用户还是以单位机构注册的群体组织微博，都可以发布乞讨儿童信息并配发照片，提供被拐儿童详细资料，受害者家属也可以发布图文并茂的寻人信息。通过意见领袖这样的倡议和推动，并且借助于微博这一全新媒体的传播平台，打通了虚拟社会与现实社会的界限，微博上广大公众发布的信息和线上线下的参与互动成为公安机关和有关政府部门、群体团体解救被拐儿童的重要线索来源和群众基础。据统计，截至2011年2月底，"微博解救乞讨儿童行动"开展一个月后，利用微博提供的线索，各地公安机关已经成功解救了5名被拐儿童。

---

1. 王淑伟，谭园玲. 微博公共事件发生机制分析. 新闻爱好者，2011（10上）

（三）意见领袖引导公共事件走向

在"微博解救乞讨儿童行动"等微博公共事件中，意见领袖是通过影响广大公众的参与行动来达到引导公共事件走向的目的的。具体说来，意见领袖通过在微博上发布其意见和观点，直接影响到关注他们的固有受众（也就是我们俗称的"粉丝"）的参与行动，并通过他们的"粉丝"再影响到"粉丝的粉丝"的参与行动。意见领袖的意见、观点在这种"裂变式"的微博传播中达到传播效果的最大化，这种传播效果最大化在公众参与的实际行动中直接转化为惊人的行动力，深刻影响着公共事件的走向和进程。

微博世界里的粉丝是指"关注我的人"或"粉我的人"。"关注"是微博传播的重要特性。微博粉丝之间也可互相关注，即"互粉"。微博上意见领袖的一言一行都会牵动万千粉丝的心。意见领袖是在"认知——态度——行动"三个传播效果层面上逐步推进，实现引导公众参与行动的目的的。意见领袖关心的话题往往成为粉丝们热切关注和积极讨论的公共议题，意见领袖只需通过在微博上发布微博信息便轻而易举地实现了让粉丝们"认知"的传播效果。意见领袖也成为公共议题讨论中的舆论领袖，众多粉丝们"唯其马首是瞻"。意见领袖通过在微博上传播其意见和观点，改变广大粉丝们对公共议题的"态度"，并初步结成"意见统一体"。紧接着，在意见领袖的推动和引导下，已经结成"意见统一体"的广大粉丝们进而形成"行动统一体"，纷纷开展形式多样的参与行动，从而推动公共事件的进程，影响公共事件的走向。

具体到"微博解救乞讨儿童行动"这一微博公共事件，在意见领袖的带动下，大量民间粉丝的参与直接推动了事件的进程。粉丝的推动作用主要体现在以下几个方面：一是粉丝的"转发"行动即是一种公众参与行动。跟"关注"一样，"转发"也是微博信息传播的一种重要方式。"关注"和"转发"共同完成了微博"裂变式"的传播路径。对此，新浪网副总编辑孟波认为，这种"裂变式"的传播路径，"一个是'粉丝路径'，A发布信息后，A的粉丝甲乙丙丁……（直至无限）都可以实时接收信息；另一个是'转发路径'，如果甲觉得A的某条微博不错，他可以一键转发，这条信息立即同步发送到甲的微博里。同时，甲的粉丝1234……（直至无限），都可以实时接收信息，然后依此类推，实现极速传播"[1]。正是通过"转发"功能，广大公众成为"微博解救乞讨儿童行动"的

---

1. 孟波. 新浪微博：一场正在发生的信息传播革命. 南方传媒研究（21），广州：南方日报出版社，2009

主力军。从 2011 年 1 月 25 日于建嵘注册新浪微博账号"随手拍照解救乞讨儿童"至 2011 年 3 月底，该微博账号的粉丝已超过 23.6 万人，发表微博信息 4000 多条，转发的微博信息更是不计其数。大量民间粉丝在微博上发布的信息为被拐儿童亲属和公安机关提供了许多重要线索，为公安部门提供了许多重要线索，也推动了"微博解救乞讨儿童行动"这一微博公共事件向纵深处发展，由最初单一的线上公众参与行动转至线下的公众互动和公安、民政等政府部门和妇联、红十字会等群众组织、公益性民间组织的积极介入，并让这一微博公共事件取得了良好的社会效果。意见领袖对微博公共事件的社会效果的评判也就体现在引导公共事件走向之中。如果这种评判是正面的，意见领袖便会通过进一步激发公众参与热情等方式来引导公共事件向预设的走向发展。相反，如果这种评判是负面的，意见领袖便会采取抑制公众参与热情、给粉丝"浇冷水"、澄清有关事实真相等手段来引导公共事件向相反的走向发展。

意见领袖引导公共事件走向也可以从公共事件发展的不同阶段不同意见领袖间的力量博弈中体现出来。"微博解救乞讨儿童行动"历经了"意见领袖倡议—公众参与—政府部门介入"等三个阶段。在"意见领袖倡议"阶段，亦即引发公共议题阶段，于建嵘是权威的、核心的意见领袖，在公众参与中发挥着"主心骨"的作用。在这个阶段公众舆论呈现出"一边倒"的趋势，公众参与也呈现"一窝蜂"似地跟风现象[1]。但是后来到 2 月 12 日至 3 月份，微博上的意见领袖出现分化，权威开始淡化，核心开始分解，分属不同意见领袖的公众阵营（粉丝群）开始出现，原有的公共议题也呈现分化趋势，微博上出现种种不同的甚至相互对立的声音。正面的声音有："微博解救乞讨儿童"彰显社会良知和正义、体现公众参与理性、见证公民意识成长等；反面的声音有：微博上传乞讨儿童照片可能给他们带来人身危险、可能侵犯乞讨儿童隐私权、可能给公安机关侦查案件"帮倒忙"等。由此事件进入"公众参与"阶段，广大公众不再盲从权威意见领袖，而是开始对事件的独立思考和理性判断，并展开多角度的讨论。公众舆论由权威意见领袖主导的"一边倒"局面转为在不同意见领袖之间观点、力量博弈中"制衡抵消"的状态。"微博新的阶层构建规则中，意见领袖在维持强关系的基础上，极大程度上发展了弱关系，他们的各执一词带动其粉丝群起响应、分庭抗礼，使个人议题在博弈中变为公共议题。"[2]这种力量博弈一直

1. 陈虹，朱啸天. 解构公共事件中的微博能量——以"微博打拐"事件为例. 新闻记者，2011（5）
2. 同上

持续到"政府部门介入"阶段，随着微博公共事件开始从私权力领域向公权力领域转移，这时候意见领袖开始淡出，公众参与也开始退场。从以上分析我们可以得出这样一个结论：意见领袖的确可以在引导微博公共事件走向中发挥重要作用。

三、意见领袖与公众参与的关系：两种理论视角的解读

在资源动员理论看来，意见领袖对微博公共事件中的公众参与行动具有重要的动员作用。作为最初参与到事件中来的的普通公众个体，往往都是受害者或利益受损的弱势群体成员，是社会中最缺乏资源的人，他们往往缺乏发起和推动公共事件公众参与行动的能力。"群体性行动要能够发生，需要有外来资源（外力）的帮助。资源和掌握资源的精英对于群体性行动至关重要。"[1]意见领袖便是这种掌握着资源的精英，可以推动、引导、强化甚至操纵微博公共事件中的公众参与行动。正是从这个意义上讲，作为集群行为的微博公共事件中的公众参与之所以发生，与其说是公众因不满、热心、好奇等情绪引发的，不如说是经过意见领袖们有效的组织运作而动员相应的资源而"制造"出来的。例如在"微博解救乞讨儿童行动"中，乞讨儿童及其家属是整个公共事件的关注对象，也是受害者和弱势群体，如果仅靠他们自身的资源，难以实现各个分散的个体事件向公共事件转变。正是由于于建嵘、邓飞等具有广泛社会影响力、社交能力和号召力，也拥有一般人无法比拟的社会学或传播学知识背景和传播渠道，这些社会资源优势让他们在动员公众参与时也具有一般人无法比拟的优势，而且这种动员可以取得良好的效果。

社会网络理论认为，社会网络（social network）是由许多社会行动者（social actor）结合而成的集合。具体到微博上，社会网络便是指微博用户与他的关注对象以及固定受众群（粉丝）等，微博用户与他的粉丝在关注、转发、互粉等微博信息传播活动中编织着线上和线下的社会网络。传播学者彭兰对微博意见领袖与社会网络的关系有过详细而精辟的论述。她认为，社会网络中存在着权力关系。处于权力中心的意见领袖能够保持稳定的、强势的个人传播能量，并左右着信息传播的规模和流向。这种社会网络中权力中心的存在，突出地表现在微博平台上话语权力的分化。微博平台上出现的意见领袖，除了知名

---

1. 胡联合. 群体性事件：何以发生与演化——关于群体性事件的理论及其启示. 中国社会科学内部文稿, 2009（3）

度、社交能力、知识背景等个体自身的特质之外，还受制于网络环境推助下出现的"强者愈强、弱者愈弱"的马太效应现象和社会环境、时代背景的影响。"微博传播的一个重要特性是再传播所带来的放大效应。作为一种再传播力量，网民权力分层也是影响传播效果的一个因素。也就是说，当网民作为转发信息的力量时，不同网民的能力也是不尽相同的。一条信息如果得到处于权力高层的网民的再传播，那么效果会相应得到提高。因此，一条信息要获得更好的传播效果，就需要争取获得更多意见领袖等'权力高层'网民的支持。而从整体上看，意见领袖这样的权力中心的存在，有助于提升微博信息传播的影响力。"[1] 具体到"微博解救乞讨儿童行动"等微博公共事件，意见领袖的加入，可以发挥其社会网络广阔的优势，放大公共议题，实现意见、观点的再传播，增强公共事件传播效果，最终实现动员和引导公众参与的目的。

四、意见领袖的平民化：以"郭美美事件"中的"@温迪洛"为例

一般来说，意见领袖都是具有话语权、知名度和较高社会地位的名人，但是在微博公共事件中，意见领袖也不是名人的专利。许多出身草根的"平民"公众也能够成为引领公众参与、推动事件发展的"意见领袖"，而且在近年来的诸多具有典型性的微博公共事件中，意见领袖出现了平民化的趋势。这一趋势也与微博传播的"草根性"特点暗相吻合。意见领袖的平民化一个典型的例子便是"郭美美事件"中的"@温迪洛"。

2011年6月20日，新浪微博上一个名叫"郭美美baby"的女孩引起了众人瞩目。她在微博上经常展示自己的生活照，从中能看到，她开玛莎拉蒂跑车、在别墅开生日会，皮包、手机、手表都是昂贵的奢侈品。而她微博认证的身份是"红十字会商业总经理"，正是这一点，引发了公众的强烈质疑：一个年仅二十岁的女孩就当上了总经理，并拥有名包豪车，财产来源是否和"红十字会"有关？一时之间，网友们展开了"人肉搜索"，各种与郭美美、红十字会有关的说法在微博和网络上流传，真假难辨，真相不明。后来在广大公众的参与和推动下，这一事件一波三折，最终演变成轰动一时的"郭美美事件"（或称"郭美美炫富事件"），并推动了我国红十字会及慈善行业管理体制的改革。

在"郭美美事件"初露端倪，在有关部门的公关下，互联网上各大论坛出

1. 彭兰. 微博客的信息传播机制分析. 人民网传媒频道，2010-10-11, http://media.people.com.cn/GB/40628/12914673.html

现持续删帖，该事件有可能沉入水底。这个时候，四川一个网名叫"Wendyluo"的 80 后女孩挺身而出，以她自己的参与行动和持续努力，最终在这一事件中充当了一回货真价实的"意见领袖"。

2010 年 5 月 28 日，为了获取"富士康连跳事件"更多信息和互动，一个名叫 Wendyluo 的女孩用自己的这个英文名字注册了新浪微博，中文译为"@温迪洛"。开通微博后，"@温迪洛"迅速完成了从一个"论坛控"、微博生手，到一个"微博控"的转变，关注最多的，是引起全国公众广泛关注的公共事件。在"郭美美事件"中，"@温迪洛"因她的独家搜索发现为传统媒体提供信息，她本人甚至也成为新闻报道的主角。

郭美美的炫富微博引起关注后，"@温迪洛"见到郭美美事件的天涯高楼被删，且屡建屡删，"@温迪洛"带着"逆反而怒"的心态，一头扎进网络的浩瀚信息海洋，开始了对郭美美事件的搜索和挖掘。其时传统媒体对郭美美事件仍处于关注炫富本身，网络上更是各种传言和信息真假莫辨。6 月 26 日、27 日，"@温迪洛"的微博搜索向传统媒体"贡献"了李庆一手机邮箱和王鼎、中谋智国联系方式相同的信息，进而挖掘出王鼎公司及其相关联公司与商红会的关系。"@温迪洛"还在"@才让多吉"的微博上发现，郭美美微博提到的红十字会的合作机构，车体广告医疗器械保险等关键词与中红博爱公司的博爱小站一致。整合网友信息，她第一次将矛头清晰地指向了中红博爱。她的微博信息被广大公众广为转载，继而引起报纸、电视等传统媒体跟进，并由此牵出中红博爱董事长翁涛公开发声，称郭美美是中红博爱实际出资人之一王军的女朋友，至此打通郭美美与红十字会的背后关联信息网。"郭美美事件"的高潮阶段过去后，@温迪洛仍继续就此事在微博上持续发布微博信息，如她曾发布信息称："微博还需要对商红会的审计结果继续追问，对行业红十字会的运作管理问题继续追问，对慈善商业化的运作问题继续追问。""@温迪洛"在分析公众参与对微博公共事件形成的作用时认为："微博网友不断发掘出事件的各个信息，这种集体行为还会让公共事件成为有影响力的事件，当这件公共事件发酵到一定程度后，一般就会有媒体跟进，媒体跟进后，公共事件一般就会得到相关部门和高层的重视和回应。"[1]

在"郭美美事件"时，"@温迪洛"开通微博已有一年零三个月，发表微博评论超过 3000 条。但她一直处于匿名状态，她并不希望家人、朋友和单位

1. 陈显玲. 郭美美事件推动者温迪洛：在搜索中接近真相. 南方都市报， 2011-08-17

同事知道她就是那个"@温迪洛"。"@温迪洛"将虚拟社会与现实社会分得很清楚。匿名性也是她这样的"平民意见领袖"与"名人意见领袖"的一个重要区别。"名人意见领袖"之所以成为意见领袖便是因为他们是名人，而"平民意见领袖"之所以成为意见领袖却是因为他们的参与热情和实际有效的参与行动。"名人意见领袖"在微博公共事件中的参与，可能是想让自己的名气变得更大，有些也有着背后经济利益的考虑。"平民意见领袖"的参与却几乎完全出于"路见不平、拔刀相助"的正义感或纯粹出于个人兴趣和好奇心，无意从中谋取个人利益。从"@温迪洛"充当微博公共事件意见领袖的例子中，我们可以发现普通公众成长为意见领袖的大致轨迹：普通公众—热情参与一个人兴趣—独特发现—积极评论——引起关注—意见领袖。当然，不是每一个微博上的普通公众都能成为意见领袖，要想成为意见领袖还需要具备一些基本的条件，如"微博控"、好奇心、正义感、号召力、微博发博技巧、良好的心理素质、充足的时间等。

第二节　微博公共事件中的名人微博与粉丝效应

在微博公共事件中，什么人能够充当意见领袖呢？纵观诸多微博公共事件，无论是"宜黄拆迁自焚事件"中的邓飞、慕容雪村，"微博解救乞讨儿童事件"中的于建嵘，还是"温州动车追尾事件"中的姚晨等等这些意见领袖几乎都是具有一定知名度、影响力和号召力的名人，就算在"广州保卫粤语事件"等比较小范围和地域性的微博公共事件中，其意见领袖可能出身"草根"，知名度不够"名人"级别，但其实他们在这些特定的微博公共事件发生的范围和地域内也算是名人，是"草根名人"。

邓飞、慕容雪村、于建嵘、姚晨、赵薇、黄健翔、潘石屹、易中天、李开复等众多意见领袖们开设的"名人微博"，以其巨大的人气成为微博中的奇异现象。名人微博成为意见领袖们发动广大公众参与微博公共事件的重要"武器"。名人微博成为研究意见领袖的突破口。在一定意义上说，研究"意见领袖与公众"的关系问题可以替换成研究"名人微博与粉丝"的关系问题。名人微博与粉丝的关系问题既与传播效果论、主客体互动论密切相关，也反映出一种独特的社会交往，其背后体现出社会认同、行为模仿、情感消费、文化融合、阶层冲突等深刻内涵。

一、名人微博传播模式与明星崇拜现象

所谓"名人微博"，即具有一定知名度的人的微博。许多官员也具有广泛的知名度，其微博理应算是"名人微博"。但由于"官员微博"在微博公共事件的公众参与中具有特殊性，很多官员微博是站在公众参与的对立面的，因而本书讨论的"名人微博"便定义为除官员之外的名人的微博，具体说来，主要包括文体明星、知名学者、公共知识分子、社会活动积极分子等公众人物的微博。名人微博是伴随着微博的起步而最先得到迅猛发展的一种微博类型，并以其独特的传播价值和示范效应带动和促进了微博的发展。因而可以说，名人微博是微博中的"急先锋"。

2009年11月1日的一场大雪，让北京首都机场大量乘客长时间滞留机场。部分航班乘客被困在机舱十几小时，既不能起飞也不能下飞机，情绪激动。这天，碰巧经历现场整个过程的创新工场总裁、前谷歌全球副总裁李开复，在新浪微博平台来了一场颇有影响力的"直播报道"："等了12个半小时，已经缺食物9小时，缺水3小时；有人在机舱里因缺氧而晕倒……"在机舱内被困十几小时的情况下，他通过自己的笔记本和手机上网不间断地在他自己的微博上发布这一事件的最新进展，真实记录的情况瞬间传播开去，引发众多微博网友和媒体的关注，让其得以成为一起微博公共事件。李开复的记录成为了"首都机场延误航班事件"中被传播最广的文字，也是"名人微博"与微博公共事件较早结缘的一个典型案例。此后，姚晨、赵薇、黄健翔、潘石屹、易中天等众多名人加盟新浪微博。凭借"名人牌"这一杀手锏，新浪微博很快成为继新浪博客之后另一个为新浪带来巨大人气的产品。

2010年4月11日，日本著名AV女优苍井空开通中文微博，引发粉丝"沸腾"，关注人数第二天凌晨时分从百位数突破到一万大关，让"苍井空开微博"演变成一件微博公共事件。不久后，方舟子在微博中把唐骏学历造假的事情给涮了出来，并引发了一场大规模的关于成功与诚信讨论的微博公共事件。但目前，对于这些名人微博的传播实践，大多数论文只是描述性的引用，仍缺乏对名人微博形成机制、传播模式、传播效果与价值，名人微博与粉丝、消费文化的关系等方面的深入研究。

从名人微博的形成机制和传播模式，我们可以发现，这是一种凸显传播主体功能的传播模式，整个传播活动，包括名人在微博上的主传播活动及粉丝互动、反馈等一系列相关辅传播活动，都是围绕名人为中心而展开。名人微博的传播之链是以名人微博为中心的太阳光芒式的散射型模式，从名人微博中心散射出无数条传播链条，每一条传播链条又往下延伸扩展，而各不相同的链条上的粉丝又可能相互交叉形成关注与被关注的关系，于是便以相距名人微博中心的远近形成一环又一环的类似于城市一环、二环、三环等环状公路形状的传播圈。如图 4 所示：

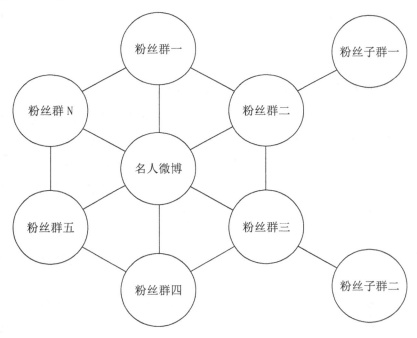

图 4：名人微博传播模式图

在众多"众星捧月"似的粉丝群的关注下，名人在微博中的一言一行都会引发粉丝们的相关反应和回应，如果套用传播学中"靶子论"的说法，名人微博便是"箭不虚发"。作为"种种理想与价值的化身"[1]的名人微博在粉丝群的簇拥下实现了传播价值最大化和传播效果最佳化，也就是说，在微博传播中形成了"明星崇拜"现象。

崇拜心理和崇拜现象古已有之，从对上帝或神灵的崇敬到对某人或某物的

---

1. 约翰·费斯克. 关键概念：传播与文化研究辞典. 北京：新华出版社，2004. 270

仰慕，贯穿人类历史的全过程。随着传播技术的不断演进，大众传播媒体的不断更新，明星崇拜逐渐从一种个人行为、心理感觉演变成一种群体狂欢和社会心理。名人微博中的明星崇拜是以微博之链为载体，得益于微博传播的便捷性、草根性、双向性等特点，名人微博的明星崇拜具有前所未有的广泛性、多样性和互动性。像姚晨自 2009 年 9 月 1 日开通微博后，在 2011 年 7 月 27 日上午粉丝突破 1000 万，不到两年时间，姚晨的微博粉丝总数已超越美国总统奥巴马和美国歌星布兰妮，位居全球第三。这种粉丝扩散速度和广度，令平面媒体、广播电视、博客和互联网进行的公关活动"可望而不可及"。姚晨也因此被《Vogue》、《福布斯》等媒体冠以"微博女王"的称号，成为全球最具网络影响力的华人。

二、姚晨的微博：粉丝个体情感投射的对象

在"温州动车追尾事故"等诸多微博公共事件中担当"意见领袖"的"姚晨的微博"为何能在短时间内吸引如此众多的粉丝？从现代社会学和社会心理学来看，这种吸引力源于社会认同（social identity）。社会认同"表现为个体认识到他所属于的特定社会群体，同时也认识到作为群体成员带给他的情感和价值意义。"[1]。姚晨的粉丝们虽然多达千万，但通过对姚晨的微博共同的关注，不仅找到了个体的情感寄托，还找到了"组织"，找到了归属感，姚晨的粉丝通过姚晨的微博结成了一个新的群体，粉丝个体通过这种群体认同，确定了自身的社会价值。

那么，姚晨的微博有什么特质值得这么多的粉丝将其作为社会认同的载体呢？本书对姚晨在新浪上注册的微博进行文本分析发现，首先，姚晨的微博表现出个性直率又乐观进取的精神面貌，语言风趣幽默，而且较为真实地表达个人情感，契合许多"80 后"、"90 后"网民的审美取向，赢得了这一部分微博网民的喜爱，而"80 后"、"90 后"网民是微博上的"主力军"。湖南卫视著名节目主持人汪涵评价姚晨在微博上与众多粉丝的这种关系时说："不是说她微博上的这一千多万个粉丝都看过她的戏，也不能说看过她戏的人都有微博，但这个关系是相辅相成的。她的戏并没有完完全全展示她个性的一面，她的微博却展示了。越到现在，人们越愿意看到真实的存在，就好像大家愿意在

---

1. 蔡骐. 大众传播中的明星崇拜和粉丝效应. 湖南师范大学社会科学学报，2011（1）

微博上面看到一些真话、一些真事、一些真情、一些真景。"[1]

其次，与其他明星在微博中大记拍戏花絮等流水账不同，姚晨的微博反映出她对社会的责任心，她在微博中积极参与公共事件和争议性话题的讨论。无论是"随手拍照解救乞讨儿童"，还是"流浪狗大救援"、温州动车事故、暴力拆迁、救治病残疾人士、保护环境等公共事件，她都第一时间介入，并联合圈内被称为"意见领袖"的明星好友或呼吁粉丝们共同关注。2010年3月舟曲灾难发生后，姚晨在微博中称："为支援抗旱救灾，卤蛋童鞋现决定，将代表每一位加我关注的粉丝，捐出一角钱……"此条微博发出后，被转发了7400多次，收到了5100多条评论，姚晨为灾区捐出了13.1万元。2011年7月温州动车脱轨事故发生后，在众多媒体剑指动车司机潘一恒鸣时，姚晨却发出一条微博，为他叫冤。姚晨说，她这是表达一个老火车司机女儿最朴素的情感。7月30日，动车脱轨事故第7天，有关部门向报纸等媒体发出了对此事故报道的禁令。微博上许多记者、编辑表达了被迫撤版的哀叹。凌晨1点，姚晨发了一条微博："今晚，向媒体人致敬。"并在这条微博中配发了一张乌云遮日的图片。这条微博发出后被转发了17000多次，有近7000条评论。姚晨的微博讲述的不仅是影视明星的那些事儿，还向人展现一个更多元的视角以及更积极进取、关心社会的精神。这让姚晨的微博成为了很多"80后"、"90后"网民的首选。网友在新浪微博上发求助信息时，都习惯性地@姚晨，希望借助她的影响力获得帮助。姚晨为此感慨说："我都快成上访机构了，每天被四五千人@，发各种求助信息。"[2]知名时评家、南方日报社评论员鄢烈山关注过姚晨的微博，认为她关注公共事务是一种"公民写作"。如果她不关注公共事务，其微博的影响力便不会那么大，没有粉丝关注和转发的话，便等于自话自说。"微博上的姚晨，是站在公民的立场来对公共事务发出声音的。任何事情都不要追问人家的动机。政治人物、公众人物本来就应'迎合'民众，明星也是这样。"[3]日本东海大学教授叶千荣认为姚晨在微博上对社会问题的关注没有不妥，好的艺术工作者应该像好的艺术作品一样勇于关注人的生存和尊严。"演员、明星是并应该是市民，他们当然可以从自己的角度发出声音，这是任何人和群体都有的权利。"[4]

1. 汪涵. 我的第一个关注对象一定是她. 南方人物周刊, 2011（28）

2. 易立竞. 姚晨，我不是愤青儿. 南方人物周刊, 2011（28）

3. 鄢烈山. 应该关注内容本身，而不是动机. 南方人物周刊, 2011（28）

4. 叶千荣. 艺术工作者首先是公民. 南方人物周刊, 2011（28）

　　最后，姚晨微博粉丝数的快速增长除其独特的人格魅力外，也与其微博活跃度有关。相比 Twitter 平台上的人气女王 Lady Gaga，"微博女王"姚晨更勤于"织围脖"，其微博与粉丝之间的互动性更强。截至 2011 年 7 月中旬，全球流行天后 Lady Gaga 在 Twitter 上共发布 900 余条微博，而姚晨共发布 4000 余条微博，平均每条微博转发数均达万次以上。湖南卫视著名节目主持人汪涵曾在一个颁奖典礼上见到姚晨，发现"她在现场不断地发微博，即使身边坐的是想跟她说话的人"。[1]

　　对 2011 年 7 月中旬十天期间姚晨微博与粉丝的互动行为进行样本分析后，笔者发现：首先，姚晨的微博成为许多粉丝个体情感投射的对象，心理学上的"投射作用"表现得非常明显。"粉丝的明星崇拜乃至行为模仿其深层因素在于其情感层面"[2]，这从一个侧面印证了美国学者哈特所言："娱乐工业和各种文化工业的焦点都是创造和操纵情感。"[3] 他们在这个以姚晨的微博为中心的微博群里编织着种种梦想，姚晨的微博成了许多粉丝的织梦工厂，他们有的甚至将姚晨的一举一动、一言一行幻化成了自己的一举一动、一言一行，他们在关注与评论中表达对姚晨的崇拜和迷恋，自觉维护着姚晨的声誉、形象和好感，有的粉丝甚至在微博中充当了姚晨的"代言人"。其次，粉丝在对姚晨微博中表现出的种种明星崇拜现象，其实也是他们个人情感的释放和寄托，经历过生活中种种挫折和不满的粉丝们，在姚晨的微博中找到了一种幻象，他们的情感伴随着姚晨的喜怒哀乐而为其所动，他们也从中获得一份心灵的寄托。摘录姚晨新浪微博上的几则粉丝评论可见一斑：

　　"Mita 甜甜：姚晨不仅是位优秀的青年演员，还是一位合格的公民。特别是在现今，大多数当红艺人都两耳不闻天下事、只管埋头挣大钱的浮躁年代，姚晨表现出的公民意识，更让人敬佩。"

　　"HR-李莹：@姚晨，果然女侠，在更多人选择沉默时站出来讲自己的心里话。我拭目以待，像她这样的明星到底会功成名就，还是会悄然陨落！"

　　"北京歪歪自在：做个有良心的中国人，做个有良知的演员！因为你影响着很多人，为这个多难的民族，为这浮躁的社会，加油！姚晨，看似没心没肺的你，有着爷们的担当！"

1. 汪涵. 我的第一个关注对象一定是她. 南方人物周刊, 2011（28）
2. 蔡骐. 大众传播中的明星崇拜和粉丝效应. 湖南师范大学社会科学学报, 2011（1）
3. 杨玲. 粉丝、情感经济与新媒介. 文化研究, 2009（11）

"风清扬2007：向姚晨致敬！如果所有的明星都能像姚晨一样，关注社会，关注公平正义，中国将大有希望！只可惜更多的明星虽拥有百万粉丝却只谈岁月不问社会，这是明星的耻辱，也是粉丝的耻辱！"

"胖胖的杰瑞：觉得姚晨真的像一只卤蛋，很逊，不过是谦逊，嘿嘿，挺你。"

三、名人微博的粉丝效应

名人微博的粉丝是一种奇特的现象，既具有许多娱乐活动中粉丝的共性，如对明星的喜爱、痴迷，也有其自身的独特之处，如粉丝群的形成和维持有其自身特点，粉丝群对名人微博还具有反作用。

何谓粉丝？即英文"fans"的音译。"fans"原指"扇子、鼓风机、风扇"，后来又指"迷、狂热者、爱好者"。有人认为，粉丝又叫媒介迷，是对影视、文体明星和某些大众传媒上的时尚内容的"极度的喜爱。"[1]其实，粉丝不局限于对媒介传播的明星和内容的喜爱，大众传媒出现前的戏剧"票友"也可称为"粉丝"。但大众传播媒介的出现和大众传播技术的革新加剧了粉丝的这种狂热程度，让粉丝得以成为真正的粉丝。像2005年湖南卫视的《超级女声》节目更是开启了粉丝时代的新纪元，因而大众媒介与粉丝结下了不解之缘。一般来说，粉丝都具有参与性、过度性和区隔性，[2]名人微博的粉丝也不例外。

（一）参与性

名人微博的粉丝便是以微博为平台，通过对所喜爱的名人的微博进行关注、评论、转发等参与性行为，实现信息的交流和情感的倾注。只不过，相比较于其他粉丝，名人微博粉丝的参与性更强，而且这种参与不仅是即时的，而且是双向互动的。像姚晨每次发一条微博，都会在她成千上万的粉丝中引起一阵强烈的反响，粉丝们或关注或评论，或转发她的微博信息，让姚晨的微博之链得以延伸。如果没有粉丝的参与，一条微博信息的生命力和影响力都非常有限，成了"自说自话"。从这个意义上说，名人微博不止属于名人，名人与粉丝一起共建了"名人微博"。

（二）过度性

粉丝区别于一般爱好者之处在于，一般爱好者是喜爱，而粉丝是强烈的喜爱。像在微博上对喜欢或感兴趣的人的微博加以关注，偶尔浏览，这仅仅是爱

---

1. 蔡骐．大众传播中的明星崇拜和粉丝效应．湖南师范大学社会科学学报，2011（1）

2. 同上

好者的级别。如果对某个人的微博不仅加了关注，而且是几乎每天都要"粉"他，既关注也评论还转发，并与微博主人积极进行交流互动，并围绕这一个人的微博自发地参与到其他关注者的阵营中去，这便是典型的微博粉丝。但这一观点对于微博粉丝并不完全适合，名人微博的粉丝虽然也有其他粉丝共有的"过度性"，但在微博这一虚拟世界里却实现了与名人的双向交往，在交往中实现了进一步的信息交换和情感交流，这不仅可增进双方的信任感，也让粉丝的理智性成分大为增加。在粉丝群的群体归属感加强的同时也实现了自我意识的强化。他们是"主动的受众"，是异中有同，同中有异的受众，但却没有丧失自我意识。

（三）区隔性

粉丝是爱有专攻、爱憎分明的群体，就像是一间大房子被墙隔成几个不同的区间。不同的名人微博有不同的粉丝群，就算是同一个名人微博的粉丝群也会分成不同的子群。这些相互区隔的粉丝群和粉丝子群通过意见、观点或"追星"行动的交锋，而形成一种力的"场域"[1]，对立与和解像一股无形的暗流，伴随着一条条发布或转发的微博信息或评论在微博这一传播平台中涌动。但与其它形态粉丝的区隔性不同，名人微博的粉丝虽以粉丝群或子群的形式相互区隔，但这种区隔是无形的、相对的、暂时的，甚至是可以打破并融合的。像姚晨微博的粉丝加了姚晨微博的关注，也可能会加其他名人的微博的关注，而且这种关注可能会随着所关心事件或话题的讨论进度而发生重心转移。因为微博上的意见领袖不是"终身制"的，而是随着事件或话题的此起彼伏而不断"推陈出新"。这些因素让名人微博粉丝的区隔性变得不是那么稳定。受微博传播的快捷性、即时性等特点影响，名人微博的区隔性也经常面临着"重新洗牌"。

微博是一种符号性、象征性很强的社会交往平台，很多网络新词、流行标识等语言符号和标识符号在这个平台上大行其道。名人微博粉丝除了情感消费之外，在符号消费方面（Symbol Consumption）也有其独特之处。符号消费不只是消费实物，而是消费一种理念或价值观。[2]

名人微博就是这种符号消费的场所，在这上面名人与粉丝通过发布微博、关注、评论与转发等形式频繁地进行着语言符号、标识符号等信息符号的交换，而且在对这种代表着不同表征和象征意义的信息符号进行"编码"和"解码"中体现着差异化的信息流动。具体说来，在名人微博上，名人将他们所认可的

1. 皮埃特·布尔迪厄. 关于电视. 沈阳：辽宁教育出版社，2000. 46
2. 桂正浩，张斯敏. 符号消费的社会学分析——以汽车消费为例. 法制与社会，2009（31）

社会文化价值观念、生活方式或人文情怀通过发布微博信息、评论或转发等一定的规则进行文化符号的排列组合，即"编码"。当这种经过编码的文化符号进入微博平台后，粉丝也必须通过关注、评论、转发或发私信等一定的规则进行接收、解读或反馈，即"解码"。因此，名人微博不同于经济学意义的交换场所，而是通过承载着丰富社会与文化意义的符号系统建构起一个饱含生命张力的交往空间与公共领域。如果将语言符号、标识符号转移到微博中的名人身上，我们便会发现，微博名人其实也是一种象征符号，一种文化符号。像微博中的姚晨代表的是一种"时尚、率真、进取、有社会责任心"的文化符号，而微博中的易中天代表的便是"儒雅、睿智、文化味"的另一种符号。粉丝对这些不同文化符号的关注和符号意义的追求，其实便是一种符号消费行为。名人微博通过这些文化符号体现出来的某种特征、气质或风格，是吸引粉丝的秘诀所在。[1]

正如德国哲学家卡西尔所说的"符号化的思维和符号化的行为是人类生活中最富于代表性的特征"[2]，不同的名人微博代表的是不同的名人形象特征和文化符号，其符号意义是独一无二、风格迥异的，差异性十分明显。名人微博的符号消费在很大程度上是对差异性的消费，"被消费的不是它的物质性，而是它的差异性"[3]。试想众多的名人微博如果没有差异性，那么怎么会有各自粉丝群体的存在呢？粉丝在微博上"粉"名人的一个主要目的便是消费其符号"个性"，满足其情感需求。具体说来，名人微博的这种符号价值具有两个层次：第一是名人微博的独特的文化符号，即通过发布或转发微博信息，体现其不同风格和内涵，或提供独到的思想和观点，传播一种价值观和社会观念，如姚晨对温州动车脱轨事故的评论便彰显个性；第二是名人微博的独特社会象征性，即名人本来具有的某种社会地位、社会认同、职业形象和生活品位等等的符号，如姚晨是"联合国难民署代言人"、"知名演员"、"大嘴美女"等。

四、粉丝的分化与对立：以"孔庆东事件"为例

一般来说，粉丝对他们关注、拥护的名人微博表现出较高的忠诚度。但是

1. 杨旭明. 《超级女声》的符号学解读. 转引自韩愈宏传播学应用. 新浪博客 http://blog.sina.com.cn/s/blog_48ccc764010002uw.html

2. 恩斯特·卡西尔著；甘阳译. 人论. 上海：上海译文出版社，1985. 35

3. 鲍德里亚著；林志明译. 物体系. 上海：上海人民出版社，2001. 222～223

这种忠诚也不是"从一而终"，名人微博旗下的粉丝阵营也不是铁板一块，一遇到风吹草动，粉丝们也会分崩离析。一些原本属于一个阵营、并肩作战的粉丝很可能在某个特定的微博公共事件中，对名人微博的态度和立场产生分化与对立。在2011年11月发生的"孔庆东事件"中，我们可以很好地洞察孔庆东微博的粉丝们分化与对立的情形。

11月7日，《南方人物周刊》记者曹林华拨通北京大学中文系教授孔庆东的手机，表明采访意图。孔庆东在电话里只骂了一句："去你妈的！我才不接受你们汉奸媒体的采访。"随后就挂了电话。当天下午15时21分，孔庆东在新浪微博上发布了那个"国骂排比句"："去你妈的！滚你妈的！ x你妈的！"孔庆东这一骂在微博上激起千层浪。他的粉丝群体被分化为"挺孔派"和"倒孔派"两大阵营。分属不同阵营的粉丝们除了在微博展开激烈论争之外，也迅速开展线下的参与行动。11月11日上午，"挺孔派"的代表、北大一名学生"stonetree（小甜甜）"在北大论坛上通过"站内信件"的方式给校长写了封题为《建议北大保护孔庆东教授——当代的鲁迅》的信件，所有论坛用户都可以看到信件内容。信中要求保护孔庆东。当天晚上，"倒孔派"的代表、北大哲学系一名博士生肖涛化名"demokratia（骑驴觅驴）"在北大论坛上以同样的方式写了封题为《应惩戒公开宣扬暴力的北大名教授孔庆东》。肖涛在信中希望校方处分孔庆东。北大一名理科博士在微博和门户网站上看到此事件过后，在网上匿名发帖，要求校方开除孔庆东。[1]

据《羊城晚报》11月15日报道，北大学生在"孔庆东事件"中分成两个阵营。《羊城晚报》一篇报道认为，对"北大未名BBS"网站上的发帖数量进行统计，"倒孔派"的学生数量大于"挺孔派"。[2]但是第二天《广州日报》刊载的一篇报道却披露了与《羊城晚报》这篇报道截然不同的统计结果：" 截至15日下午，近4000名网友参与的一次微博投票结果显示，57%的网友不支持解聘，称北大应发扬包容文化，只有20%的网友支持解聘，还有17%的网友幽默地认为应将孔庆东调往北大东门当保安看管小商贩。"[3]

孔庆东粉丝的分化、对立局面随后蔓延到了各大新闻媒体，并在各大媒体之间形成意见和观点的分化、对立。新华社11月10日发表"新华时评"，评

---

1. 唐磊，刘子倩．"三妈事件"中的北大学生．中国新闻周刊，2011（44）

2. 林圳．北大学生要求惩戒"三妈的"孔庆东．羊城晚报，2011-11-14

3. 李颖．孔庆东"三妈"之后有麻烦．广州日报，2011-11-16

论列举《教师法》的有关规定，敦促有关方面处分甚至解聘孔庆东。[1] 对此，赞成者有之，反对者也不少。就算在孔庆东矛头所指的南方报系内部，也存在着意见的分歧。

从"孔庆东事件"我们可以发现，名人微博与粉丝的关系是一种观点的"盟友"关系，而非利益的"盟友"关系。一旦某些粉丝与名人微博在观点上出现分歧，原有的那种基于观点一致或相近的"盟友"关系便不复存在，这部分粉丝便会与名人微博和其附属的粉丝群"断交"，甚至反戈一击，站在了他们的对立面。

五、微博名人与粉丝的关系：共建了"名人微博亚文化"

在名人微博中，名人与粉丝之间究竟是一种怎样的关系？是名人主宰粉丝还是粉丝塑造名人？在两者的关系中，微博这一全新媒体和社交平台又扮演了哪种角色？本书尝试运用社会学中的功能论来进行分析。

在功能论或结构功能论（structure functionalism）理论上卓有建树的社会学家塔尔科特·帕森斯认为，社会是一张大的网，各个组成部门相互交织，在动态中形成平衡。[2] 用功能论来分析名人微博的粉丝现象，我们可以发现，名人和粉丝在名人微博构成的这一社会虚拟网络中都各自承担着一些功能。比如，微博名人的存在使粉丝找到了情感的寄托，并在符号消费和情感消费中得到生理或心理的满足。当粉丝与志同道合者围绕某一个名人的微博结成粉丝群或粉丝子群时，他们不仅可以释放内心焦虑，寄托美好梦想，实现情感转移，而且更为重要的是，粉丝们可以在名人微博这种虚拟社交平台上，找到群体归属感，通过特殊的话语体系来确认身份认同。而且这种线上的交往也有助于线下的信息交流和情感沟通，例如许多原本陌生的名人微博的粉丝因相同的爱好或观点，在现实生活中成为朋友。而粉丝的存在也让微博名人"不是一个人在战斗"，让名人有了一种无形的压力和责任感。姚晨就曾表示，她不敢在自己的微博中与别人公开地吵架，怕带动大批的粉丝帮着骂，对人不公平。[3] 名人微博不仅是一个由名人开设的可以实现即时互动和广泛参与的社交"Party"，而且还是一个拥有广泛受众的名人私家"电台"，名人不仅可以通过微博与广大粉丝实现"面对面"的交流互动，塑造和维持与粉丝的良好关系，扩大影响，让自己

1. 黄冠．"教授骂人"：岂能把粗鲁当个性．新华社北京 11 月 10 日电

2. 理查德·谢弗．社会学与生活．北京：世界图书出版公司，2006．18

3. 易立竞．姚晨，我不是愤青儿．南方人物周刊，2011（28）

更有"名"，而且也可以通过这种交往平台更好地了解粉丝的诉求和表达自己的观点和态度。

这种线上和线下的交往活动深刻地影响着名人和粉丝们的生活。首先，名人的工作和生活被置于广大粉丝的关注之下，名人的一言一行、名人的喜怒哀乐，都会引发粉丝的连锁反应。在广大的粉丝群之下，名人成了一个势单力薄的个体，个体的从众心理会驱使名人的许多备受粉丝关注的方面发生改变，这种改变不仅反映在名人具有公共性的工作上，而且也表现在名人的生活细节上，像姚晨就经常接受微博上粉丝的建议和质疑。其次，各自为阵的微博粉丝群会以微博名人为旗帜形成各自的独特风格，这包括只能在各个微博群里流通的网络"暗语"、打上微博名人烙印的审美情趣、生活态度、价值观。最后，我们可以发现，名人和粉丝在微博上形成了独树一帜、我行我素的"亚文化"。每一个名人及其粉丝群便是一个"亚文化群"。名人与粉丝共建了多元文化诉求的"名人微博亚文化"。

当我们进一步深入探究名人微博与粉丝的关系时，我们还发现，无论是微博中的名人还是粉丝，他们都是微博这台工业化传播机器的产物。名人微博的关注度和粉丝数量与背后的商业利益直接挂钩。名人成了微博这台机器生产出来的诱饵，粉丝成了被名人绑架的产业。就算是姚晨这种中国粉丝最多、世界排名第3的"微博女王"，其背后也有着网络企业和公关公司的商业合谋。[1]这样看来，名人微博的粉丝数其实不过是一串链接着巨大商业秘密的数字而已，粉丝也不过是被微博平台这一商业传媒操纵的可以大量复制、批量生产的商品。而"微博推手"和"微博水军"便是操纵微博公共事件中意见领袖与粉丝关系的具有代表性的两个幕后操手。

第三节　微博公共事件中的"微博推手"与"微博水军"

"网络推手"与"网络水军"是近年来互联网上出现的新生事物，成为许多网上"热点"的背后"黑手"，甚至策划、炒作、操纵新媒体事件和群体性事件。微博作为一种全新的新媒体，也不能与互联网隔离。在许多微博公共事件的背

---

1. 南方人物周刊编辑部. 女王的微博江湖. 南方人物周刊，2011 年（28）

后，我们也可以看到"网络推手"与"网络水军"活跃的身影，我们姑且将它们称之为"微博推手"与"微博水军"。如果说意见领袖和粉丝是微博公共事件公众参与的特殊形式，那么"微博推手"和"微博水军"便是意见领袖和粉丝的"变种"，对公众参与起着"煽动"或"操纵"等负面性质的作用。

一、"微博推手"引导公众参与的特点及组织运作方式

借鉴王子文、马静关于"网络推手"的两个层面的定义[1]，我们也可以对"微博推手"进行定义。"微博推手"一个层面是指在微博上，懂得微博信息推广并能应用微博把明星或微博公共事件推广并引起广泛关注为目的的人。在这个层面的定义中，"微博推手"与微博意见领袖没有多少差别。"微博推手"另一个层面是指以微博为平台，围绕即将发生或已经发生的微博公共事件发布信息，在微博上对个别事件进行炒作，最终达到影响或改变该事件发展趋势的人。在这个层面的定义中，"微博推手"便是一种专事炒作、专搞负面热点事件、大肆恶搞和攻击的"黑社会性质"的"微博意见领袖"。本书对"微博推手"的定义采纳第二个层面的定义，以将其与微博意见领袖进行区分。

纵观"微博推手"的形成和发展过程，我们可以发现"微博推手"是"网络推手"的微博化，具有"网络推手"的绝大多数特点，只不过换了一个场地，换了一些包装、炒作伎俩，换了一些适应微博传播规律的新方式而已。"微博推手"的形式较为广泛，从想在微博上搞点事想出名、为网店的产品搞营销、负面爆料打击对手、为了取乐的恶搞、有目的的攻击到有组织或敌对势力误导公众策划群体性事件甚至引发政治对立、滋生社会矛盾等。在引导公众参与方面，"微博推手"很好地利用了公众多元复杂的心理特征。[2]"微博推手"将预设好的议题在多个微博网站上抛出，同时雇用大量"水军"在短时间内迅速地"关注"、"转发"和"评论"这一议题，将这一议题以最快的速度和最大的广度传播出去，并形成微博上的热点话题，"极力造成群体效应，使受众迫于群体压力，接受其预定好的观点"[3]，以达到引起公众注意、引导公众参与的目的。

至于"微博推手"引导公众参与微博公共事件的特点不外乎以下三个方面：一是"微博推手"对目标事件进行有目的性的曝光。这种事件中，"微博推手"

1. 王子文，马静. 网络舆情中的"网络推手"问题研究. 政治学研究，2011（2）

2. 彭媛，张曼玲. 从传播学角度解读网络推手出现的必然性. 新闻界，2008（3）

3. 同上

具有隐秘性，他们以爆料人或"深喉"的身份在微博上出现，揭秘内幕信息，发布独家新闻。在事件初期，这些"微博推手"常常被公众当成富有勇气、正义感和社会良知的人。可是随着事件的发展推进或者事件有了结果，"尘埃落定"以后，甚至几年以后，有其他知情人出来爆料揭秘，广大公众才揭开这些"微博推手"的真实面纱。这类"微博推手"的典型代表是 2011 年 7 月初发生在微博上的"广州街道办主任裸聊事件"[1]。知情人士将广州市白云区新市街道办事处主任刘宁在网上"裸聊"的 5 张视频截图放至微博和互联网上，这 5 张视频截图包括有刘宁"裸聊"时半裸或露出性器官的照片。随后，广州本地多家媒体对此进行了报道，引发广大公众关注和评论，最后导致刘宁接受有关部门调查并被免职。一开始，广大公众便被"疑似"政府官员"刘宁"的"裸聊"视频截图所吸引，并引发核实其身份的追问。在经过热心公众比对此"刘宁"与彼"刘宁"的有关照片后最终得出是一个人的结论后，广大公众对刘宁的丑恶行径表示愤慨，纷纷表达追究其责任的诉求，直到刘宁最后被免职，广大公众才"解了恨"、"消了气"，公众参与也才告一段落。在整个公众参与过程中，最初发布视频截图的"知情人士"是谁？为什么要在微博上公开发布视频截图？有何动机？公众顾不上考虑这些问题或者对这些问题根本不感兴趣。但是，事过境迁后，有些公众才开始在微博上好奇地追问最初在微博上发布这些"裸聊"视频截图的"知情人士"是谁和发布的动机。不过，这个时候，公众对这一事件的参与已经基本结束，兴趣和关注点已经转移，对这一事件已经"提不起劲"。"知情人士"的真实身份和动机便轻易被广大公众忽略过去。其实，笔者作为广州日报的记者，全程参与了此事件的调查和采访报道工作。据笔者事后从可靠渠道得知，"知情人士"选择在地方政府"换届"前夕公开在微博和网上发布刘宁"裸聊"视频截图，很有可能是出于搞臭他、让他无法连任等政治目的的考虑。说白了，这个"知情人士"就是一个典型的"微博推手"，他在发布"裸聊"视频截图之前就有着出于私人目的的预谋，并非出于监督政府官员等社会公正和良知的目的。甚至，刘宁"裸聊"这一事件本身的背后也有着人为操纵的更大的政治阴谋。从这一微博公共事件中，我们可以看出，"微博推手"很好地掌握了微博等新媒体传播的规律和熟知公众关注的焦点、热点和兴奋点，并较为完美地操纵了广大公众对这一事件的参与，并最终达到了他的个人目的。

---

1. 文远竹. 白云区纪委监察局："裸聊"街道办主任暂未发现违纪违法. 广州日报，2011-06-21；文远竹. "裸聊"新市街道办主任已被免职. 广州日报，2011-7-5

"郭美美事件"中的始作俑者郭美美也可归于这一类"微博推手"，虽然该事件的发展走向和最后结果并不一定是她期待的，但她当初虚构"红十字会商业总经理"的微博认证身份，在微博上"炫富"博取公众眼球并不断"别有用心"地煽风点火是有着个人目的。后来她在其母亲郭登峰的陪同下现身宁夏卫视《财经郎闲评》节目中，接受著名经济学家郎咸平独家专访时也透露出她操纵公众参与微博事件的目的："想进娱乐圈"。[1]

二是"微博推手"对目标事件进行有目的性的加工、夸大甚至捏造。在这种事件中，"微博推手"曝料或发布的信息要么加工渲染，要么夸大其辞，以达到其恶意炒作或商业目的。由于微博上五花八门的信息其来源和真实性在短时间内很难查证，广大公众的甄别难度较大，这导致此类"微博推手"有了用武之地。出于恶意炒作目的的"微博推手"典型代表是"金庸被去世"事件。2010年12月6日晚8时左右，新浪微博上开始流传的一则信息："著名武侠作家金庸，因中脑炎合并胼胝体积水于2010年12月6日19点07分，在香港尖沙咀圣玛利亚医院去世。"一时被不明真相的公众广为转为，其实后来大家才发现，这是一起典型的恶搞名人型微博谣言。率先在微博上发布这一谣言的"微博推手"是谁已无从考证，但其主要目的在于利用金庸的名人效应吸引公众眼球，达到哗众取宠的庸俗目的。出于商业目的的"微博推手"典型代表是"张国荣复活"事件。2010年11月2日深夜到11月3日凌晨，新浪微博上有微博称：香港某豪门公子，男女通杀，张国荣和两女星都为其情人，后张国荣日渐得宠，两女星心生妒意，于是密谋残忍杀害之，并分尸毁容，第二天发布他自杀消息，从此安宁。然而真相其实是张国荣当时侥幸逃脱，当时所杀并非本人，自此由于某种原因一直未出现，直到最近决定即将讲明真相，并且有图有视频。在短短两天内，新浪微博上关于此事的评论已经多达近30000条。后来证实这是一出商业策划。背后的"微博推手"是上海一家名为"严黄杰宇文化传播有限公司"的公关公司。该公司为了向客户展现自己的实力，以"郭敬明＋舞美师爆料"的形式炒作了这条微博假消息。据传客户对炒作结果还十分满意，后来还签订了一笔千万元级的年单。此类"微博推手"多是公关公司，它们频繁利用微博传播谣言，进行炒作，其目的是吸引受众注意力，谋取商业利益。

三是"微博推手"将目标事件与热点议题"嫁接"，对公众情绪进行"非

---

1. 贾肖明，欧婉霞."郭妈"炒股神话惹骂声一片. 南方日报，2011-08-05

理性刺激"[1]，吸引公众注意力。在这种事件中，"微博推手"将目标事件暗中融合在热点议题中，或者通过某些人为设置将目标事件与热点议题关联起来，刺激公众的非理性情绪。说白了，就是让目标事件搭热点议题的"便车"，以推动公众在关注热点议题的同时将注意力转移到目标事件中来，激发公众参与到目标事件中来的欲望。这类事件的典型代表有日本地震后的"抢盐风波"。2011年3月16日，浙江省许多地方的群众开始抢盐。没过多久，上海、浙江、广东、广西等地都纷纷出现"抢盐"，其源头来自微博上广为流传的几则有关"碘盐中的碘可防核辐射"、"核污染污染了海盐"等谣言。[2]尽管有媒体辟谣和业内人士作出技术性解释，但广大公众还是争先恐后地去超市门前排除买盐。紧接着，市场上食盐被买空的消息瞬间在微博、博客上传播开来，更加加剧了公众参与"抢盐风波"的行动。后来有政府部门赶紧向市场投放食盐供应等疏导行动和权威专家的辟谣，这场"抢盐风波"才以"闹剧"收场。但是，回头再看"抢盐风波"的全过程，我们可以清楚地发现有"微博推手"在背后操纵这一事件的全过程。这起事件的"微博推手"很好地利用了公众对日本地震这一灾害事件的强烈关注度以及在可能面临的核辐射灾难面前的恐惧心理和从众心理，刺激了广大公众"非理性"的情绪，实现了将他们的注意力转移到"抢盐风波"中来的目的。这些"微博推手"究竟是谁？也许至今仍无从查证。但事后透过"抢盐风波"这一微博公共事件，我们可以发现"微博推手"有着不可告人的商业目的和企图。如，"抢盐风波"的第二天，3月17日，中国股市也备受影响，当天开盘之后，A股市场上"云南盐化"等相关盐业个股放量大涨，有些股还出现涨停现象。当天，"云南盐化"资金净流入2535万元，当日高居买入榜前五位的营业部，清一色来自浙江地区。有机构根据几家营业部的买卖资金计算，参与云南盐化炒作的浙江游资至少在5000万元以上，占当日这只个股成交量的比例高达约50%。而在次日的交易信息中，上述5家营业部中有4家出现在卖出榜前五位。浙江证监局随后对所谓"游资推动抢盐风波"的传闻专门展开紧急调查。虽然调查结果表明，这些浙江游资"属于'高价加仓，割肉清仓'，是一次失败的炒作，暂无充足证据显示其是本次食盐抢购风波的'幕后推手'"，但也很难排除是否有游资提前布局。交易数据显示，3月15日，云南盐化成交量由前一交易日的2195万元猛增至9323万元。"那么，有没有

---

1. 王子文，马静. 网络舆情中的"网络推手"问题研究. 政治学研究，2011（2）

2. 张棻. 日本核辐射引发多种谣言，新浪微博展开辟谣. 北京晚报，2011-03-17

游资为了在股市套利而传播谣言和制造市场恐慌？显然需要监管部门更多、更深入的调查"，"事实上，游资操纵市场的交易过程极为复杂，利用信息操纵市场更具有难以理清的隐蔽性，监管部门以往多次对一些操纵市场案的查处陷于僵局，其原因便是在这方面难以取得突破性进展"[1]。此外，一些借灾难抢发不义之财的商家在"抢盐风波"中获利，原本一包只卖1、2元钱的食用盐价格飙升，一些地方甚至炒到了20、30块钱一包。这些无良商家在"抢盐风波"这起微博公共事件中客观上起到了传谣、炒作、诱导公众参与抢盐的作用，也充当了一回轻量级的"微博推手"。

目前的"微博推手"跟盛行于互联网上的"网络推手"一样，日益呈现出组织产业化的趋势。由于微博传播的即时性、广泛性、普及性等特点，微博这一新媒体的影响力也越来越大，越来越多的公关公司、网络营销公司专门利用"微博推手"诱导公众参与，制造公共事件并从中获利。一些企业、个人、公共组织甚至政府部门对利用"微博推手"来进行微博营销、打压竞争对手或通过删除微博评论等方式来消除自身负面影响的需求也日益增长。在微博上，很多公众自觉不自觉地成为了"微博推手"的一员或"帮凶"。"微博推手"跟"网络推手"一样出现大众化的趋势。"微博推手"的组织运作方式也越来越丰富，可以是通过在某个时间段在微博上集中搜集某个目标对象的负面信息或掌握相关"内幕信息"，或者在微博上进行预告或透露，对目标对象进行要挟；可以是在某一时段在微博上对目标对象进行集中的负面信息发布，形成舆论热点，制造公共事件，以达到攻击打压目标对象的目的；也可以是在微博上集中发布事先策划好的正面信息，吸引公众注意力，为目标对象提供营销推广或形象塑造。如果用几句形象的语言来概括"微博推手"的目的和组织运作方式，那便是"有奶便是娘"、"翻手是云，覆手是雨"。

二、"微博水军"的组织工作流程和炒作技巧

近年来在互联网上大行其道的"网络水军"是受雇于某些个人、企业或组织，在网上负责"灌水"以实现预定传播效果和商业利益的网民。"微博水军"是"网络水军"的微博版，除了具有"网络水军"的主要特点之外，还与微博传播的普及性、草根性、即时性等特点相适应的独特风格，如加关注或转发、发布评

---

1. 新京报社论. 发"谣盐"财的游资该当何责. 新京报，2011-03-22

论迅速，数量庞大，信息短小精悍吸引眼球等。"网络水军"的主要工作是发"水帖"，被人比喻为"网络环境中为干预舆论而工作的来料加工的非智力外包工厂"[1]，"微博水军"的主要工作便是发"水博"（即掺了水的微博信息），常常受雇于"微博推手"，成为实现"微博推手"传播效果和商业利益的"帮凶"。如果把"微博推手"比作受雇于上一级个人、企业或组织的"包工头"，那么"微博水军"便是直接负责"施工"的"农民工"、"打工仔"。

由于目前国内许多微博网站的注册没有实行实名注册制度，各大微博网站又在互相攀比用户数，因而不管你是谁，只要给个电子邮箱，微博网站就可以免费给你注册一个微博用户。作为一名新闻工作者，笔者近年来一直关注微博公关行业和"微博水军"现象，并陆续对16名从事微博公关实践的工作人员和"微博水军"进行访谈。在访谈中，笔者获知，许多网络公关公司掌握着动辄上万的"微博水军"，这些"微博水军"招之即来，来之能战，在诱导公众参与一些公共事件中发挥着巨大的战斗力。

关于"微博水军"的组织工作流程，一位在广州某网络公关公司担任策划经理的 G 小姐详细地向笔者进行了解读：

"第一步，公司接到在网络进行公关的订单以后，我们事先会做一个较为详细的策划方案。公司负责广告文案的员工会收集目标事件的资料，找到能引起网民兴奋点和关注点的'噱头'，并预先加工创作一些微博信息。

接下来，我们便动员我们资源库里的'水军'，这些'水军'有专做网络论坛、博客的，也有专做微博的，但更多的是论坛、博客、微博通吃。做微博业务的'微博水军'几乎都是兼职的，也有极少数是专门宅在家里上网的专职'水军'。他们一般每个人都注册了许多个微博用户，有许多不同的 ID 名称，俗称'马甲'。这些 ID 名称对我们公司是公开的，我们会有专人负责给他们统计发博量。

请'微博水军'发'水博'，跟请'网络水军'差不多，一般都是按量计酬，每发一条有效微博信息是收费两、三毛钱。有时在计酬时也参考质量，好的、有创意的、能引起微博上公众广泛关注和评论的微博信息，可以额外奖励，最高的可以奖到上千元。这要根据订单的标的和难易程度而定。

我们目前做得最多的有网络公关活动是将微博宣传与论坛、博客宣传结合起来做。不过，现在微博越来越火，影响越来越大，专门做微博宣传或公关活动的客户也逐渐多了起来。这也是市场细分、窄众传播的表现。至于做一次微

---

1. 刘畅. 网络言论的幕后力量——网络公关问题报告. 光明日报，2011-07-12

博宣传或公关活动的费用，就像律师接案子一样，我们也要根据订单的难易程度和持续时间的多少来定。一般来说，10万元以下的是小单，10万至50万元的单子才是对公司有吸引力的大单。"

当然，"微博水军"行业里也存在着"层层转包"的现象。深圳一家文化传播公司负责网络推广业务的工作人员C先生透露：

"一般说来，我们平均每做一次微博宣传或公关活动，至少要动员100个左右的'微博水军'，当然他们平均每个人都有4-5个'马甲'。我们有时也将订单拆分开来，分包给'水军'团队来做，这些'水军'团队一般都有10个以上的有经验的'水军'。有时任务紧、工作难度大的时候，'水军'团队把活接下来后，会再找些他们的朋友或他们熟悉的'水军'团队帮忙，就像建筑工地层层转包一样。只要能把目标事件炒热了，把活干好了，我们不管他们怎么分包，我们只看统计结果和炒作效果，不问过程。"

至于"微博水军"层层转包后的利润分成，笔者在访谈中获悉，大的网络公关公司接单时通常以5倍的价格拿下来，层层分包下去最后到兼职的"微博水军"手里时，可能就是1倍以下。比如，一条"微博水军"在微博上发布的"水博"信息，在公关公司那里值5毛钱，在中间的转包团队那里值3毛钱，但最后发到真正发布这条"水博"的"微博水军"手中，可能只有1毛钱。

"微博水军"的成员构成主要是哪些？他们又是如何实施"灌水"等炒作任务的呢？笔者通过访谈了广东外语外贸大学、华南师范大学、白云职业技术学院等3所高校的5名资深"微博水军"了解到，"微博水军"以在校大中专院校的学生为主，这些人兼职做"水军"，一方面是想通过赚点外块弥补生活费，另一方面是对"灌水"等网络炒作任务富有热情，充满好奇。H同学向笔者讲述了他成长为一名"微博水军"的经历：

"刚开始我们只是喜欢在网上社区论坛或微博上随心所欲地发发帖，关注些热点事件。后来隔壁有个同学告诉我，有朋友让他多找些同学帮忙在微博上跟帖发评论，把一个热点事件炒热了。事成后按微博信息的条数给报酬，一条一毛钱。后来，反正闲着没事，我成了一名专业'水军'，既做网络的，也做微博的。因为手机发微博很方便，微博关注度也高，我对当'微博水军'更有兴趣一些，有时上课时也要抽空发几条微博，多赚几毛钱。"

W同学向笔者透露了"微博水军"的炒作技巧：

"要在微博上炒作一件事，首先要找准能吸引住老百姓眼球的新闻点。其次要精心准备一些夸张、形象的网络用语，如'史上最牛'、'全城最美'、'楼歪歪'、'XX是我爸'等。最后开始实施发'水博'炒作，这又分两种：一种是直接与对方短兵相接，骂过去、淹过去就行，反正就是要大量'水博'把对方的气焰盖过去，把对己方不利的负面信息盖过去，用希特勒的话说是'谎言重复一百篇便是真理'；另一种是我们'水军'故意在微博上分成两派，形成对峙，展开对骂，目的就是吸引广大公众参与进来，把目标事件炒得众所周知就行了。有时为了不要让别人看出来我们是'水军'，我们要变换着用户名轮番上阵。有时我们虽然是同一个人，但在微博上发'水博'时，也要变换不同的口气，有时还要持不同的观点。对'水博'的遣词造句、语气词要仔细推敲，甚至标点符号、字体、字号、字的颜色等也要经常变换一下，同一微博用户尽量不要连续发'水博'，要像真实用户一样，隔几楼发一次信息。反正做到越逼真越好。"

"微博水军"究其本质是一种借助于微博传播平台的"网络公关行为"，而不是正常状况下的信息传播行为，可以说是一种商业利益操纵下的"畸形"的新媒体信息传播行为。但是不是说，"畸形"的信息传播行为就没有影响力和号召力。"微博水军"的传播行为，由于具有公关操作隐密性、传播技巧精细性等特点，这些传播行为很好地掌握了传播规律，尤其是新媒体传播规律，因而具有很强的引导公众参与的能力。作为普通公众，一般都具有"随波逐流"般的从众心理，再加之短时间内无法对微博上的海量信息进行分析鉴别，因而广大公众在微博上很容易被"微博水军"裹挟进目标事件中来，不明不白地就成了"微博水军"的同盟军。尽管"微博水军"在微博上充当"微博打手"，其所作所为是见不得阳光的，有些"微博水军"甚至为了商业利润肆意散布谣言，严重干扰了微博传播的正常秩序，甚至属于违法行为，但是在客观上看，许多"微博水军"的传播行为，起到了很好地诱导公众关注、参与目标事件的传播效果和公关效果。

第四节　微博公共事件中意见领袖与公众参与的心理分析

对微博公共事件中意见领袖与公众参与的研究，不能仅仅停留在意见领袖与公众参与的行为、组织动员过程等可以物化、量化的方面，还应该将研究视角深入到这些行为、过程等的背后，触及意见领袖与公众的心灵深处，探究意见领袖与普通公众在参与行为中的心理特征和情感因素。意见领袖与公众在参与行为中的群体心态和情感因素对微博公共事件的发展变化往往起着不可忽视的作用，这些非理性的因素有时却成为公众参与行为的背后动力，直接影响到微博公共事件的发展进程。

一、微博公共事件中意见领袖的心理特点

在不同的微博公共事件中，意见领袖在事件的发生发展过程中发挥了不同寻常的作用，他们的心理特点不仅对他们本人的参与行为发挥着举足轻重的作用，而且对整个公众参与群体的心理状态产生重要影响。有必要对意见领袖的心理特点进行归纳总结。

在微博公共事件中，意见领袖在引导公众参与中常常能一呼百应，是事件从自发阶段向组织动员阶段升级的重要一环。意见领袖的心理特点是整个公众参与群体的群体心态的重要组成部分，而且还发挥着"轴心"的地位。"'意见领袖'的产生有时是无意识的，有时可能是与直接利益人有关者的择机之作。但是，对于同一事件或者同类事件的集体无意识，　恰恰反映了网民和社会成员在心理上的认同。"[1] 一般来说，在微博公共事件中，意见领袖都是具有一定知名度的"名人微博"，匿名心理、从众心理对他们不起作用，看客和娱乐心理也只是对他们在关注和参与公共事件的前期略有影响。最有可能真正左右他们内心世界的心理因素是表现欲和英雄情结，而且他们要在引导广大公众参与中把这种表现欲和英雄主义发挥到极至。意见领袖一般掌握着更多的话语权和信息发布渠道，他们的一举一动、一言一行都会赢得广大普通公众的拥护和支持。意见领袖在引导或煽动、蛊惑公众时具有一种与"从众心理"相反的心理压力，这是作为领袖、英雄在率领、引导公众参与时承受的心理压力，笔者姑且称之为"领众心理"。

普通公众在追随、模仿意见领袖内心受到一种"从众心理"的作用，那么意见领袖被追随、被模仿，他们的内心是否有一种心理作用在起作用呢？笔者在 2011 年 12 月至 2012 年 1 月为期两个月内，通过微博私信或电子邮箱、手

---

1. 孙静. 网络群体性事件参与者心理特点与疏导. 中国人民公安大学学报（社会科学版），2010（2）

机短信对微博上的 50 名"名人微博"和在此前的微博公共事件中发挥过意见领袖作用的重要人士微博进行了无记名问卷调查，共收回有有效问卷 35 份。调查结果显示，有 22 人认为在充当意见领袖引导公众参与时会明显感觉或承受到心理压力，占有效问卷总数的 62．86%；有 9 人认为会偶尔感觉或承受到心理压力，占有效问卷总数的 25．71%；只有 4 人认为从未感觉或承受到心理压力，占有效问卷总数的 11．43%。

这种心理压力是一种什么样的心理因素呢？在明显或偶尔感觉、承受到心理压力的调查对象中，有人认为这种心理压力是"像在舞台上表演节目一样的紧张、兴奋"，有人认为是"一种责任意识，一种要当表率和要为粉丝行为承担间接责任的责任意识"，有人认为是一种"被关注感"，有人认为是一种"莫名其妙地变得谨慎，在微博上发表评论或跟帖之前下意识地检查一遍"，有人认为是一种"想出风头的感觉"，也有人认为"越来越关注自己的粉丝数量、被关注数量，越来越频繁地更新自己的微博，越来越留意粉丝对自己发表微博的评论，尤其是粉丝的批评性意见"。总之，笔者在这些调查问卷的反馈信息中得出一个普遍结论：在参与行为中，意见领袖感觉或随到的这种心理压力是不同于普通公众的"从众心理"，而是一种与"从众心理"相关但又相反的"领众心理"，是一种表现欲、英雄情结、责任意识、被关注感、成就感、谨慎态度和由此引发的其他心理变化和心理感觉。

二、微博公共事件中普通公众的心理特点

作为一种集群行为的微博公共事件中的公众参与行为与公众的群体心态和社会认同感等群体心理因素有关。透过纷繁复杂、形形色色的公众参与行为，我们可以运用群体心理学的分析方法，揭示出微博公共事件中广大普通公众参与行为背后的心理特点。

（一）从众心理

从众心理是微博公共事件中公众参与的最基础、最普遍的心理特点。从众理论认为，在公众参与微博公共事件等集群行为时，公众个体会表现出很明显的从众心理，其参与行为具从众性或趋同性。在微博公共事件中，只要有人"登高一呼"，其他人往往会"群起响应"，模仿意见领袖等"领头羊"的行为方式甚至意见态度。公众在参与活动等集群行为中为何表现得与平时判若两人？在从众理论看来，参与到集群行为中来的这些公众在"集体潜意识"的作用下，

其心理往往会发生根本变化，其个性和独立思考能力都被削弱，甚至不由自主地失去平时的自我意识和理智，本能地彼此相互模仿，情绪相互传染，力求与现场的多数人行为一致，异质性被同质性所"吞没"。也有心理学家认为，这种从众心理是作为群居动物的人的一种本能，每个公众个体的内心都是孤独的，渴望在微博公共事件的公众参与这样的集群活动中得到归属感和认同感。公众参与行为只不过点燃了公众个体内心潜伏的"向群"的火种。用从众理论来观察"宜黄拆迁自焚事件"、"我爸是李刚事件"、"上海大火事件"、"方正县开拓团立碑事件"、"抢盐风波"等对抗式、发泄式、盲从式公众参与行为，可以发现其中的某些公众近乎病态、超乎理智甚至被人当作"暴民"的参与行为，我们会发现这些公众在从众心理及情绪传染机制的作用下，人们的思维方式变得极端简单化，总是倾向于把复杂的问题变成简单的口号式或发泄式的行动。

意见领袖在微博公共事件公众参与中的巨大作用和"粉丝效应"用从众理论也能得到很好的解释。从社会心理学的观点来看，这缘于公众对意见领袖的行为模仿。法国社会学家塔尔德（Tarde G）在1890年出版《模仿律》一书中认为模仿是"基本的社会现象"，并提出了三个模仿律：1. 下降律：社会下层人士具有模仿社会上层人士的倾向；2. 几何级数率：在没有干扰的情况下，模仿一旦开始，便以几何级数增长，迅速蔓延；3. 先内后外律：个体对本土文化或集群内部人士行为方式的模仿与选择，总是优先于外域文化或集群外部人士的行为方式。首先，意见领袖多为名人、成功人士、掌握话语权的人等上层人士，普通公众在微博公共事件中追随意见领袖缘于他们内心模仿上层人士的倾向。其次，这种公众模仿意见领袖的行为和倾向一旦蔓延开来，具有传染性，借助微博"裂变式"传播的途径，更是呈现几何级数增长。最后，相对于广大粉丝群体来说，特定的意见领袖是属于特定微博意见群体的内部人士，是"自己人"，粉丝们在对意见领袖行为方式的潜意识、不自觉地模仿与选择中，实现了"粉丝效应"的形成。在具体的公众参与行为中，我们可以看到，"榜样的力量是无穷的"。广大普通公众对意见领袖的模仿，常常表现为自觉地与意见领袖的观点和行为保持一致，亦步亦趋，对意见领袖的观点不假思索地全盘接受，对相反意见也是完全拒绝。在一些对抗式、发泄式、盲从式的微博公共事件中，公众的情绪常常因为意见领袖的一句话便变得群情激昂起来，"冲动、急躁、缺乏判断力、轻信他人、夸大感情、易受暗示等都是事件参与者个人的常见心态”[1]，对意见领袖的任何的反驳都可能会招致粉丝们的不满和反对，这种不满和反对甚至演变成线下的人身攻击。这种从众心理的扩大化、升级化，很容易让意见领袖演变成误导公众参与的"微博推手"。

（二）匿名心理

在微博公共事件中，除了少数担任"领头羊"的意见领袖或名人微博之外，绝大多数的公众的用户名没有采用加"V"实名认证。即使是针对微博网站的后台，绝大多数微博用户也没有实行实名制，只需提供一个邮箱便可注册用户名。这样一种现实状况让广大公众处于"无名氏"的匿名状况。

匿名理论认为，在微博公共事件的公众参与等集群行为中，处于匿名状态的公众个人身份在集合起来的人群中被隐藏了起来，几乎每个公众个体都成了去个性化的"同质"人，感到自己如同进入了一个戴着面具的化妆舞会之中，受社会规范和社会控制的约束力大为减弱甚至失效了。因为在匿名状态下，公众个体会认为自己干的事没有人知道，可以使自己不对其行为的后果承担责任，至少会使责任被分散。当人多势众时，匿名性更会加剧公众的"法不责众"心理，参与者的情绪也容易相互传染并在传染中进一步夸张，更容易做出平时单个人不敢做的参与行为。这种参与行为不仅仅指微博上的线上参与行为，而且还包括像"广州保卫粤语事件"、"厦门 PX 事件"中公众由线上转为线下的"散步"等参与行动。虽然不能说每个参与公共事件等集群行为的公众个体，都会因为匿名性而加剧参与的热情，但是匿名性无疑会增加公共事件公众参与行为的深度和广度。如果匿名性再加上从众性，公众参与中"搭便车"、"看热闹"、"人云亦云"的机率便会大大提高，公众参与的可控性也大为降低。

（三）释放和发泄心理

微博像互联网等其它虚拟社会一样，极易成为社会广大公众转移现实生活中的郁闷、无助、失意等消极情绪的目的地。微博公共事件以其炫目感和夸张感像吸铁石一样吸引着这部分公众的消极情绪，并且将这种消极情绪进行放大，让这部分公众得以在这些微博公共事件的参与中释放和发泄压抑在心中的郁闷、无助、失意等情绪。在有些时候，部分公众参加微博公共事件的心理就跟参加一项集体娱乐联欢活动无异。

这种释放和发泄心理再加上匿名性和从众性，公众的消极情绪有时会像火

---

1. 胡联合. 群体性事件：何以发生与演化——关于群体性事件的理论及其启示. 中国社会科学内部文稿，2009（3）

山一样喷发出来，有时难免夹杂武断、偏执、狂热、歇斯底里等不理智成分。在"方正县开拓团立碑事件"、"我爸是李刚事件"等微博公共事件中，许多公众在参与过程中表现出了较为明显的此类心理特点。像在"方正县开拓团立碑事件"中，广大公众将长期压抑在胸中的反日民族情绪一咕嘟全部发泄到这一事件中来，全然不顾方正县地方政府的立碑初衷和具体的历史背景。在"我爸是李刚事件"中，广大公众将对社会上"官二代"的仇视心理全部转移发泄到"李刚之子" 李一帆身上，微博上充斥公众的谩骂、质疑和声讨。公众反而对事件本身的来龙去脉变得漠不关心。其实，据事后有关部门的调查，事发后，李一帆认识一名现场的警察，便小心翼翼地对他说："叔叔，我爸是李刚，请您不要把这件事告诉我爸爸。"当时李一帆说"我爸是李刚"时并没有飞扬跋扈的意思，他的神情是胆怯，是怕他父亲李刚知道这件事。可是在微博上，广大公众却选择性地记住了李一帆的前一句话"我爸是李刚"，却对"请您不要把这件事告诉我爸爸"这后一半句话全不在意，毫无兴趣。广大公众参与到此类微博公共事件中来的最大动机和目的是释放和发泄心中在现实生活中积压多时的不满、抑郁等情绪。推动事件的调查和解决等客观效果，其实并非广大公众的本意。

（四）看客和娱乐心理

在微博公共事件中，许多公众的参与行为具有"明显的群体娱乐特征，怀有一种唯恐天下不乱的看客心理，从事件混乱发展的过程中取乐。"[1]公众参与中的这种看客心理源自于人类内心深处对外界环境的求知欲、对不明事物的好奇心和对他人隐私的窥私欲，而公众正是在这种看客心理的推动下，不断参与到各种类型的微博公共事件中去，在参与活动和参与行为中得到一种心理满足，从而实现娱乐的目的。公众参与中的看客和娱乐心理也可以称之为"八卦心理"。这种心理不仅表现在"名人八卦型"微博公共事件中的公众参与中，而且也表现在几乎所有微博公共事件的"引发公共议题"阶段。

公众参与中的这种看客心理，也与从众心理、匿名心理遥相呼应。先说看客心理与从众心理的复合，就像有人看到街边有人排长队买东西时，不管别人是买什么东西，这东西是好是坏，也会在从众性的驱使下，让自己加入到排队的行列中来。某些公众在微博上看到有其他公众强烈关注某一事件，也会在从众性的驱使下，参与进来，满足自己的看客心理。再说看客心理与匿名心理的

---

1. 孙静. 网络群体性事件参与者心理特点与疏导. 中国人民公安大学学报（社会科学版），2010（2）

复合，就像有人喜欢站在高处观看别人打架、站在暗处偷看别人洗澡，在偷窥中满足了自己好奇心一样，处于匿名状态的公众也喜欢在微博上"偷窥"别人在干什么，尤其是对具有戏剧性和较强关注度的微博公共事件，"偷窥"的欲望更为强烈，而且这些事件无论是大喜大悲，作为"看客"的公众也是事不关己，远离利害关系。一旦这些微博公共事件出现危机，公众还可迅速撤离，全身而退。公众的这种"看客和娱乐"心理也可以很好地解释微博公共事件为何在短时间内会引起那么多的公众那么大的关注度，也可以很好地解释一些名人微博为何那么火爆，为何拥有那么多的粉丝，为何对公众具有那么大的号召力。

（五）表现欲和英雄情结

群体心理学认为，个人在进入群体成为群体的一分子以后，总会有一种表现自我的欲望和英雄主义情结，这种表现欲和英雄情结是潜意识的，是人类从远古群居时代就沿袭下来的一种心理特质。"孤立的他可能是一个有教养的人，但在群体中他却变成了野蛮人——即一个行为受本能支配的动物。他表现得身不由己，残暴而狂热，也表现出原始人的热情和英雄主义"[1]，这种热情和英雄主义促成了广大公众自发地参与到微博公共事件中来，并且在微博上积极发表评论和跟帖，表达个人对事件的观点和看法，力求评论和跟帖具有煽动性、爆炸性和冲击力，"语不惊人誓不休"。

这种心理特点可以很好地解释数量庞大的公众为何不计报酬、心甘情愿地参与到与自己并没有直接利益关系的微博公共事件中来，也可以很好地解释像"郭美美炫富事件"中"@温迪洛"这样的普通公众成长为"意见领袖"的心理动机。

（六）矛盾的道德心理

勒庞在他《乌合之众》一书中对群体的道德有过精辟的论述。他认为，群体首先是一个矛盾统一体，低劣与崇高交相辉映。"群体虽然经常放纵自己低劣的本能，他们也不时树立起崇高道德行为的典范。"一方面，每个人的内心深处潜伏着远古时代人类就具有的野蛮和破坏性的本能，但是孤立的个人在生活中会意识到这种本能是"很危险的"，会极力压抑、控制这种本能。但是当他加入一个不负责任的群体时，出于"罚不责众"的心理，他会彻底放纵内心深处潜伏着的这种本能，道德水平因而变得十分低劣。但是另一方面，群体有

---

1. 古斯塔夫·勒庞著，冯克利译. 乌合之众——大众心理研究. 桂林：广西师范大学出版社，2011. 51

时候也能表现出孤立的个人根本做不到的"极崇高的献身、牺牲和不计名利的举动"。在名誉、光荣和爱国主义的号召下，私人利益经常被组成群体的个人抛之脑后，而且经常可以为了崇高的理想奋不顾身甚至慷慨赴死。[1]

　　参与微博公共事件的公众也经常表现出这种矛盾的道德心理。有时候，他们成了微博上的暴民，蛮不讲理，造谣滋事，党同伐异，恶意中伤，唯恐天下不乱，甚至扰乱治安，违法乱纪。像在"抢盐风波"、"金庸被去世"、"方正县开拓团立碑事件"等等微博公共事件中，参与的公众给人的印象是一种"暴民"的形象，公众们成了令人生厌的邪恶的化身。但有时候，他们又为了社会公平、正义、真理、良知、同情心而摇旗呐喊，针砭时弊甚至不惜得罪政府，与公权力相抗争。如在"宜黄拆迁自焚事件"、"上海大火事件"等微博公共事件中，公众们俨然成了正义的化身，成了活着的"鲁迅"。

　　为什么在参与集群行为的公众身上会发生如此大的反差？笔者认为，除了用勒庞的"矛盾的道德心理"来进行解释之外，也可以用"匿名心理"、"释放和发泄心理"以及"从众心理"、"表现欲和英雄情结"来进行说明。微博上的公众几乎都是处于匿名状态，就像一个人独自一人处在一间黑暗的房间里一样，脱离了监管约束，也没有了旁观者，一切所作所为几乎完全靠心灵的自觉。这样，公众个体内心深处的郁闷、无助、失意等消极情绪以及从远古时代就继承下来的野蛮和破坏性的本能在微博公共事件的触发下得以释放和发泄，并且喷薄而出形成合力，一发而不可收拾。在这种情况下，公众的道德心理变得比较低劣。但是，一旦公众个体在微博上得到意见领袖正面甚至崇高的引领和动员，并且在别的参与者的带领下，也会在从众心理的作用下，将内心深处从远古群居时代就沿袭下来的英雄情结激活，焕发出要为正义和真理而战和充当"救世主"般的参与激情。

　　微博公共事件中的普通公众，又可分为积极参与者和旁观者两类。他们也表现出不同的心理特点。积极参与者是微博公共事件中要么发表的评论较有影响力，要么发表的评论、互粉的频率较高，总之是表现积极，在公众群体中具有一定话语权和号召力的那部分公众。有些积极参与者是从事件一开始就参与进来，有些是"半路出家"，中途加入，有些是与事件肇始者利益相关，有些是与事件肇始者无任何瓜葛。总体来说，积极参与者除了具备微博公共事件公

1.　古斯塔夫·勒庞著，冯克利译. 乌合之众——大众心理研究. 北京：中央编译出版社，2005.
42～43

众参与的一般心理特点之外，还表现出如下一些独特的心理特质：猎奇质疑心理；造势心理；"彰显个性、自我实现"[1]心理；价值取向上具有"道德上的双重性， 文化上的叛逆性， 政治上的激进性"[2]。

    在微博上，旁观也是一种参与。旁观者是公众参与中的一个部分，而且占有较大比例，发挥较重要作用的一部分。旁观者通过在微博上加"关注"等形式完成了对微博公共事件的"参与"。旁观者大多都是与事件没有直接利益相关的人，很多人并不了解微博公共事件的肇始原因、来龙去脉和进展情况，仅仅是被事件本身出现的群体聚集现象或者偶然关注到微博上的某条信息并被其所吸引。用网络语言说，旁观者是"出来打酱油"的。旁观者的心理特点集中表现为"看客娱乐心理"， 也就是说"站在远处看热闹"、"坐山观虎斗"。旁观者也是"预备参与者"，他们心情好时，就会转发一下甚至亲自发布一条微博，于是便实现由旁观者向一般参与者的转变。他们心情特别好时，还会突然发力，在微博上左冲右突，左右开弓，成为积极参与者。当然，旁观者中的大多数会一直保持沉默，自始至终都在潜水，都在"旁观"。这一部分旁观者中除了"看客娱乐心理"之外，还可能具有"社交障碍心理"、"自闭心理"、"社交恐惧心理"等特点。

---

1. 毕宏音. 网民心理特点分析. 社科纵横，2006（9）

2. 彭兰. 现阶段中国网民典型特征研究. 见：杜骏飞. 中国网络传播研究（第三辑）. 杭州：浙江大学出版社，2009. 136

第五章

微博公共事件中的力量博弈

第一节　微博公共事件中公私权力的博弈

从近年来发生的较有影响的微博公共事件来看，无论是公众参与的领域、公众参与的组织形式还是公众参与的效果都呈现出复杂化、多样化的趋势。从参与领域来看，这些事件涉及政府施政、经济纠纷、劳资矛盾、社会保障、文化传承、环保生态等各个方面；从组织形式来看，既有线上发微博引发关注的（如"宜黄拆迁自焚事件"），也有利用微博组织集体行动的（如"广州保卫粤语事件"），还有微博用户发动公众进行"人肉搜索"的（如"深圳林嘉祥猥亵女童案"），公众参与的行动力变得越来越强大；从参与效果来看，绝大多数事件都产生了不同程度的社会影响，都得到了政府部门、执法部门或公共管理部门的回应。总之，在这些微博公共事件中的公众参与中，可以较为全面地窥视公私权力的博弈全过程。

一、微博公共事件中公私权力博弈的特点

笔者通过对发生在珠三角地区的几起典型微博公共事件的案例梳理和对参与事件相关公众的访谈发现，这些微博公共事件是多方角力，尤其是公私权力博弈的结果。这些角力方主要包括政府、公众（含直接利益相关者和非直接利益相关者）、企业（或社会组织、村社集体经济组织等）、媒体等4个方面。

上述 4 个方面在现实中，相互交织，产生利益冲突、合作与博弈，同时在微博和互联网等新媒体传播的环境下，相互作用，共同参与，形成"合力"共同推动了微博公共事件的发生、发展和结束。在对这四个角力方共同参与微博公共事件的过程进行考察时，笔者发现它们之间的力量博弈呈现如下一些特点：

一是公众仍处于弱势地位，私权力受到公权力的侵害，导致权益受损，从而引发微博公共事件。无论是在底层维权事件、公权力滥用事件，还是在经济纠纷、劳资纠纷等珠三角地区较为典型的微博公共事件中，公众尤其是直接利益相关的公众在与企业和政府的博弈中，大多数时候处于弱势的地位。有些公众受到来自企业拖欠工资、开除工作的危险甚至打击报复等危害人身安全的威胁；有些公众受到政府部门或公共管理部门公权力的施压从而自身私权力遭到侵害。而这些处于弱势地位的公众因自身私权利受损而酝酿的不满情绪，也成为微博公共事件发生的引火索或重要原因之一。具体到发生在珠三角地区的一些微博公共事件，像"增城事件"、"潮州群体性事件"等公共事件反映出城乡二元结构的背景下外来务工人员与本地居民在收入分配、社会地位和风俗习惯等方面的对立以及外来务工人员等底层群体权益的受损；"本田罢工案"、"富士康坠楼案"等公共事件反映出制造业发达、经济快速发展背景下广大农民工处于利益分配链条的末端，自身权益受到收入分配不合理的损害；"深圳暴力袭警"、"广州咆哮哥事件"等公共事件反映出公民社会成长缓慢、政府公务人员作风粗暴的背景下，公权力在私权力下的傲慢以及私权力对公权力的不满；"广州保卫粤语事件"、"番禺垃圾焚烧事件"等公共事件反映出社会转型变革，多元力量发展衍生的社会背景下，公众在环境、文化、精神生活等方面的话语权、知情权、决策参与权等私权力受到公权力践踏或忽视以及广大公众对这种权力失衡现象的不满。而这些微博公共事件中的公众，无论是个体还是群体，都处于弱势地位，受到来自公权力的政府部门或行使相关类似公权力等管理职责的企业的不公平对待。

二是公众的表达欲望和维权意识增强，激起私权力对公权力的抗争，进而引发线上线下公众参与行动。面对政府、企业在权力、社会资源和舆论上的强势地位，作为弱势群体的普通公众，一方面倾向于参与到某个群体性行动中去，获得身份认同、群体庇护和集体归属感，形成足以与政府、企业等公权力抗衡的"合力"；另一方面将表达意愿、诉求和维权的渠道转向具有草根性和自媒体性的微博，希望借助微博及其背后的公众群体和媒体力量给公权力施加舆论压力或博取博弈场外更多公众的同情心。

三是微博等新媒体被委以公众表达和维权的"武器"，成为公众参与的动员平台和公众、政府、企业三方力量博弈的场所。微博本身也以其在公共事件中的立场、作用、影响力等主客观因素成为力量博弈的第四方力量。在各方力量的博弈中，传统媒体因其隶属关系、行政级别的局限，或受到宣传政策、舆论环境、广告投放等因素的影响，常常在公共事件中出现意见不一或显失公平的现象。某些媒体将政府等公权力当成众矢之的，而另外一些媒体却成为政府等公权力的"亲密伙伴"或"一丘之貉"，如《人民日报》公开发表"人民时评"批评广州市政府在番禺垃圾焚烧站的选址上"千里走单骑"，但隶属广州市委、市政府的《广州日报》却还在帮广州市政府说话。此外，就算是同一家媒体，刚开始站在位于弱势地位的公众一边，为他们鼓与呼，可是没过几天突然转向，痛斥、责备、声讨公众的行径是"非法集会、扰乱社会治安、不利于社会和谐稳定、不利于安定团结、不利于长治久安"等等。作为草根媒体和自媒体的微博却少了传统媒体这种出于隶属关系或宣传政策方面的顾虑，微博在公共事件上的立场，其实就是微博上公众的立场，是每一个公众立场的"平均值"。这种公平性是传统媒体无法望其项背的。这也是为什么，许多公众选择在微博上发布或讨论公共事件，并将其作为公众参与的动员平台和公私权力博弈场的原因。

二、微博公共事件中公私权力博弈的过程

在许多微博公共事件中，各方力量的博弈就像几个人在明里或暗里的较劲，一旦这种均衡状态被打破，这几个人便只能拳脚相加，大打出手。同样的道理，在公私权力的博弈中，这种博弈出现明显失衡或导致博弈的天平明显倾向公权力一方，处于弱势地位的私权力便会冲破博弈的游戏规则，寻求群体性力量的加入或过激行为的发泄。如果公众参与受到不满情绪的促使和过激事件的激发，还常常会导致群体性事件甚至恶性群体性事件的发生。当然，这种公私权力博弈的过程是一个动态的、持续的过程，而不是一触即发、一蹴即就就能完成。一般说来，这种博弈过程要经历如下几个阶段：

（一）"导火索"引爆公私权力博弈

"任何个案问题都具备成为引发为群体性危机事件的可能，尤其是在 48

小时内。"[1] 无论事件升级拐点在导火索事件的发生及其初期还是事件升级拐点在导火索事件发展尾声阶段，都有可能引爆公私权力的博弈，让公私权力在微博公共事件中变成"针锋相对"。

2011年6月11日发生的"增城事件"（又称"广州增城大敦村聚众滋事事件"）便是"导火索"引爆公私权力博弈并使微博公共事件向恶性群体性事件转化的一个典型案例，在珠三角等地具有代表性。2010年11月底发生的广东佛山市仙涌村因拆迁而发生的"冲突事件"、2011年6月6日晚发生的广东潮州市古巷镇因民工讨薪反被斩断手脚筋引发近万名外省民工和千余名防暴警察冲突的"潮州群体性事件"、2011年9月21日，广东陆丰市东海镇乌坎村村民因不满土地出让及村民选举等问题引发的村民聚众滋事、打砸的"乌坎村事件"在引爆公私权力博弈这个方面，都可与"增城事件"归于一类。

2011年10日21时许，20岁的孕妇、四川开江县人王联梅挺着大肚子与同是四川开江县人的丈夫唐学才像往常一样入夜后在增城市大敦村摆摊卖服装，被治保人员推倒。此事成了引发持续3天的大规模恶性群体性事件的"导火索"。为什么一件简单的纠纷案会引发连续3天的聚众滋事事件？增城市政府提到了"谣言"与"别有用心的不法分子"，时任广州市市长的万庆良等领导称，"打死人"的谣言，经网络传播，蛊惑了人心；部分不法分子有组织的带头闹事与挑拨，加大了维稳的难度。就此，增城警方14日将在网上散布"孕妇老公被活活打死"的陈某抓获。从"增城事件"中我们可以发现，"孕妇被打"是事件是"导火索"，但经由微博等途径传播的"孕妇老公被活活打死"等谣言便是点燃导火索的火星。而此前的"潮州群体性事件"的官方通报中也出现了"不明真相的民工"等词句，我们因此可以得出一个推论：在此类群体性事件还处于导火索事件阶段，绝大多数都伴随有谣言的传播，谣言是直接点燃导火索的"星星之火"或者是在给导火索"火上浇油"。

（二）公权力在博弈中的强权或失策导致事件升级

再反观"增城事件"、"潮州群体性事件"等此类微博公共事件，我们可以发现事件处于"导火索阶段"时，政府等有关部门代表的公权力在力量博弈中的强权或失策让潜伏的私权力突破安全"阀门"，导致事件升级，如政府封锁信息，信源不足，导致谣言四起并扰乱视听，大量不明群众因而被煽动。事

---

1. 林炜双，肖永鸿等. 网络群体性事件的逻辑——基于珠三角的调研, 中山大学, 2011. 广州：十一届"挑战杯"广东大学生课外学术科技作品竞赛二等奖作品, 2011

件最初只是一个非常简单的治安事件、执法纠纷或刑事案件，但经个别人煽动，口口相传传播之下，事件起因严重失真，矛盾对立化，致使卷入大量不明真相的群众，使事态上升为群体性攻击政府事件。在"导火索"事件整个处理过程中，地方媒体、网络等信息的封锁或没有及时发布消息，使居住在当地外来工和群众缺乏正面信息来源，政府部门便也失去了对他们的公众参与行为加以引导的宝贵机会。当地有政府部门的领导第一时间出现在导火索事件现场与参与事件的公众对话以及部署工作本应属于积极、正确的事件应对举措，但却因危机中信息传播策略的失误、信息传播方与信息接受方之间的误解太深失去了传播行为产生效果的最起码的信任基础（如公众将政府部门领导的解释当成"谣言"）以及公众的逆反心理，政府部门领导与公众的对话"反而为危机升级提供了滋生的温床"[1]。

据《东方早报》报道，在"增城事件"发展之初，就有人在传"增城四川老乡会"在"带头闹"，其至有人发微博说，"增城四川老乡会"奖励打死一个警察的人 50 万元。不过，这些说法尚无法考证，增城市政府也没有就这一细节进行通报。但是这些无法得到考评的"说法"却反映出"增城事件"的一大"群众基础"便是外来工与本地居民的长期对立和矛盾，这种对立和矛盾涉及社会地位、收入分配、语言习俗、日常管理、人口数量（在珠三角地区很多地方，外来务工人员的人数远远反超本地户籍居民数量）等许多方面，而且由来以久，很多处于潜伏状态的矛盾冲突已达临界点，一旦有外界突发事件成为"导火索"便会一触即发。这种外来工与本地人的对立冲突便是微博公共事件升级、演变的根本原因，而且往往涉及到收入分配、人格尊严等公众的基本利益和长远利益，地方政府有关部门根本无法在短时间内作出正面明确解释或回应，公众神经便更为敏感。在"增城事件"这些案例中，政府危机传播控制策略的失误，与没有认知到涉及公众根本利益问题的解决有关，而这种涉及公众根本利益问题的解决涉及到经济制度和社会管理等许多方面的深层次的问题，又非地方政府领导一朝一夕的许诺便可奏效。在有些地方，尤其是外来工聚集地区或偏远农村，群众在面对基本利益受损时作出让步的可能性很低，反而极易迅速抱团，产生"集体抗争效应"[2]，这正是煽动不明真相的公众参与的"不

---

1. 林炜双,肖永鸿等.网络群体性事件的逻辑——基于珠三角的调研,中山大学,2011.广州：十一届"挑战杯"广东大学生课外学术科技作品竞赛二等奖作品，2011

2. 同上

法分子"迫切加以利用的"集体心理"。煽动初期，公众会尝试寻求多方信息求证。但若遇上政府信息封锁或发布滞后，缺乏正面信息引导，使谣言成为公众信息获取的主要渠道时，普通公共事件升级、演变成恶性群体性事件将难以避免。在2009年底发生的"广州番禺垃圾焚烧事件"的早期，同"增城事件"等事件一样，也存在公权力在力量博弈中的强权或失策的问题。

"增城事件"等群体性事件的频发，有一个重要原因便是公众话语权和表达意识的增强。同时，由于当下正处于社会转型期，许多公众普通存在对公权力的不信任感，对公权力倡导的社会主流规范也缺乏认同感和归属感。而政府的危机传播策略是舆情管理中的一个难点，也是政府执政能力的一大指标。武汉大学沈阳教授总结政府应对舆情危机的三大弊病是："信息不透明，手段不科学，态度不诚恳"。 面对民生问题中的种种质疑，政府有关部门的回应却常常让人觉得"雾里看花"，在回应一些民生问题时经常"避重就轻"。沈阳教授举例称，在"富士康爆炸"、"中石化百万酒单"等与企业有关的公共事件中，政府部门不但未能作为公正的第三方角色介入调查，反而成为企业及个人信誉危机的"买单人"。公众从"西安本科生违规参与高考阅卷"、"清华真维斯楼"等与教育有关的公共事件中，根据官方一贯的回应态度总结出"官方否认三部曲"：矢口否认、被迫承认、"无害化"处理。"在信息高度流通的网络环境下，政府的说辞简直一戳即破，对增强民众对政府的信任感毫无裨益，倒添反感。"[1]

就此，本书选取"深圳富士康连跳事件"和"广州番禺垃圾焚烧事件"这两个在珠三角升级转型过程中具有典型性的公共事件为例来进行分析。这两个事件都具有发生在珠三角中心城市、时间跨度长、属于底层权益抗争问题、微博等新媒体和传统媒体共同关注度高等共同特点。这两个案例当中都存在三个主要的利益相关方，即为政府、企业以及公众。两个案例中都存在指向政府公权力的焦点问题，如"富士康连跳事件"中的新生代农民工问题、"番禺垃圾焚烧事件"中的官商勾结问题等等。相关政府部门在对这两起公共事件的处理过程中采用不同的危机传播策略也导致两起事件的截然不同的进展和结果，因而将这两起地缘相近、焦点相似、性质相同的事件放在一起进行对比显得格外有意义。

---

1. 沈阳. 2011 年 2 季度网络舆情和微博问政报告. 新浪微博微盘，2011-07-15，http://vdisk. weibo.com/s/uaga/1311732390?sudaref=www.baidu.com

1. "深圳富士康连跳事件"中政府中立、客观、主动的危机传播策略让事件沿着可控的方向发展，实现了将"恶性"指标降低到最低限度的政府预期目的。

富士康作为代工企业，连跳事件现象反映出社会转型过程中劳资矛盾尖锐的复杂背景。2010年3、4、5月份间共有超过十起富士康员工发生跳楼自杀案件，这在社会上产生了巨大的负面影响，尤其是对本企业的其他员工，更是产生了心理阴影和精神打击的不良影响。在这种接连发生的恶性事件下，企业如何应对？富士康企业显然是应对乏力，在百般无奈之下邀请山西五台山和尚来厂里做法事，这一事件经媒体曝光后更是在舆论和公众中掀起轩然大波。企业方的应对让广大公众失望，也没有从根本上和源头上遏制住恶性事件的再次发生。这时政府方的应对策略便尤显重要。首先，深圳市有关政府部门由下至上，积极直面事件，不回避其中的政府责任。深圳市政府在2010年5月19日正式介入事件，并由副市长组织展开调研，5月22日由市政府新闻办公室发布第一次公开工作进展以及协助企业内部管理的信息。5月26日，深圳市政府新闻发言人就事件缘由发表公开解释。同日，国务院台办例行新闻发表会上也就事件做出表态。次日，中央部委派专项小组到场调查，此后事件一直受到广东省委以中央有关部委的高度重视。6月12日，国台办新闻发言人就此事件再次公开解释，事件整体告一段落。在此期间，有关政府部门多次提到"处理好新生代农民工问题是时代给予政府的新使命，刻不容缓"等从深层次上解决"深圳富士康连跳事件"的应对举措。其次，政府有关部门运用新闻发言人制度，持续性地保持信息沟通。综观整个事件的发展，政府方面一直能及时、连续地运用"政府新闻发言人制度"与包括媒体在内的社会各方保持信息沟通，使自身成为媒体以及公众的主要信息源，使得造谣、煽动等负面传播行为无法得逞，有效地避免了社会矛盾升级、恶化现象的出现。可以说，"富士康连跳事件"是政府有关部门恰当、合理运用传播策略实现有效危机应对的一个正面例子。

2. "番禺垃圾焚烧厂事件"中由于政府没有恰当、合理运用传播策略，没有很好的实现危机应对和掌控。

从2009年9月23日至12月21日，番禺垃圾焚烧厂事件持续占据了舆论的焦点位路。但事实，事件的危机潜伏早在同年2月4日开始。番禺垃圾焚烧厂自身涉及到周围群众健康、空气土壤污染等等专业性较强、敏感度较高的问题，使得在信息传播上具有更高要求。9月23日，广州市政府副秘书长、项目主管官员第一次以"低调"姿态对外发布政府观点，但由于在专业性敏感问题上的解释不到位，致使信息的说服度以及公信度下降，不仅没能解决问题，反而使舆情不断升级，直接引发接下来一系列在互联网、微博、手机短信等新媒体辅助下的群体性维权、"散步"等恶性事件。反思这起公共事件，我们可以发现：一是政府的"低调"传播策略，致使错失危机潜伏期应对良机。整个"番禺垃圾焚烧事件"从 2009 年 2 月初就在网络上不断有关于"二噁英"等问题的讨论，危机的潜伏期长达 7 个月。但是由于有关政府部门采取忽视、按压等"低调"的传播策略，使得广大公众心中的疑惑问题一直没能得到政府方充分、合理的解释。由于涉及问题与广大公众切身利益相关，政府长时间的"低调"和"冷淡"姿态不仅不能抑制事件的升级，反而引发公众的误会、不满和反感，为公众参与的升级和公众不满情绪的集中爆发埋下了伏笔。二是公权力"化身"的代表政府出面说话的官员措辞不当，反而为事件升级推波助澜。与"温州动车追尾事件"中铁道部新闻发言人"不管你信不信，反正我是信了"等不恰当的措辞引发事件升级一样，在"番禺垃圾焚烧事件"中，广州市政府副秘书长吕志毅的不恰当言论多次成为媒体和社会舆论的"众矢之的"，尤其是他后来接受《新快报》记者采访时措辞不当，语出惊人，一时成为网上和传统媒体的舆论热点，对政府处理此起公共事件带来很不利影响。三是政府传播策略和应对举措让公众的信息需求和利益诉求都得不到较好满足时，直接导致公共事件的升级、恶化。在整个 2009 年 10 月，舆情焦点始终集中在对"番禺垃圾焚烧"项目的合理性、科学性的质疑上，但由于公众的疑惑迟迟没能得到政府方面的正面回应。这致使在接下来的 11 月份，舆论焦点从项目合理性的讨论和质疑这个"软性"议题转移到了政府决策能力、官商勾结以及"被代表"等"硬性"的政治社会议题上，舆情不断升级、恶化，并变得不可控。

（三）各方合力推动公私权力博弈深化

通过对"增城事件"、"番禺垃圾焚烧事件"等几些典型案例的分析和梳理，我们可以发现微博公共事件向恶性群体性事件演变的源头是各方合力的结果，各方合力推动着公私权力博弈的深化，甚至"白热化"。此类微博公共事件常常瞬息万变，而且有着微博和互联网的传播技术支撑，又契合当前社会转型期矛盾多发和底层话语权日益强化的社会背景。

斯梅塞尔提出的"价值累加"理论指出，集群行为在发展的每一阶段被"追加价值"，才会有集群行为的最终发生。[1]对于微博公共事件这种"发展中的事

---

1. 胡联合.群体性事件：何以发生与演化——关于群体性事件的理论及其启示.中国社会科学内部文稿，2009（3）

件"（unfolding events）[1]来说更是如此。由于是社会转型时期的"发展中的事件"，事件的发展进程往往很难在事件发展初期就能直接判断，而是"要看具体条件下，社会变革因素与保守势力之间互相角逐的现实情形"[2]，也就是说要看公权力、私权力以及相关的政治经济势力、媒体等各方力量相互博弈的情形。在事件的发展、传播过程中随时可能出现异动。广州某公安人员在接受中山大学政治系学生访谈时表示："刚开始不怎么样的讨论，却能因某一煽动性、偏激性话题或帖子、微博在短时间内以指数函数趋势爆炸式传播。"[3]

（四）公众的非理性参与推波助澜

笔者在研究中可以发现，许多微博公共事件向恶性群体性事件演变过程中都伴随着微博博主和网络网民的造谣、传谣、煽动、恶意诽谤、恶搞、傲慢、偏见、情绪失控和网络狂欢等非理性参与行为。这些公众盲目地，不加甄别地参与某些微博和网络上的议论，让现实中不理性的情绪和偏见在微博和互联网上得以扩大化，并进而诱导和推动公众的现实参与行为，为微博公共事件向恶性群体性事件推波助澜。

这种公众参与的心理特点和传播规律在笔者对有关参与"广州保卫粤语事件"和"广州番禺垃圾焚烧事件"等微博公共事件的公众进行访谈中得以证实。笔者发现，不少受访者认为在微博上发泄不满情绪"就图个好玩"或"出于好奇"，他们较少考虑自己在微博上的言论对其他公众参与行为的影响。但就是这种非理性的公众参与客观上为私权力在与公权力的博弈天平中加重了砝码。

第二节 微博维权与底层抗争

微博维权与底层抗争是微博公共事件中各方力量博弈最集中的体现。在微博维权和底层抗争事件中，各方力量的博弈不再是羞答答的，而是近乎白热化。

1. 邱林川，陈韬文. 前言：迈向新媒体事件研究. 见：邱林川，陈韬文主编. 新媒体事件研究. 北京：中国人民大学出版社，2011. 8

2. 同上

3. 林炜双，肖永鸿等. 网络群体性事件的逻辑——基于珠三角的调研，中山大学，2011. 广州：十一届"挑战杯"广东大学生课外学术科技作品竞赛二等奖作品，2011

在底层抗争事件，表现出底层公众对公权力的强烈反弹。维博维权与底层抗争的过程，也是底层公众彰显自我力量，与公权力"叫板"的过程。

一、微博维权降低公众参与公私权力博弈门槛

对底层研究（subaltern studies）近年来在国内外学界渐受关注，形成了与精英研究迥异的"底层视角"。"底层"一词从葛兰西（Gramsci A）名著《狱中札记》中的"subaltern classes"而来，意指那些从属的、被排除在主流之外的社会群体。[1] 底层研究发现了底层抗争的自主性一面，强调研究者站在底层的视角凝视底层。近两年来出现的以"宜黄拆迁自焚事件"为代表的微博维权案例，无论从哪个角度进行分析，都应该是当代中国底层社会"抗争研究"的鲜活素材，是底层社会表达渠道与话语权的一大变革。本书旨在通过对"宜黄拆迁自焚事件"等几个典型微博维权案例的维权可能性、维权效果和维权传播模式的分析，力求重现底层公众与各方力量博弈的全过程。

2010 年 9 月 10 日，钟家因其位于江西省宜黄县凤冈镇的居所拆迁问题与当地政府产生矛盾，22 岁的乡村服装销售员钟如九的母亲和两个姐姐采取自焚行动，最终酿成一死两重伤的惨剧。由于钟如九和媒体记者在微博上"直播"了宜黄县委书记率队在南昌机场围堵拆迁自焚家属、官员抢夺一自焚者遗体等部分后续进展，该事件受到社会舆论极大关注。10 月，作为对"宜黄拆迁事件"行政问责的阶段性成果，中共宜黄县委书记邱建国被免职，县长苏建国也被提名免职。

"宜黄拆迁事件"中有关责任人能在短时间内被问责，让这一典型的底层抗争事件取得明显效果，应归功于微博降低了底层民众言论表达门槛，拓宽了他们的维权诉求的表达渠道，使底层民众借助微博实现维权成为可能。汕头大学长江新闻与传播学院院长陈婉莹认为："宜黄事件是近代中国传播史上的标志性事件，在这起惨剧中，民众付出了生命，却透过微博得到惨胜。宜黄事件中的微博直播颠覆了传统媒体、改变了传媒生态。微博维权，给人们带来了微弱的希望，也推动了公民社会的成长。发表和转发微博，是言论，也是行动。"[2] 2010 年 12 月初，钟如九接受新华社记者采访时表示，她在悲剧发生后开通微博，是为使外界在第一时间了解宜黄事件的进展以及伤者的病情，并希

---

1. 查特吉. 关注底层. 读书, 2001（8）

2. 徐伟. 微博围观改变中国. 时代周报, 2010-11-26

望在无助中获得更多援助。她说，微博平台能够帮助弱势群体维护权益，让更多人听到老百姓的声音。北京大学新闻与传播学院副教授胡泳认为，微博是公民新闻的聚集地，公共话语的策源地，也是公民行动的产生地，在中国"破天荒地形成跨越地域和阶层的全国性公共领域"，因为不仅社会名人、草根民众乃至弱势群体都能在微博上发出声音，并且同样有机会获得很大回应。他说，尽管这不代表每个人都会获得同样的关注，但为个人从网络中普通的"节点"转变为"中心"提供可能。[1]笔者认为，微权降低底层公众表达维权诉求门槛的同时，也降低了底层公众参与力量博弈的门槛。通过微博"围观"，一个普通的私人性质的底层维权个案，有可能放大成为具有广泛关注度和社会影响力的公共事件，让强大的公权力"曝晒"于舆论监督的阳光之下，接受公众的"拷问"。

我们还可以通过"宜黄拆迁事件"之后的"微博直播常德警察抢尸案"更加清晰地获知微博在拓宽底层民众表达渠道、与公权力进行力量博弈方面的作用。2010年11月19日，带着债主砸了县委书记家的玻璃7天后，湖南省常德市79岁老人李连枝在家中用两条围巾上吊自杀。当晚，在并未得到家属同意的情况下，老人的遗体被当地警察从家中抢走。事件经过被李连枝的亲属用手机拍了视频。老人在中国矿业大学（北京）行政管理专业读大四的孙女熊惟艺专程从北京赶回老家，她拒绝了有些亲友抢回奶奶遗体的建议，而是决定通过上访这个法律赋予的正当权利"依法维权"。

21日下午1点，在市委信访办，熊惟艺陈述了整个事件的情况，并拿出了自己写的公开信。信中提出：一、查明死亡真相；二、惩罚抢尸者的责任；三、警察24小时监控，为何还会发生死亡事件；四、要求老人的儿子出来主持丧事；五、庄重、严肃归还遗体，并赔罪。熊惟艺的身后是三四十人的亲戚朋友。熊惟艺一直和身后的他们强调，不要闹，要遵守秩序，按程序来，不要影响正常的社会治安。一位信访办的工作人员打消了她的权威感。他说熊惟艺是小朋友，说她不懂事，还在这里瞎闹腾。熊惟艺告诉他们，自己是党员，有权利找党在常德的领导人；自己是公民，有反映情况的权利；自己也不是胡闹，是在走正常正当的程序。下午3点，熊惟艺还在信访办等待答复。她的一个伯伯赶来，告诉她，依照他的经验，等到天黑也没有意义。熊惟艺听从了这个建议。

就在熊惟艺走信访渠道"依法维权"受挫的当天下午5点，回到家中的熊惟艺陆续接到一些记者打来的电话，一些远在北京的同学也打来电话。原来在

---

1. 胡泳. 微博：看客如何实现落地？. 时代周报，2010-11-26

19 日晚，用手机拍到警察抢尸现场视频的一位亲属私下里联系了《凤凰周刊》记者邓飞。20 日清晨，邓飞在微博上开始直播"常德抢尸事件"。他称，当地政府动用警力抢尸，突破了人伦道德底线，"太匪夷所思"。熊惟艺这才知道，依靠微博这一现代传播技术，发生在她家里的这件事已经成为一个"公共事件"。21 日晚上 10 点，常德市委政法委找到死者家属，商量归还遗体的具体操作。而这一结果与熊惟艺的上访无关，却应归功于"抢尸事件"在微博上的直播。[1] 在这一案例中，微博维权成了上访"依法维权"失败之外的一项救济手段，因表达渠道受阻而无法传递出去的维权诉求最终还是通过微博发布出去，并取得了良好效果。借助微博这一平台和其背后大量公众的强大舆论，熊惟艺这个普通的百姓之家能够与市委政法委这一强势公权力实现力量博弈，而且还能够"以弱胜强"。

"我爸是李刚"、"作家谢朝平《大迁徙》一书被拘案"、"唐骏文凭造假"、"道长李一事件"、"开封农家女李盟盟因招生办失误未被大学录取"、"陕西表叔"、"广州房叔"、"上海法官涉嫖门"等事件中，均可见公众通过微博"围观"所形成的"微力量"，微博在事态发展中起到了不可轻视的作用。而《经济观察报》记者仇子明被浙江遂昌警方全国网上通缉，则是消息率先由微博披露，从而在"围观"下实现公私权力博弈，最终步入良性解决之道的经典案例。从这一系列的案例中，我们可以发现，微博让维权成为可能。

二、微博维权的实质：话语权的博弈

通过这两起"微博维权"经典案例，我们可以发现，维权者在微博维权前都经历了"以身抗争"（宜黄拆迁案）或"以法抗争"（常德警察抢尸案）的初级阶段。在维权未果后，最后通过"微博维权"取得效果。微博之所以在这两起维权案例中取得良好的效果，其实得益于微博让普通公众的话语权得以释放，并在此基础上形成公众群体共识，进而打破原本存在的信息不对称。说到底，微博维权的实质是话语权的博弈。

在传统大众传播模式中，话语权牢牢掌控在报纸、广播、电视等公共媒体手中。底层大众的声音很难通过公共媒体释放出来。在人际传播中，话语权也掌握在"意见领袖"手中。传播学理论中，意见领袖是指在人际传播网络中经

---

1. 王维维. 老人砸县委书记家后自杀，记者微博直播警察抢尸. 京华时报，2010-11-26

常为他人提供信息，同时对他人施加影响的"活跃分子"，他们在大众传播效果的形成过程中起着重要的中介或过滤的作用，由他们将信息扩散给受众，形成信息传递的两级传播。底层公众维权的意愿经过意见领袖的过滤也很难形成独立的话语权。

普通公众参与微博维权事件中的话语权博弈并能取得成功，首先体现在微博对公共社会话语空间的释放。带有鲜明"自媒体"和"每个人都是一个媒体"特征的微博改写了传统的大众传播和人际传播模式，使传播者和受众两者关系越来越模糊，传播者和受者统一，很多事件记者不再是唯一的新闻发言者，话语权正在向普通公众转移。喻国明等人认为，个人信息获取和发布能力的提高，推动了信息的自由流通，进一步消弭了前互联网社会话语权和信息传播权的中心化状态。在过去很长一段时间，传统新闻媒介被誉为社会的神经系统，作为信息流通过程中的"把关人"掌握着信息报道权和解释权，只有符合把关人价值标准的信息内容才能进入传播渠道；而作为自媒体的微博是"普通大众经由数字科技强化、与全球知识体系相连之后，一种开始理解普通大众如何提供与分享他们本身的事实、他们本身的新闻的途径"；这将意味着每个人都有可能成为影响信息传播和流动的关键节点，信息封锁和监控的成本加大，信息更加自由流通，社会的民主化进程进一步加速。[1]

其次，底层公众维权的意愿通过微博话语权的释放，经过社会网络的信息扩散，易于达成群体共识，形成一股来自草根、无形而强大的"微力量"，这是微博维权成功的另一个重要原因。微博信息通常限定于 140 个字符以内，便于手机用户转发，传播手段具有低成本和便捷性，最适合底层民众当作维权的信息发布工具。如在博客平台上，转发相对困难，博客内容除非被门户网站在主页重点推荐，一般普通受众要获知其内容也较困难。而在微博平台上，转发非常容易，信息的推荐机制也较有效。作为开放的平台，从理论上说，微博的信息传播功能具有无限延伸的可能性。海量的、不确定的微博用户在对共同关注的信息或话题进行转发和跟帖的同时，将信息资源在微博中形成凝聚力和整合力，极易形成具有较高组织程度的群体共识和群体行为，将网络信息资源直接转变成现实维权的行动资源。根据里德定律（Reed ＇s Law），"随着联网人数的增长，旨在创建群体的网络的价值呈指数级增加"。喻国明等人认为："在微博网络世界里，大量'桥'节点的存在为用户提供在不同圈子跳入跳出

1. 喻国明，欧亚，张佰明等. 微博：从嵌套性机制到盈利模式. 青年记者，2010（7 下）

的机会，从而加速了信息的流动和观念的传播。"[1]

彭兰从社会网络的角度分析认为，社会网络不仅是公民新闻活动中信息扩散的一种基本机制，也正在成为人们网络信息消费的一种结构基础。"分布式"或者说"分裂式"的信息消费模式正在形成，越来越多的网民会以某一个 SNS或微博平台为"个人门户"，将自己所需要的各种信息、服务嵌入到这种个人门户中，在这样一种个人门户里，社会网络成为他们获取信息的底层结构基础。基于社会网络的传播，与传统的大众传播，是基于完全不同的机制，其中最本质的变化，是它把人的社会关系引入到信息传播中，使社会关系成为影响信息传播效果的一个重要因素。[2]彭兰的分析揭示了微博作为底层公众维权工具取得较好效果的一个重要原因在于，它不只是单纯的信息传播活动，而将社会关系引入到信息传播中来，通过社会网络的编织，底层公众的维权诉求被逐渐强化，最终足以与公权力进行抗衡。

除了话语权的释放和群体共识的形成这两个最主要的原因之外，公众参与微博维权事件中的话语权博弈并能取得成功还有赖于微博这一独特的传播模式对增强社会信息透明度和打破信息不对称的贡献。美国耶鲁大学金融学教授陈志武认为，微博把"信息社会"这个概念推向新高，让谁都能成为新闻工作者、思想传播者，使信息来源更民主化。而微博最积极的贡献还是对公共事件的影响，为社会传递更多更真实的信息。陈志武进一步分析认为，第一，微博使得下级部门以往的欺上瞒下行为更加困难，使上级领导更能掌握下面的实际情况，降低上下级之间的信息不对称，有利于国家的治理。第二，微博使行政权力体系内的腐败行为更加艰难，因为阳光是最好的杀菌剂。第三，微博带来的信息流畅，使中国公民对社会更了解，这会提升社会理智，有利于良序社会的建立。微博会给一些违规、违法者带来不便，但这种不便对执政党、执政者和社会都是好事。[3]

微博打破了不同的社会阶层之间的信息不对称，让不同阶层之间的信息流通变得更加顺畅，尤其是弥补了信息从下往上流通体系的不足，让执政者通过微博能够获知更多的底层社会的维权诉求。美国麻省理工学院斯隆商学院黄亚生教授认为："中国的信息流通，从上至下的流通体系非常强大，从下往上也

1. 喻国明，欧亚，张佰明等. 微博：从嵌套性机制到盈利模式. 青年记者，2010（7 下）

2. 彭兰. 影响公民新闻活动的三种机制. 上海师范大学学报（哲学社会科学版），2010（4）

3. 徐伟. 微博围观改变中国. 时代周报，2010-11-26

有一些，比如内参等，但人与人的平行交流几乎没有，从下往上没有被筛选的流通也没有，微博恰恰弥补了这两个方面，它是一种去中心化的、平行的交流。上微博让我觉得中国人的公民意识在觉醒，微博的网友在共同关注一些公共事件时，也会增加他们的行动勇气。体制内部的人接受到的信息也是经过筛选的，微博的作用是使体制内部的人掌握更多的信息。"[1]

三、微博维权：当代中国社会底层抗争的一种全新手段和模式

底层抗争是底层社会研究的一个重要内容，是社会学意义上的社会运动研究的重要组成部分。而以往的底层抗争研究多侧重于抗争内容与形式的定性研究，多从社会学上进行逻辑建构，而较为忽略底层抗争的传播手段和传播方式，缺乏传播学的视角分析。

李连江和欧博文在研究当代中国农民的维权抗争行动时，由"依政策反抗"（policy-based resistance）和"合法抗争"（rightful resistance）概念发展出"依法抗争"的解释框架。这种反抗形式是一种公开的、准制度化或半制度化的形式，采用的方式主要是上访，以诉求上级政府的权威来对抗基层干部的"枉法"行为，而且它一般是以具体的"事件"为背景，主要是一种有关具体利益的抗争。[2] 像在"常德警察抢尸案"中，熊惟艺最初采用的便是"依法抗争"的模式。

于建嵘在此基础上则提出了"以法抗争"的概念。他认为，1998 年以来，农民的抗争行为主要是"以法抗争"，农民从诉求外部力量的上访请愿转向依靠自身组织起来维权。这种抗争是以具有明确政治信仰的农民利益代言人为核心，通过各种方式建立了相对稳定的社会动员网络，以县乡政府为抗争对象，是一种旨在宣示和确立农民这一社会群体抽象的"合法权益"或"公民权利"的政治性抗争。[3] 在论述当代中国工人的维权斗争时，于建嵘认为："工人奉行'以理抗争'的形式以争取自身的经济权利及其相关的民主管理权利。"[4]

徐昕通过对近年来农民工自杀式讨薪的纵贯式考察发现，农民工为维护和

---

1. 徐伟. 微博围观改变中国. 时代周报，2010-11-26

2. 李连江，欧博文. 当代中国农民的依法抗争. 见：吴国光编. 九七效应：香港与太平洋，香港：太平洋世纪研究所，1997

3. 于建嵘. 转型中国的社会冲突：对当代工农维权抗争活动的观察和分析. 领导者，2008（2）

4. 于建嵘. 当代中国农民的以法抗争：关于农民维权活动的一个解释框架. 社会学研究，2004（2）

抗争自身权利而自杀的"以死抗争"学理模式正被建构起来。在徐昕看来，"'以死抗争'的底层抗争逻辑，是行政、法律等正当、正常途径无法释解而求助无路的农民工，通过针对本人的自损行为而给他方施压，强制其接受自己提出的纠纷解决方案。"[1] 像在"宜黄拆迁案"中，钟如九的母亲和两个姐姐采取的自焚行动便是一种徐昕称之的"以死抗争"。

王洪伟通过对湖北、河南两省艾滋疫情高发区"艾滋村民"抗争的研究，发现许多艾滋村民通过政府官员、企业管理者对艾滋病的恐惧讨还属于自己的合法权益。他将他们的维权方式称之为"求助于内"的"以身抗争"的底层社会维权新模式。[2] 不过笔者认为，这种所谓的"以身抗争"有点类似维权者扬言对维权对象进行绑架、人身伤害等带有威胁性质的行为，应该归于"非法抗争"之列。

以上这些有关底层抗争的研究，几乎都侧重于对其抗争行为模式进行"定性"的研究，却很少涉及抗争者提出诉求和实施抗争所依赖的传播手段和传播模式。笔者分析认为，依靠上访请愿的"依法抗争"主要依赖的是人际传播和组织传播，由于媒体对此类上访案例都有非常严格的宣传纪律，"依法抗争"很少能够借助报纸、电视甚至互联网等大众传播手段。"以法抗争"和"以理抗争"是以利益代言人为核心，有一定的组织网络，虽然会借助报纸、电视和互联网造声势，但更多的是通过开会、发传单等人际传播和组织传播手段。"以死抗争"和"以身抗争"是一种具有威胁性质的极端维权方式，一般无需借助大众传播手段。即使事后有媒体对事件进行关注，但也不是维权之初所希望依赖的传播手段。

"微博维权"与此前早些时候出现的"网络维权"一样，同属于"求助于外"的维权方式。在微博上发布的维权诉求只要不触犯现行法律法规，也应归于"合法抗争"之列。"微博维权"是一种典型的借助大众传播手段的维权模式。维权者在传播史上第一次成为在大众传播媒介上掌握信息发布完全主动权的"传者"（此前的网络维权，维权者在互联网上发布的维权信息还需经过管理员或版主等网络把关人的审核和过滤），受众是不确定的海量的对象。"微权维权"不仅具有信息发布速度的快捷性、发布方式的便捷性和低成本，而且具有反馈

---

1. 徐昕. 为权利而自杀：转型期中国农民工的"以死抗争". 乡村中国评论，2008（2）

2. 王洪伟. 当代中国底层社会"以身抗争"的效度和限度分析——一个"艾滋村民"抗争维权的启示. 社会，2010（2）

的即时性和互动性，极易达成群体共识，形成很有社会影响力的公民新闻活动，取得良好的传播效果。因而，我们可以说，"微博维权"是当代中国底层抗争的一种全新手段和模式。随着手机在底层民众中的日益普及和底层民众维权意识的日益增强，"微权维权"还将在底层抗争中发挥更大的作用。

第六章

微博公共事件公众参与的政治效能感分析

第一节　公众参与、媒体接触与政治效能感的关系

微博公共事件公众参与是一种持续性的集群行为。一般来说，任何行为都会产生某种效果，就算是无效的行为也是一种效果。效果既是公众参与行为的目的，也是对公众参与行为进行评判的最主要的标准之一。在对微博公共事件公众参与的效果进行研究时，不能不提到"政治效能感"这一个概念。政治效能感是政治传播学中的经典概念之一，虽然本书中的公众参与不完全等同于政治参与，但是在政治传播学中有时将"公众参与公共事务"笼统地作为"政治参与"来进行研究，因而本书在这一章的分析中不妨借用"政治效能感"这一概念，只不过将"政治"作为一种包括公共事务决策、公共事件应对等内容的"大政治"来看待。本书这一节的"政治效能感"也不仅仅指公众感知自我影响政治过程的能力，还包括公众感知影响公共事务和公共事件的能力。总之，公众参与的政治效能感分析，可以作为研究微博公共事件公众参与效果的一项重要内容。

一、公众参与、媒体接触与政治效能感的概念解析

"政治效能感"（political efficacy），也可称之为政治功效感，指的

是普通公众所能感觉到的影响政治决策及运转过程的一种能力[1]，是民主社会健康运行的一个基础性指标。

政治效能感是一个多维度的概念，一般来说，政治效能感都包含内部效能（internal efficacy）和外部效能（external efficacy）这两个维度。内部效能强调公众个体对自身参与政治活动和社会公共事务能力的自我判断，也就说公众个体对自身能力的"自知之明"，因而可以称之为"自评维度"或"自测维度"。外部效能是指公众个体对政府等公权力能否对公众参与行为进行有效回应和反馈的感知，也就是说是公众个体对自身参与政治活动和社会公共事务效果的自我感知。影响外部效能的关键是公权力等作用下的公众参与效果，因而可以称为"他评维度"或"他测维度"。最近又有研究者提出政治效能感的第三个维度——集体效能（collective efficacy），[2]是指公众个体对公众作为集体力量所能取得的政治效果或社会效果的感知。集体效能强调集体参与的效果，因而也可称之为"集体维度"。

微博公共事件中的公众参与与政治效能感是一种什么样的关系？这涉及到媒体接触、公众参与与政治效能感这三个概念。所谓媒体接触，即公众阅读、收听、收看报纸、广播、电视、互联网、微博等大众媒体及参与互动的行为。具体到微博公共事件，媒体接触就是公众登录微博网站浏览阅读、编写或转发微博信息，即我们通常所说的发微博、互粉、加关注、写微博评论等行为。西方政治传播研究中形成的一个普遍共识是：媒体接触对公众参与具有显著的正向影响，媒体接触有助于提升公众对于政治知识、社会公共常识、参与机会和参与对象的认知，提高公众的参与技能，还可以提供政治协商和公共讨论的平台[3]，从而起到鼓励和促进公众参与的重要作用。陈韬文、周葆华此前对于发生在中国的典型公共事件和新媒体事件的实证研究表明，传统媒体的新闻接触对公众私下场合的政治讨论以及互联网空间上的意见表达都具有显著的正向影

1. Campbell A, et al. The Voter Decides. Westport, Connecticut: Greenwood Press, 1954. 转引自周葆华. 突发公共事件中的媒体接触、公众参与与政治效能——以"厦门PX事件"为例的经验研究. 开放时代，2011（5）

2. Lee F L F. Collective efficacy, support for democratization, and political participation in Hong Kong. International Journal of Public Opinion Research, 2005, 18（3）: 297～317. 转引自周葆华. 突发公共事件中的媒体接触、公众参与与政治效能——以"厦门PX事件"为例的经验研究. 开放时代，2011（5）

3. 周葆华. 突发公共事件中的媒体接触、公众参与与政治效能——以"厦门PX事件"为例的经验研究. 开放时代，2011（5）

响，但公众接触传统媒体新闻信息的多寡在向政府部门和传媒机构提出意见方面没有明显效果。[1]

而关于互联网新闻等新媒体接触对公众参与的影响，学术界也存在争议。多数学者发现互联网等新媒体拓宽了信息传播渠道，其即时性、草根性和双向互动性的特点，有利于公众公开表达意见和参与公共事务。但是，也有一些研究者发现，互联网等新媒体的使用减少了公众的现实社交活动和网下的人际交往，以虚拟交往互动取代现实参与活动，不仅不能促进公众参与，反而可能抑制公众的网下参与。[2]这些研究尽管囿于其研究方法、调查数据或分析模型的局限性，常常出现模棱两可、似是而非甚至前后矛盾的结果，但毕竟推翻了我们一些"想当然"的认识或常识。让我们重新思考和对待包括微博在内的新媒体在中国当前社会的"赋权"功能和"解放"意义[3]，做到具体问题具体分析和全面、发展地看待微博等新媒体对公众参与的作用。至于微博接触对公众参与究竟是具有正向影响还是负向影响，还需要我们通过一些典型的微博公共事件作进一步的实证研究。

二、公众参与、媒体接触与政治效能感的关系分析

目前西方学术界对媒体接触、公众参与与政治效能感的关系存在着不同角度甚至观点相佐的解读。许多研究者基于班杜拉的"信念—行为"（belief-behavior）模式构建了"媒体接触→政治效能感→政治参与（公众参与）"三者渐进式的理论思路，普遍认为媒体接触可以使公众获知更多的时政新闻信息与公共事务常识，加深对政治事务和公共事务的理解，从而能增强政治效能感，尤其是内部效能。政治效能感的增强又能明显地促进公众的政治参与（公众参与）。[4]"媒体接触→政治效能感→政治参与（公众参与）"三者渐进式的理论

1. Chan Joseph Man & Zhou Bao-hua. Expressive behaviors across discursive spaces and issue types in Shanghai. Asian Journal of Communication, 2011

2. Putnam R D, Bowling Alone. the Collapse and Revival of American Community. New York: Simon & Schuster, 2000

3. Yongnian Zheng. Technological Empowerment: The Internet, State, and Society in China. Redwood City: Stanford University Press, 2008

4. 周葆华. 突发公共事件中的媒体接触、公众参与与政治效能——以"厦门PX事件"为例的经验研究. 开放时代, 2011（5）

思路在"CNN 效应"[1]这一传播实践中也得到较好的印证，"类似 CNN 对海湾战争这样全球性危机事件进行'7 天 24 小时'式的不间断报道，能够激起美国国内民众和国际社会的参与意识，促使政府部门不得不采取行动"[2]。至于媒体接触与外部效能之间的关系，研究者存在较大分歧。平克勒敦（Pinkleton）等人研究发现是正关系，而纽哈根（Newhagen）却得出了两者之间是负关系的结论（这与陈韬文、周葆华基于中国场景下的实证研究结果较吻合）。在新媒体接触与政治效能感的关系方面，有关研究还刚刚起步，因而结论更为多样化。肯斯基（Kenski）等和李宽敏（Lee K. M.）的研究发现互联网政治新闻的使用对内部效能有正影响，而对外部效能没有影响；休费勒（Scheufele）等认为在控制个人背景和传统媒体使用后，互联网政治信息的使用对政治效能感没有影响。[3]这种分歧较大或截然相反的研究结论除了反映出研究方法和取样数据的差异之外，更多地表明外部效能因政府公权力运行环境以及政治体制的差异而出现不一致的现象，也表明外部效能以及政治效能感这些概念反映的是公众内心的感觉和感知，这种感觉和感知又呈现出多变性和个体差异性，具有难以精确测量和把握的特点。此外，也有一些研究者认为，媒体接触、政治效能感与政治参与三者之间的因果关系很难确定，特别是政治效能感还可能会受到公众个体参与政治事件时自身经历、感受的影响[4]。从这个角度看来，不只是政治效能感可以对公众参与产生影响，公众参与及其效果反过来也会对公众个体的政治效能感产生影响。研究者们进而指出，公众参与对政治效能感的反作用尤其适用于转型中的社会。因为在转型社会中，政治与社会变革加剧，公众参与也随之变得频繁，其参与的效果也让广大公众广受关注和感同身受，公众参与的状况和进度完全可能促使政治效能感随之发生变化。

---

1. 美国前国务卿奥尔布赖特曾经在概括 CNN 在 1991 年海湾战争中扮演的角色时提出"CNN 效应"的说法，并指出"美国外交决策乃是对媒体报道的回应"。

2. 史安斌. 媒体在公共外交中的三重角色. 公共外交季刊，2011（冬）

3. 周葆华. 突发公共事件中的媒体接触、公众参与与政治效能——以"厦门 PX 事件"为例的经验研究. 开放时代，2011（5）

4. Finkel S E. Reciprocal effects of participation on political efficacy: A panel analysis. American Journal of Political Science, 1985, 29（4）: 891～913; Finkel S E. The effects of participation on political efficacy and political support: Evidence from a West German panel. Journal of Politics, 1987, 49（2）: 441～464; Mendelsohn M, Cutler F. The effect of referendums on democratic citizens: Information, politicization, efficacy and tolerance. British Journal of Political Science, 2000（30）: 685～698

　　笔者认为，由于媒体接触与外部效能涉及公众与政府等公权力的关系、公共权力的运作方式、媒介生态、媒介管理模式和传播特性、公众参与的效果评价等复杂的关系，目前学术界还没有也难以形成统一的结论，但这丝毫不影响对微博公共事件等具体案例中的公众参与和政治效能感的关系进行分析。对诸多微博公共事件中媒体接触与政治效能感的关系不能整齐划一地作出武断的评价，在某些微博公共事件中，公众对微博的接触能激发、促进政治效能感的增加，如广州保卫粤语事件、宜黄拆迁自焚事件等；但在某些微博公共事件中，微博接触对政治效能感的影响并不明显，如一些娱乐八卦、造谣恶搞类等非政治性或低政治性微博公共事件。此外，2000 年新疆群体性事件、2011 年内蒙古赤峰群体性事件等严重危害社会稳定或国家安全的事件，虽是政治性事件，但由于过于敏感，从一开始就被政府切断了手机短信、互联网通讯等，从传播源头和传播通道上牢牢控制住了微博信息等公共信息的传播，公众的微博接触对政治效能感的影响几乎为零。此外，微博接触与政治效能感的关系也要根据微博公共事件的不同阶段来区别对待，在公共议程设置阶段，政府等公权力对事件的控制处于真空或失控阶段，公众的微博接触能极大地促进政治效能感的增强。但处于公共事件后期阶段，政府等公权力对有关该事件的公共舆论和公共传播活动进行了有效的管控，对事件的处理也已经水落石出，这个时候公众的微博接触对政治效能感的影响便显得微乎其微。至于微博公共事件的政治效能感与公众参与（或政治参与）的关系也要具体问题具体分析。一般来说，政治效能感的增强会促进公众参与（或政治参与）的积极性，但是在有些时候也有例外。抛开非政治性或低政治性的微博公共事件不谈，就是近年来新疆、内蒙古、藏区等发生的一些公共事件，虽然这类公共事件的政治效能感（无论是内部效能还是外部效能）非常强，但由于涉及民族矛盾、宗教事务和国家安全，普通公众常常避而远之，参与的积极性并不是随着公共事件政治效能感的增强而增强。

第二节　微博公共事件公众参与与政治效能感的实证研究： 以"广州保卫粤语事件"为例

　　由于"政治效能感"无论在概念上，还是评判标准、研究路径、研究方法、研究结果上都有着莫衷一是的复杂性，在这一节，本书主要以"广州保卫粤语事件"这一微博公共事件为例来进行初步研究，通过焦点小组访谈和抽样调查这两种方法入手，尝试性地解答公众参与与政治效能感这两者之间的关系问题。

一、"广州保卫粤语事件"的传播路径及媒体接触

2010年5月至6月，广州市政协针对亚运会软环境相关问题进行调研，并在其官方网站上挂出关于广州电视台播音情况的问卷调查。6月7日，一网友在微博发了"广州电视台要取消粤语"的消息，迅速在网络上疯传，最终演变成了"推普废粤"。这条微博信息在网上引起广泛关注，并聚集了一批广州本土名人或草根"意见领袖"，通过微博和媒体发表议论，其中有人提出"粤语沦陷"论。曾主持《新闻日日睇》的广州著名粤语节目主持人陈扬，在其微博上发帖呼吁市民前往市政协网站上参与这项调查投票，捍卫粤语。帖子上写道："粤语沦陷。广州TV将出现天坑！被消失的方言后面必定是被弱势化的文化。唇寒齿亡。今天可能被移走的是广州人的母语，明天您的母语也不会平安。"

7月5日，广州市政协召开常委会会议，广州市政协提案委员会副主任纪可光将一份名为《关于进一步加强亚运会软环境建设的建议》的市政协常委会专题报告提交给广州市市长万庆良。其中一份报告是《关于广州电视台综合频道应增加普通话节目播出时段的建议》，建议广州电视台综合频道或者新闻频道改为以普通话播音为基本播音用语的节目频道，或者在综合频道和新闻频道的主时段中用普通话播音。这份建议提出的背景是1988年，作为毗邻港澳的特殊地区，国家广电总局批准广州电视台用粤语播音。作为广州当地主流电视媒体的广州电视台，大部分节目都是粤语。在该台开设的9个频道中，除了一个频道是英语播音外，其他频道都很少以普通话播音，特别是综合和新闻这两个每天播出比较多的时政要闻频道都是以粤语为主，综合频道2010年1月开始将原先用普通话播音的午间新闻也改为用粤语播音。广州市政协提案委员会副主任程新生接受媒体记者采访时表示，这对听不懂粤语的外来人口获取广州的信息形成了很大障碍。他表示，广州市政协的这一建议在形成之前通过网络等多种形式调查，收回7900份问卷。[1]但调查结果显示，对于这一建议，支持者占20%，反对者80%。也就是说，近八成观众希望广州电视台继续沿用粤语播报方式。

---

1. 李溯婉，林小昭. 粤语"保卫战". 第一财经日报，2010-07-29

　　7月5日当天在广州市政协向市政府提交建议广州电视台的综合频道或新闻频道在主时段采用普通话播音的提案之前，土生土长的市政协委员、微博上人气很旺的意见领袖韩志鹏就发出微博信息："母语告急！岭南文化垂危！！！粤语何去何从或许今天见分晓！！！"一时在微博上成为广为关注的热点。资深传媒人、岭南文化研究专家、《乐叔和虾仔》的主创者之一饶原生为了关注"撑粤语"也专门开通了微博。《新周刊》执行主编封新城的一条微博"没有方言的城市是可耻的"也成了转发率最高的评论之一。广州电视台粤语主播王燕连发微博："一种语言代表一种文化，是广州人都要撑粤语。"其实，广州市政协的这一建议最初用意是为了适应来广州参与亚运会和旅游的国内外运动员和游客的语言环境需要，方便他们了解亚运和本地新闻资讯。但却被许多广州本地市民视为"推普废粤"的"形象工程"，以为政府要借机取消广州电视台综合频道等主频道的粤语播音，引发他们的不满情绪和抵制行动。很多广州本地人将这一建议理解为打压粤语、挑衅粤人文化底线。7月9日，当地媒体《羊城晚报》再添油加"火"，以《同声同气祖孙俩竟变"鸡同鸭讲"》为题报道了广州越秀区执信南路小学"封杀"粤语一事，讲述了老广州祖孙语言不通、新广州人想学粤语而无环境的经历。一些市民在微博发布信息或在网上论坛上发帖表示抗议并号召举行时下流行的"快闪聚会"进行声援。一时在网上群情激昂、应者云集。一些包含"捍卫粤语"元素的视觉艺术和音乐作品也在极短的时间内被创作出来，并在微博和互联网上广为传播。7月11日下午，几十名广州本土年轻人通过微博和互联网联系，自发聚集在市政府门前的人民公园，合唱了几首粤语歌，以表示呼吁关注粤语和广州文化的生存与发展环境，引起媒体广泛关注。也有网民召集组织猜粤语歇后语之类的游戏，表达对粤语文化的支持。7月11日晚8时，南方电视台"今日最新闻"节目设置投票"粤语真的岌岌可危吗？"不到半小时，5000多观众投票说"是"。

　　虽然迫于网上强烈的舆论压力广州市政协和广州市委、市政府主要领导人立即出面回应作出解释。7月19日，广州市市委副书记苏志佳出面接受记者采访公开表态称，广州市委、市政府从来就不曾有过"废除粤语"、"弱化粤语"的想法，而且认为，在建设国家中心城市以及弘扬岭南文化的过程中，推广普通话与保护方言不但没有矛盾，还可以相得益彰。一些学术界的专家也加入进来帮助澄清这场争论中存在的误读。尽管如此，但是"保卫粤语"的讨论仍然在广大公众的"激情"参与之下，按照自己原有的轨迹我行我素地向前推进，并有愈演愈烈之势，从表面的语言之争透露出对本土文化被弱化的担忧。在这场争论中，表现得最活跃的恰恰是伴随着"推广普通话"而成长、能说流利普通话的广州青年。一份"何为广州文化灵魂"的调查显示，在广州居住10年以上、年龄在35岁以下者当中，超过65％的人认为"讲粤语、逛花街、煲老火汤、喝凉茶"等"民俗文化"最能代表广州文化，而超过63％的人对广州文化最大的担忧是"民俗文化渐渐消失"。一些网友表示，广州正在大规模进行旧城区的改建和整饰工程，一些带着市民回忆的老街老巷逐渐消失，代表着岭南文化符号的骑楼、西关大屋被高楼大厦取代，传统粤曲被年青一代抛弃，粤式茶楼改建成了现代酒楼，一批百年老字号慢慢消失，岭南画派、岭南工艺、岭南盆景等也渐渐失去了传承，这些一再给人们敲响了"警钟"。[1]

南方电视台著名粤语主持人彭彭、广州电视台《潮爆粤语》主演及编剧郑琨等公开接受媒体采访高调支持"保卫粤语"活动。[2]由广州本地的传统媒体《新快报》阳光社区联合广东华文国学研究院志仁茶馆、广州本土网、六合创库文化传播、广东话剧研究会、我乐网等机构主办的"粤语文化周"于7月20日开幕，请来本土文化推广专家饶原生、郑琨、彭嘉志、叶冠华等为市民街坊开讲，受到广大市民读者的关注和热情参与。由《新快报》阳光社区联合广东话剧研究会、广州本土网等举办的"创意粤语迎亚运"系列活动，也吸引了不少广州文化名人、读者和年轻人参加，粤语的独特魅力通过小品、相声、歌曲、讲古等方式充分展示。活动中大家用粤语呼喊的"亚运唔少得加油，广州至紧要开心"口号，更在网络上传为佳话。而正在这期间举行的"岭南十大文化名片"评选中，原本不在候选项目之内的粤语以超过100万张票高居榜首。"保卫粤语"的讨论还波及广东全省广府文化圈以及港澳甚至加拿大、美国和澳大利亚等粤语移民较多的国家和地区。在香港报刊及美国《时代》周刊、英国《卫报》等主流媒体上都有对此事的报道。这场主要在和微博和互联网上开展的有关"保卫粤语"的线上讨论最后还演变成了线下的实际行动。

作为广州市委机关报的《广州日报》被官方授意在7月25日头版发表题为《"'推普废粤'纯属子虚乌有"》的评论员文章。但当天下午，广州江南西地铁口发生了上千人聚集呼吁"保卫粤语"的事件，参与聚会者多为80后、

---

1. 车晓蕙，郑天虹，赖雨晨．"粤普"语言之争的背后——一场文化多元化"保卫战"．新华社广州7月28日电
2. 谢源源．齐撑粤语，名人草根"微"观．新快报，2010-12-29

90 后的青年人。为此大量警察出动。"据目击者称，7月25日下午三点左右，陆续有人在江南西地铁口附近聚集抗议，闻讯而来的警察不断劝说围观者散去，但未见成效。随后人群越集越众，警方则加强戒备，对江南西地铁口附近的路段进行封锁。目击者估计有数百名警力出动，几十台警车停留在现场。据《财经》杂志报道，当日聚会的通知多日前已在豆瓣网、广州本地以年轻人为主的网络社区传播，并获有关方面关注。7月23日，相关论坛出现聚会取消的'通知'。但这并未影响广州人自发前往。尽管并未有聚会组织者，不少人还是有备而来，高擎标语表明'捍卫粤语'。相关标语包括'推普（推广普通话）机出没注意'、'广府话起锚'和'煲冬瓜收皮'（普通话省省吧）等。当晚18时许，天色渐暗，并飘起小雨，不少人撑伞坚持，后人群逐渐散去。整个过程中，警方和聚会者都保持相对克制，双方并未发生严重冲突。"[1] "保卫粤语"的讨论就这样由微博和网上论坛上产生的"星星之火"，蔓延到传统媒体，最后"燎原"成线下公众的群体性抗议行动。

公众线下群体性行动3天后的7月28日，广州市政府专门召开新闻发布会公开宣称，"推普废粤"是个"伪命题"，纯属子虚乌有。[2]而在此前，广州电视台早已作出回应，表示该台目前普通话和粤语兼容的现状有历史原因和现实需要，并经国家批准，并没有变动的考虑。广州市政协也出面辟谣。事情发展到这里，"保卫粤语事件"的公众参与取得阶段性成果。政府有关部门也在热切地期待着公众参与可以从此冷却降温。但是事实上，公众在微博和网上的参与激情仍没有减退，在微博和网上意见领袖的鼓动下，不断有公众加入进来，并且出现网络"狂欢"和失控的趋势。8月1日下午，"保卫粤语事件"发展到了最高潮——在广州市多个地段同一时段出现较大规模公众集会、散步现象，警方随之强力介入。第二天，广州市公安局新闻办公室向媒体通报，"8.1事件"属于非法集会。随后，微博及互联网上发微博、发帖等公众线上参与行为也遭受政府有关部门的严密管控。至此，在政府公权力的强制介入下，"广州保卫粤语事件"宣告告一段落，公众参与与媒体接触也逐渐"销声匿迹"。

"保卫粤语事件"不算事件的潜伏期即2010年5、6月开展的"亚运软环境"网络调研，从事件的导火线即7月5日广州市政协提案"建议广州电视台

1. 胡剑龙. 广州街头千人"保卫粤语". 财经网，2010-07-26，http://www.caijing.com.cn/2010-07-26/110486123.html

2. 李溯婉，林小昭. 粤语"保卫战". 第一财经日报，2010-07-29

综合频道和新闻频道改为普通话播出，并开设另设粤语频道"，到事件的高潮即8月1日下午公众在多个地段同一时段出现集会、散步现象为止，整个事件持续将近一个月。整个事件的传播路径及公众媒体接触如表2：

时间	事件	传统媒体		新媒体	公众参与
2010年5、6月	市政协网络调研广州电视台是否改为普通话播音？陈扬等人发微博呼吁"捍卫粤语"	/		微博、论坛开始讨论	公众参与潜伏期
7月5日	市政协提案建议广州电视台综合频道和新闻频道改为普通话播出，并另设粤语频道	当地媒体报道		以微博、论坛、各大网站为主的社会舆论热议	公众参与事件的导火线
7月11日	数十名广州青年通过微博和互联网聚集在人民公园，合唱粤语歌	新华社等媒体报道		以微博、论坛、各大网站热议	公众参与逐渐进入高潮，网络公共事件开始形成
7月19日	广州市委副书记苏志佳接受媒体采访时称，"推普废粤"并不存在	当地媒体采访，官方首次公开解释	人民日报、广州日报、羊城晚报等以社论的形式，强调"推普废粤"属于误读	意见领袖出现，观点迅速获得微博网友和网民的认同与跟从。	公众线上参与进入白热化
7月25日	近千人聚集在江南西地铁站，高举标语，并通过行为艺术进行保护地方语言的宣传	/		通过微博、豆瓣、社区论坛等发帖号召	事件首次从网络公共事件向线下群体性事件转变
7月28日	市政府召开新闻发布会，重申未有"推普废粤"之意	/		网络舆论开始呈现多种观点碰撞、平衡之势	公众参与阵营出现分化
8月1日	广州市多个地方同一时段出现集会、散步等群体性事件。警方介入	/		网民以"保卫粤语"为名，发起"省港澳10万人联合大行动"	公众参与事件进入高潮
8月2日	市公安局新闻办公室向媒体通报，8.1事件属于非法集会	官方定性及处理，媒体纷纷报道，并呼吁市民不要信谣		微博、网络被管控	公众参与进入消寂期

表2："保卫粤语"事件的传播路径及公众媒体接触

二、"广州保卫粤语事件"的选题意义及研究方法

为何选择"广州保卫粤语事件"作为本书的研究范例呢？主要有如下三个方面原因：其一，这一事件公众参与度高，参与范围广泛，参与形式也较为多样，既有公众的线上参与，也有公众的线下参与，甚至集会抗议等较为极端的参与行动。其二，这一事件的媒体接触较为典型，传统媒体和微博、互联网等新媒体竞相报道，并相互角力，公众的媒体接触不仅面广，而且量大，可以很好地分析事件中不同的媒体接触对公众参与、政治效能感的影响。其三，这一事件通过公众参与和各方力量博弈之后，最终促成政府决策被改变。这种由底层公众参与并改变政府决策治理的例子中在中国并不多见，是近年来互联网政治参与、新媒体政治参与的典型案例，从中可以很好地考察公众参与与政治效能感之间的关系。

在研究方法上，主要采用焦点小组访谈的研究方法。采用这种研究方法主要有如下几个方面的考虑：首先、政治效能感主要涉及公众对自身参与行为影响政治能力的一种感觉或感知，这种感觉或感知受到社会环境、心理状态以及个体认知敏感度等因素的影响，难以进行准确的量化测量和统计。因而相比较于问卷调查等量化测量，焦点小组访谈这种质化访谈的方法可以更为科学、真实、直观地反映公众的政治效能感。其次，笔者多年来一直在广东某家主流媒体担任记者，直接参与了"广州保卫粤语事件"的采访报道工作，对参与"广州保卫粤语事件"的几十名公众进行的面对面的访谈为本书进行公共事件公众效能研究提供了许多第一手的资料、数据和感受。再次，公众参与与政治效能感的关系是一种受到社会制度、传播模式、族群文化等多方因素影响和制约的复杂关系，其重点不在于通过量化分析解释它们之间的因果关系，而是需要通过焦点小组访谈等质化分析来揭示参与者的参与动机、参与目的、参与意义等参与行为背后蕴含的深层次含义。量化分析可以得出某一个量化结论，但是却难以解释公众在媒体接触、参与行为中政治效能感形成时渐进、微妙的过程以及揭示这种过程背后深度的社会意义，"缺少对经验测量背后具体机制的发掘和文化意义的追寻"[1]。而遵循建构主义传统的焦点小组访谈方法"允许研究者观察人们通过日常语言建构和协商分享性意义的过程"[2]，可以揭示公众"对某

---

1. 周葆华. 新媒体事件中的网络参与和政治功效感. 见邱林川, 陈韬文主编. 新媒体事件研究. 北京：中国人民大学出版社，2011. 225

2. Gamson W. Talking Politics. New York：Cambridge University Press, 1992. 17

一事件或社会运动解读的方式、过程和结果，本身就是社会运动、公民参与研究中极其重要的一种路径"。[1] 最后，像"广州保卫粤语事件"等微博公共事件中的公众参与是一种典型的"公民行动"，也体现出"公民文化"的特点，他们对于政治效能感的感知较为明显地烙上了"集体记忆"的印痕，公众在参与行为中共同塑造着"集体共识"。这样触及广大公众心灵深处的"集体记忆"和"集体共识"很难用简单划一的调查问卷完整而真实地呈现出来。再加上"政治效能感"这一来自西方的纯学术概念，对于广大中国公众来说，还存在一个消化吸收和"中国化"的问题，远非量化调查能够真实反映。在面对面的、直观的、感性的访谈、讨论甚至辩论中反而能够更好的展现出中国公众在参与行为中这种政治效能感的形成过程和"中国特色"。

　　具体来说，笔者利用身为广州某媒体记者的工作便利，通过集会现场主动寻找、微博上发私信、网络论坛上跟帖留言、朋友或熟人介绍等方式，再经过抽样挑选，最终邀请了其中的 26 个公众，在 2010 年 7 月、8 月两个月内组织了 6 场焦点小组访谈，这 6 场小组访谈有 3 场是采用面对面的交流讨论形式，另有 3 场是在 QQ 群上匿名开展。这 26 个参与访谈的公众既有以粤语为母语的广州本地原住民，即俗称的"广府人"[2]（10 人），也有操潮汕方言、客家方言的广州居民（6 人），还有原籍外省的新广州人（10 人）。其中男性 15 人，女性 11 人；20-30 岁的 9 人，31-40 岁的 10 人，41 岁以上的 7 人；职业有医生、教师、工程师、文化学者、律师等专业人士（6 人），私营企业主或个体工商业主（5 人），文艺工作者及自由职业者（5 人），无业或退休人员（4 人），媒体从业者（3 人），在读大学生（2 人），机关事业单位公务员/职员（1 人）。除 2 人既不上微博也不上网、6 人上网不上微博外，其余均为微博客或网民。详见表 3：

---

1. 周葆华. 新媒体事件中的网络参与和政治功效感. 见邱林川，陈韬文主编. 新媒体事件研究. 北京：中国人民大学出版社，2011. 225

2. 广府人，即为广府民系，有狭义、广义之分。狭义的广府民系是指口语中的"广府人"，以广州为中心分布于珠三角及周边地区，以粤语广府片为母语，以珠玑巷为民系认同，有着自己独特文化、语言、风俗、建筑风格的汉族民系。广义的广府民系则包括全广东甚至所有地区的粤语族群。

代号	性别	年龄	籍贯及母语	职业	线上参与	线下参与
A	男	37	东莞，粤语	自由撰稿人	较积极	较积极
B	男	49	顺德，粤语	无业（下岗职工）	不上网，不上微博	较积极
C	男	32	长沙，长沙话	私营企业主	上网不上微博，无参与	基本没有
D	男	20	大连，东北话	个体工商业主	较积极	基本没有
E	男	55	广州，粤语	作家	较积极	较积极
F	女	68	广州，粤语	退休	上网不上微博有所参与	基本没有
G	男	30	开封，河南话	个体工商业主	有所参与	基本没有
H	女	34	江门，粤语	公务员	上网不上微博有所参与	基本没有
I	男	71	南海，粤语	退休	不上网，不上微博	一般
J	男	29	汕头，潮汕话	大学教师	较积极	一般
K	男	38	河源，客家话	工程师	有所参与	基本没有
L	男	53	赣州，客家话	媒体从业者	积极	积极
M	女	31	广州，粤语	媒体从业者	积极	较积极
N	女	22	西安，陕西话	在读大学生	积极	基本没有
O	女	33	广州，粤语	粤剧演员	积极	积极
P	男	62	中山，粤语	退休	较积极	积极
Q	女	42	成都，四川话	自由撰稿人	积极	基本没有
R	男	35	梅州，客家话	医生	上网不上微博，无参与	基本没有
S	女	27	北京，普通话	舞蹈演员	积极	基本没有
T	女	35	武汉，武汉话	媒体从业者	有所参与	一般
U	男	39	汕尾，客家话	文化学者	上网，较积极	基本没有
V	女	24	上海，上海话	网店店主	上网上微博，无参与	基本没有
W	男	29	南昌，南昌话	律师	上网，有所参与	一般
X	男	34	衡阳，衡阳话	律师	积极	基本没有
Y	女	21	广州，普通话	在读大学生	较积极	较积极
Z	女	25	广州，客家话	网店店主	较积极	一般

表3：焦点小组访谈对象基本情况一览表

　　所有访谈都由笔者负责主持，平均每场访谈时间在2小时以上。在访谈中，笔者引导访谈参与者围绕下列问题自由发表看法并展开集体讨论：

1. 个人背景和对广州市政协提案的一般看法以及对"广州保卫粤语事件"中自身影响政府决策能力（内部效能）、政府回应（外部效能）和集体力量（集体效能）的看法，以及对事件中个人权力感是否得到提升的判断。

2. "广州保卫粤语事件"的媒体接触情况，尤其对微博、互联网等新媒体的作用进行分析；

3. "广州保卫粤语事件"的参与过程，以及参与的动机或不参与的考虑因素；

4. 对"广州保卫粤语事件"最终结果的评判以及对这一事件的影响的看法。

三、"广州保卫粤语事件"案例的研究发现

（一）总体印象

在 6 场焦点小组访谈中，笔者总体印象是绝大多数的访谈参与者都能公开自由表达自己参与公共事件、媒体接触和政治效能感的真实想法。虽然政治效能感是来源于西方政治学的一个专用术语，但是绝大多数访谈参与者能较为清晰地阐述他们对于政治运作、政府公共管理和自身权利义务关系的看法，只有极少数年纪较大或文化程度较低的访谈参与者会在讨论"政治效能感"时出现"不知所云"的交流障碍。

此外，笔者在访谈中另一个突出印象是大多数的访谈参与者对自身工作、生活环境的关注度、对自身维权意识、对参与政府和公共事务管理的民主意识以及对自身族群的文化认同感都非常强烈。例如绝大多数以粤语为母语的访谈参与者都强调"粤语构建了广府人的文化身份认同，广州电视台的粤语播音是这种文化身份认同的一个标志"，令笔者感到有些意外的是超过半数的不以粤语为母语的外来居民也对广府居民对粤语的文化身份认同感表示尊重，并公开支持广州电视台的粤语播音。

（二）内部效能

在访谈中，当被问起个人在公共事件中影响政府决策的能力（即内部效能）时，超过七成的访谈参与者会表示个人的能力非常微弱，有的访谈者还悲观地表示"个人对政治的影响力几乎是零"。有访谈参与者举出了他本人此前走信访程序寻求解决单位集资房产权问题，但结果是不了了之：

上世纪 80 年代末，厂里开始集资建房解决我们职工住房难问题。我们职工们东借西凑借了几万块钱交给了单位。后来房子盖好了，大家兴高采烈地搬进去，也没有考虑什么房产权的问题。后来工厂倒闭了，卖掉了，我们也下岗了。

但是我们集资房的房产证问题迟迟解决不了。有些职工去世了，政府还要求收回他们的房，不让他们老伴和子女住。我们多次去政府部门信访、上访，但都以"历史遗留问题"、"当时单位集资建房不符合国家有关政策"等为由，几个单位互相扯皮，现在工厂不存在了，原来的上级主管部门也没有了，厂里的地都卖给开发商了。怎么办？办有耗着，或者放弃。（B，男，49岁，下岗职工）

也有访谈参与者以个人反映增设公交车站问题，最终只有诉诸"关系"为例说明个人对政府公共决策和公共管理的影响"几乎是零"：

我们单位宿舍区有近千户居民，再加上旁边其他单位的居民，人口好几千了。但是门口多年来没有设公交车站，而宿舍大门口离最近的公交车站至少有两千多米远。家里小孙子每天搭公交车上下学，我和老伴去医院看过病很不方便。我多次向交委反映在宿舍区附近增设一个公交车站，但没有人理。找居委会出面协调，也没用。后来我打了电视台报料电话，电视台也来报道了，但是也不管用。最后没办法了，我托人找了交委一个处长的私人关系才解决了这事。看来，普通老百姓对政府部门根本没有什么影响力，还是找"关系"最管用。（F，女，68岁，退休职工）

但是在访谈中，媒体从业人员、律师、文化学者和在读大学生这三类访谈参与者对个人参与政治和影响政府决策的能力较为自信，都不同程度表示对自身"内部效能"的信心。像一位在报社担任时政记者的访谈参与者以多次为自己和他人成功维权为例说明"内部效能"的增强。

笔者在访谈中发现这样一个与内部效能相关的趋势性现象：内部效能与职业、年龄和学历密切相关，并表现出较大的个体差异性。一般来说，媒体、政府、律师等社会影响力较大、话语权较大或相对强势行业从业人员的内部效能明显高于个体工商户、退休人员、下岗职工等社会影响力较小、话语权较小或相对弱势行业的从业人员。年轻人比年纪大的人内部效能高。学历高的比学历低的内部效能高。

（三）外部效能

说起外部效能，也就是政府部门对公众参与能否有效回应的感知，笔者发现在访谈中也是接近八成的参与者表示外部效能较弱，这个比例与内部效能基本相同。笔者还发现，访谈参与对外部效能的看法与他们的内部效能密切相关，外部效能与内部效能呈正相关关系，也就是说内部效能较强的人外部效能也相对较强，反之亦然。内部效能较弱的人，如个体工商户、退休人员、下岗职工等对政府回应公众参与的感知较为模糊，他们都强调"一切权力在政府"，有关公共政策出台和公共事务决策的权力高度集中在政府部门，普通公众的参与对政府的影响力非常微弱。一旦政府敲定的事，公众试图通过上访、写信提建议等正常途径去改变政府决策，几乎是"做无用功"。而内部效能较强的人，如媒体从业者、律师、文化学者等公众参与影响政府决策充满信心，也以他们身边大量的因公众参与而改变政府决策或维护公众权益的事例来说明，政府对公众参与的回应是"看得见、摸得着"的，而且这种回应的效率和频率都在上升。

一位曾在珠三角地区为大量农民工担任维权任务的律师在访谈中认为，政府对公众参与的回应正在进向正常化和日常化：

我每年都要接手广州、东莞、深圳等地上百单农民工维权的案子，有欠薪的，有欠社保的，有拖欠伤残金的，也有政府部门不作为的。这些案子一经我们发律师函或向法院、劳动仲裁委员会、劳动部门或司法调解所反映，几乎绝大部门都能得到法院或政府部门的及时回应。我们在接案过程中，有时有农民工参加群体性上访，政府有关部门也能积极应对，许多案子都是当地政府部门出面垫薪或者协商调解后化解劳资纠纷的。（X，男，34 岁，律师）

笔者在访谈中发现，无论内部效能强弱的差异，几乎所有的访谈参与者都从历史纵向的角度对外部效能进行了肯定，都认为跟过去比，政府都更加重视民意，重视对公众参与政治和公共事务管理活动的回应、反馈。尤其是随着互联网和微博等新媒体的普及，政府部门电子政务的普及，官方网站和官方微博的开通都让普通公众的参与活动外部效能更强。

在访谈中，超过七成的访谈参与者政府在回应公众参与的"程序"上有了明显的进步，但在"实质"（实际问题的解决）上没有明显的进步。用一位访谈参与者的话说是："天天有回复，事事不落实。"（Q，女，42 岁，自由撰稿人）另一位访谈参与者形容这种现象是："政府答复都是'领导高度重视、正在研究、转交有关部门跟进处理'等陈词滥调，问题总是难以解决，形式大于内容。"（J，男，29 岁，大学教师）只有接近三成的访谈参与者认为政府在回应公众参与的"程度"和"实质"都取得了明显进步。

笔者在访谈中发现，访谈参与者在阐述自身对外部效能的看法时，会区分政治结构中不同的层级、不同地区、不同职能的政府部门，并区别对待。绝大多数访谈参与者较一致地认为，中央政府、广东省政府甚至广州市政府的政策是好的，出台的政策是民生的，但越往下越官僚、越缺乏效率、越脱离群众；

沿海发达地区的政府比内地落后地区的政府要更注重公众参与和公众民意，也更廉洁高效亲民；工青妇、残联、科教文卫、人大、政协等弱势、边缘政府部门比公检法司、工商、税务等强势政府部门更加重视公众民意和对公众意见的反馈。对于基层政府漠视公众民意的现象，有访谈参与者在讨论时进行了详细的阐述：

> 基层政府不是老百姓选出来的，不用对下负责，只对上负责。基层政府的官员的升迁、考核都是上级机关说了算，老百姓也不能给他们打分。所以一旦碰到什么上访的、反映情况的基层百姓，基层政府的官员大多都是阳奉阴违，互相推诿，多一事不如少一事。（N，女，22岁，在读大学生）

> 基层政府漠视公众民意其实源于政府由谁产生、对谁负责。目前中国的政治体制下，基层政府是只有管理职能，没有民主职能。但是，基层政府漠视公众民意也有一个限度，就是事情不能闹大。单一的个体反映意见，他们可以不理，但是一旦闹成了影响社会稳定的群体性事件，而且又有媒体报道后，那他们便会格外重视，想尽一切办法，息事宁人。说到底，这是集体效能大于个体的内部效能、外部效能的体现。（U，男，39岁，文化学者）

具体到"广州保卫粤语事件"中的始作俑者广州市政协，五成访谈参与者认为是"好心办坏事"，约三成访谈参与者认为是"没事找事、好大喜功"，只有约两成访谈参与者认为是"合理建议、以人为本"。在访谈中，没有参与者认为广州市政协是"官僚作风、无理取闹"。

（四）集体效能

有约七成的访谈参与者认为集体效能较强，也就是说，个人参与集体行动影响社会或政治结果的信念较为强烈。笔者在访谈中发现，集体效能与访谈参与者的内部效能和外部效能没有明确的相关关系，一些内部效能较弱的访谈参与者表现出较弱的集体效能，但另一些内部效能较弱的访谈参与者（如下岗职工、退休人员等）却能表现出较强的集体效能，而一些内部效能较强的访谈参与者表现出较强的集体效能，但另一部分内部效能较强的访谈参与者（如媒体从业人员、律师等）却表现出较弱的集体效能。这种集体效能的强弱也跟访谈参与者的年龄、职业、籍贯没有明确的相关关系。外部效能与集体效能的关系也是这样，没有表现出明确的相关度。从访谈结果看来，集体效能是一种评判公众参与政治效能感的相对独立的概念。

当这约七成被认为集体效能较强的访谈参与者被追问"为什么感觉集体效

能较强"时，他们提供的理由概括起来不外乎以下三个方面：一是"群众力量大"，什么事情一旦有公众参与进来，形成群体性事件，尤其有媒体进行报道，政府往往会更加重视。二是有公众集体参与的事情一般来说都不只是简单的个人问题，往往具有代表性，值得政府关注和加以妥善解决。三是从心理上来看，集体参与的事情，容易形成合力，可以更好地给政府施加压力，一旦出现问题，也是"罚不责众"，个体参与者可以很好地规避参与风险。

另外三成访谈参与者认为集体效能较弱的理由是五花八门，有的对整个公众参与的政治效能感都表示悲观（R，男，35岁，医生）；有的认为集体参与与个体参与相比只是形式不同而已，不会从根本上改变政府回应的态度（Z，女，25岁，网店店主）；有的认为集体参与让事情更加复杂化，反而不利于政府对个体事件的妥善解决（C，男，32岁，私营企业主）。总之，访谈对象对集体效能较弱的认知呈现较大的个体差异性，而且与他们个人经历或获知的某些个案有着很大关系。

（五）参与动机

在讨论到"广州保卫粤语事件"这一具体事件的参与动机时，从访谈参与者的表述中可以归纳为两种观点：一是对粤语和岭南本土文化弱化甚至消亡的担忧；二是对政府有关部门（广州市政协）漠视民意的愤慨。让笔者感到有些意外的是，不仅是广府籍访谈参与者，而且许多操客家话、潮汕话的广州居民或操北方方言的外省人也表达了对粤语弱化或消亡的担忧是他们参与到"广州保卫粤语事件"中来的动机。一位访谈参与者的表述从文化层面比较具有代表性地概括了他们的参与动机：

随着城市化进程的加快，社群、族群和文化日益多元化，外地人大量涌入广州，压缩着广州"原住民"们使用本地方言的空间。我们的小孩子现在都不太会讲粤语了，我们开始担心自己的母语会不会就此消亡。（E，男，55岁，作家）

当然，在这些访谈参与者中也有一些操客家话、潮汕话的广州居民或操北方方言的外省人将"推广普通话和文化多元化"作为他们与另一派访谈参与者针锋相对的参与的动机：

所谓的"粤语保卫战"其实是一个伪命题。首先，粤语是目前我国保护情况最好的方言，根本就不存在灭亡的可能。目前全球粤语使用人口大约有6700万。粤语是一个不断发展且极具生命力的"活语言"。其次，从保护程度及使用情况来看，粤语是香港、澳门特别行政区的官方语言，也就是约800万人口的官方语言，从法律上看已经具有最高的语言地位。受强大的港澳经济圈及地理位置近邻影响，粤语也取得了突出的地位。广州市和珠三角地区现在的年轻人是看着翡翠台、亚视等香港电视长大的。目前在广东省境内，有着许多粤语播出的电视频道及广播电台，作为一种方言，这在全国绝无仅有。粤语虽然不像藏语、蒙古语、维吾尔语等语言在相应的民族自治区一样受法律保护，但实际上，粤语的保存地位乃至影响力已经超过很多少数民族自治区的语言。所以说，目前粤语根本不存在"保卫"的问题，而是粤语方言如何减少地方保护主义的问题和排斥外来语言文化的问题。（S，女，27岁，舞蹈演员）

（六）媒体接触

对于媒体接触对政治效能感的影响，访谈参与者呈现出较为一致的认识，超过九成的访谈参与者认为媒体接触能够较明显地增强政治效能感。具体到政治效能感的三个维度，超过九成的访谈参与者肯定了媒体接触与内部效能的正相关性，超过八成的访谈参与者肯定了媒体接触与外部效能的正相关性，全部访谈参与者认为媒体接触与集体效能存在正相关性。这一结果与陈韬文、周葆华等人的研究结果存在较大差异。

为何有如此大比例的访谈参与者肯定媒体接触与政治效能感的正相关性呢？许多访谈参与者表达了他们大体一致的看法，笔者归纳起来，不外乎以下三个方面：一、中国的公众参与，尤其是政治参与仍起于起步阶段，公众很多有关公众参与、政府管理和政治方面的知识和资讯绝大部分来源于新闻媒体。二、新闻媒体尤其是互联网、微博等新媒体不仅可以向公众提供许多公众参与的知识，而且也向他们提供了一个参与的平台。借助新媒体，公众的知情权和表达权都可以得到较好的实现。三、媒体接触，尤其是政府部门的官方网站、官方微博的接触，可以让公众更好地了解政府的公共管理职能和政务信息，也为政府对公众参与的回应提供了一个更快捷、更方便和可以实现双向互动的平台。这些因素不仅可以明显提升内部效能，而且对外部效能和集体效能也能起到非常大的促进作用。

对于微博这一全新的媒体，除了少数几个从不上微博或对微博不太了解的访谈参与者外，大多数的访谈参与者认为，微博可以明显提升公众参与的政治效能感，而且微博今后在提升公众政治效能感方面还有更大的潜力，可以发挥更大的作用：

我最先是从微博上得知广州有这么一起"保卫粤语事件"的，一方面出于好奇，另一方面我本人对这一话题也非常感兴趣，这促使我参与到微博上有关这起事件的讨论中去。后来我在微博上被人"串联"，还参与了一次在市中心举行的群体性的"散步"活动。我从一开始参与，就意识到这件事要闹大，有这么多人参与，政府部门肯定会作出回应，总不能不管吧。后来果不出我的预料，政府部门高度重视啊，一再出来辟谣。（O，女，33岁，粤剧演员）

现在很多微博上或网站上的热帖，只要是涉及有关政府部门的，没多久，这家政府部门的官方微博就出来回应了。记得去年网上传言说海珠区有人专门在下班路上绑架妇女，割除她们的肾卖钱，一时间在微博和网上引发许多公众强烈关注和激烈讨论，差点要上街酿成群体性事件。后来没过几天，广州市公安局的官方微博就发布消息公开辟谣了，各大微博网站上都有转载。最终，对于这事，公众参与便只停留在网上参与阶段。（M，女，31岁，媒体从业者）

（七）结论与讨论

从以上以焦点小组访谈为主的研究中，我们可以发现，基于班杜拉的"信念—行为"（belief-behavior）模式构建的"媒体接触→政治效能感→政治参与（公众参与）"三者渐进式的理论思路在以上有关"广州保卫粤语事件"的研究中基本上能够得到印证。大多数访谈参与者表示媒体接触能明显增强政治效能感，而且媒体接触和政治效能感的三个维度（内部效能、外部效能、集体效能）都具有正相关关系，而政治效能感的增强又能明显地增强公众参与政府公共决策和公共事务管理的能力和信心，从而促进公众参与。

至于"媒体接触→政治效能感→政治参与（公众参与）"三者渐进式的理论思路能否反过来变成"政治参与（公众参与）→政治效能感→媒体接触"呢？也就是说，公众参与意识的增强和频率的增多能否反过来促进政治效能感的增强，而政治效能感的增强又会不会反过来促进公众的媒体接触呢？对于公众参与对政治效能感的反作用，笔者在焦点小组访谈中发现，公众参与会明显提升公众的内部效能，也会一定程度上提升他们的集体效能，但对他们的外部效能并没有太明显的促进作用。这一结果可能是由于公众的参与活动可以相应地增进他们的参与公共决策和公共事务管理的知识和能力，提升他们的内部效能，对集体效能的提升也有一定的好处，但却无法提升或改善政府回应公众参与活动的能力和状况，因而对外部效能没有太大作用。对于政治效能感与媒体接触的反作用，访谈参与者存在非常大的分歧，几乎有一半的访谈参与者肯定了政治效能感的提升会一定程度上增进他们关心时事新闻和政治资讯的兴趣，因而促进他们的媒体接触。但几乎又有另一半的访谈参与者认为，政治效能感的提升会让他们忽视媒体接触的重要性，他们已不需要将媒体接触当作提升自己政治交通的必备工具，因而政治效能感的提升反而会减少他们的媒体接触。

以上的这些研究结论虽然主要基于焦点小组访谈的质化分析，但由于访谈参与者的范围较为窄小，又受制于"广州保卫粤语事件"这一个案的束缚，其结论的准确性和科学性还有待得到进一步的检验。在如下两个问题上，还有待今后的研究得出更为合理的解释：

1. 访谈参与者为何在对政治效能感对媒体接触的反作用这一问题上存在截然相反的看法？他们是对政治效能感和媒体接触两个概念的理解上出现偏差？还是事实上政治效能感对媒体接触的反作用根本就不存在？

2. 媒体接触与政治效能感三个维度的关系，尤其是媒体接触与外部效能的关系方面，当前学术界存在许多分歧，甚至是截然相反的结论，这是研究方法的差异还是媒体接触与政治效能感的关系方面本身就存在不确定性和无法科学统计的个体差异性、个案差异性？

第七章

微博公共事件公众参与的控制

第一节　微博公共事件中的谣言传播及其控制

在许多微博公共事件的起因、发展、演化、结束的全过程，我们都可以看到谣言传播的身影。谣言传播既是微博公共事件中较为普遍的一种现象，也是微博公共事件公众参与的一大诱因，尤其是在一些突发性、危机性或群体性的微博公共事件的公众参与中，谣言传播往往成为诱导不明真相的公众参与到事件中来的重要甚至主要因素。因而对微博公共事件中的谣言传播及其控制进行一番深入分析，对研究微博公共事件的公众参与来说，便显得很有必要。本书通过对近年来微博公共事件中具有典型性的微博谣言进行分类，探析微博公共事件中谣言传播的深层次原因，力求找到控制微博公共事件中谣言传播的一些途径和思路。[1]

一、微博公共事件中的谣言传播种类

日本核辐射污染海盐导致"抢盐风波"、金庸去世、张国荣复活、金鹿航空迫降白云机场、广州多名女子失踪被卖器官……这些接二连三在微博上传播的谣言，让人惊呼微博这一新兴传播载体正在成为谣言的"加速器"。笔者选取近年来微博公共事件中出现的几则具有典型性的微博谣言，根据其传播动机、

---

1. 参见文远竹. 试析微博中的谣言传播及其控制. 电视研究，2011（9）

传播形式的不同进行了分类归纳：

（一）恶搞名人型

2010年12月6日晚8时左右，新浪微博上开始流传金庸的"死讯"："著名武侠作家金庸，因中脑炎合并胼胝体积水于2010年12月6日19点07分，在香港尖沙咀圣玛利亚医院去世。"这是一起典型的恶搞名人型微博谣言。虽然凤凰卫视主持人闾丘露薇马上在微博辟谣称是假消息："金庸昨天刚出席树仁大学荣誉博士颁授仪式。另外，香港没有这家医院。"但是这起谣言仍然在微博上不胫而走并广为转发。率先在微博上发布这一谣言的传播者是谁已无从考证，其主要目的在于利用金庸的名人效应吸引受众眼球，达到哗众取宠的庸俗目的。造谣者在恶搞中体验到网络狂欢的同时，严重侵犯了金庸的名誉权，也为"公众堕落"付出了代价。有微博捏造《海贼王》画家尾田荣一在2011年日本大地震中遇难的谣言也属于这一类。

（二）商业策划型

2010年11月2日深夜到11月3日凌晨，新浪微博爆发了一次匪夷所思的"张国荣复活"事件。有微博称：香港某豪门公子，男女通杀，张国荣和两女星都为其情人，后张国荣日渐得宠，两女星心生妒意，于是密谋残忍杀害之，并分尸毁容，第二天发布他自杀消息，从此安宁。然而真相其实是张国荣当时侥幸逃脱，当时所杀并非本人，自此由于某种原因一直未出现，直到最近决定即将讲明真相，并且有图有视频。在短短两天内，新浪微博上关于此事的评论已经多达近30000条。后来证实这是一出商业策划。上海一家公关公司（严黄杰宇文化传播有限公司）为了向客户展现自己的实力，以"郭敬明+舞美师爆料"的形式炒了这条假消息。据传客户对炒作结果十分满意，后来还签订了一笔千万元级的年单。此类微博谣言还有张卫健患胃癌，罗志祥得性病，古天乐和李泽楷是一对、杰克逊、张国荣、梅艳芳要一起开个复活演唱会……这些公关公司频繁利用微博传播谣言，进行炒作，其目的是吸引受众注意力，谋取商业利益。

（三）捣乱取乐型

"广州白云机场，金鹿航空737，起落架放不下来，现在要迫降了。"这是国内一门户网站高管于2010年6月8日中午在微博发出的消息。该微博一经发表，便吸引了众多网民的关注，很多人开始挖掘更多信息，网民"西门不暗"又"披露"出更多"细节"，包括航班低空通场尝试重力放轮、失败后重新拉高放油，其间机场关闭，大量消防车赶到，其他航班备降深圳等。8 日中午，先后有多家媒体的记者前往白云国际机场求证，结果机场不曾关闭，一切运营正常，也没有任何航班要迫降。[1]造谣者在微博上发布假消息，属于故意捣乱"逗你玩"，没有商业目的，只是通过"忽悠"广大受众，达到满足其取乐的低级趣味而已。微博成了个人欺骗大众的"玩具"。

（四）制造恐慌型

2011 年日本福岛核事故发生后当天，有微博捏造英国"BBC 新闻台"的消息称："日本政府证实因第二波地震而波及的福岛县的核能工厂辐射外泄抢救失败，已开始蔓延至亚洲区域国家，预计下午 4 点抵达菲律宾，建议人们在接下来 24 小时尽量不要外出，穿长袖衣物，保护身体免受辐射攻击，尤其是颈项部位最容易受害，请转达至在亚洲的亲朋好友。" 该谣言不仅有所谓的权威来源，而且利用"准确"具体的细节和貌似亲切的关怀增加可信性，实则故意制造恐慌。在日本大地震期间，最先通过微博发布的"日本核辐射污染海盐"的谣言，并导致"抢盐风波"也属于此类。此外，2013 年 9 月底被刑拘的自称"环保专家"、微博大 V 董良杰为追求轰动效应，通过断章取义或无中生有炮制的"自来水里有避孕药"、"舟山人头发里汞超标"、"南京猪肉含铅超标"、"惠州猪肝铜超标"等微博谣言也可归于制造恐慌类。

（五）传统媒体缺位型

2010 年 4 月 29 日上午 9 时 40 分左右，江苏泰兴中心幼儿园发生血案致32 人受伤，其中 29 名为儿童，引起社会各界的轩然大波，联系之前不久的福建南平惨案，人们渴求了解事件的真相。第二天，大量谣言通过微博散布，伤害程度、死亡的人数也不停在变，这与官方没有一个孩子死亡的通稿差异巨大。显然微博上发布的这些消息很多是谣言，没有确切的消息源也没有得到证实。在泰兴惨案中，所有的媒体几乎都引用泰兴市政府网站上 4 月 29 日的同一则简单的官方通报《泰兴镇中心幼儿园发生持刀行凶事件　受伤人员得到迅速救治》，传媒告知信息的功能受到极大削弱。"媒体本不是谣言的主要制作者，但正是因为传统媒体的缺位而造成谣言蔓延。人们为了寻求信息而转向微博，从一定程度上说，微博此时就扮演了传统媒体的重要角色。网络上的易传和便利又加速了信息的流动，大众无法辨别真正有效和准确的信息，一时间，网络

---

1. 钟锴. 微博狂转航班起落架故障迫降，经求证为谣言. 南方日报，2010-06-10

成了谣言的温床。"[1]

武汉大学信息管理学院沈阳教授在《2011年2季度网络舆情和微博问政报告》中将微博造谣的手法较为形象地归纳为以下5种：一是捕风捉影，如微博上曾广为流传的"和尚挎LV包"的照片，其实是一位和尚在南京火车站帮群众看包；二是凭空捏造，如喝留存在车内的瓶装水可致乳腺癌等；三是断章取义，如2011年6月份北京市卫生局、北京市疾控中心针对国外出现出血性大肠杆菌疫情而向市民发出警示通知，却在微博上被人解读为"出血性大肠杆菌入侵北京"；四是移花接木，主要表现为图文不符，如温州动车事故中，一名女子被掐住脖子的一张照片被传为受铁道部控制的遇难者家属，其实却是武汉某地拆除违建时的场景；五是偷换概念，如2011年5月微博上盛传"汶川地震重建人均投资800万"，实际是将汶川地震的全部重建投资变成了仅对汶川一个县的投资。[2]

二、微博公共事件中谣言传播的原因分析

微博为何成为谣言传播的加速器和温床？沈阳教授认为，微博谣言产生的原因无非"利益诉求"（一些吸引眼球的谣言能轻易地将附带的商业信息广泛传播）和"心理诉求"（公众能借助谣言宣泄社会积怨）两个方面，"基于这些诉求，谣言在网络传播平台上早已有之，只是微博"随手转发"的模式，让谣言的传播进入了史无前例的快车道"[3]。

沈阳教授的分析不无道理，但却显得过于简单，并没有将微博谣言与此前在互联网上传播的网络谣言的成因进行明确区分。笔者通过对一些典型的微博公共事件中的谣言传播进行实证分析后发现，微博谣言传播的原因有如下几个方面：

第一，最主要的原因在于微博这种新兴传播载体具有此前媒体所未有的"自媒体"和"每个人都是一个媒体"的特征，为谣言传播大开方便之门。微博的传播模式降低了普通公众的进入门槛，只要有一台可以上网的手机或电脑，谁都可以成为微博信息（包括谣言信息）的发布者。在微博上，个人信息获取和

---

1. 李林坚. 微博带来谣言时代？. 青年记者，2010（8下）

2. 沈阳. 2011 年 2 季度网络舆情和微博问政报告. 新浪微博微盘，2011-07-15，http://vdisk. weibo.com/s/uaga/1311732390?sudaref=www.baidu.com

3. 同上

发布能力的提高，彰显了公众的表达权与知情权，推动了信息的自由流通，但由于获取和发布信息的普通公众绝大多数没有经过新闻专业技能和新闻职业道德的培养，微博传播也在一定意义上加速了谣言信息的传播速度和广度。微博140个字符的限制，也让其只言片语中"只有现场不求真相，只有片段不求整体，只有瞬间不求时间，微博对突发事件的传播在相当大的程度上只是一种猎奇"[1]。

第二，微博上"把关人"的缺失让谣言得以畅通无阻并大行其道。在报纸、广播、电视等传统媒体的信息流通过程中，"把关人"掌握着信息报道权和解释权，只有符合把关人价值标准的信息内容才能进入传播渠道。互联网等新媒体经过 10 余年的发展，也形成了一套比较完善的监管体系，网管员和版主充当了"把关人"的角色。微博的自媒体特征是一种"所有人面向所有人"的传播，这也意味着每个人都有可能成为影响信息传播和流动的关键节点，信息封锁和监控的成本加大。而目前微博上"把关人"的缺失，意味着每个人都有可能成为谣言信息发布或转发的传者或再传者。

第三，微博具有的匿名性、低成本、便捷性、即时性、易转发等"开放性"的传播特点，以及微博用户的日益普及，也是其成为谣言发布首选载体的一个重要原因。微博的匿名性，让谣言发布者易于隐身和逃遁。微博信息通常限定于 140 个字符以内，便于手机用户转发，传播手段具有低成本和便捷性，还可实现与发生的事件同步"直播"。在博客平台上，转发相对困难，博客内容除非被门户网站在主页重点推荐，一般普通受众要获知其内容也较困难。而在微博平台上，转发非常容易，只需要大拇指轻轻一按便可实现"一键转发"。作为开放的平台，从理论上说，微博的信息传播功能具有无限延伸的可能性。但"萝卜快了不洗泥"，在微博中，人们在享受信息获取的高速度和巨大数量的同时，也往往对信息既无辨别亦无筛选。海量的、不确定的微博用户在对共同关注的信息或话题进行转发和跟帖的同时，谣言信息也会趁虚而入，并通过微博让传播得以加速。作为一种新兴的传播载体，微博用户在我国正日益普及，用户数量每个月都呈巨幅增长之势，其普及速度之快，让互联网和博客难以望其项背。微博在快速普及其用户的同时，也受到谣言发布者的青睐。

第四，由于微博拥有的庞大用户群和良好的互动性，"粉丝"在微博中具有独特商业价值，微博被某些企业利用，成为专业化生产谣言以获取广告效应、

---

1. 张跣. 微博与公共领域. 文艺研究，2010（12）

轰动效应的商业炒作的载体，而且还具有商业炒作低成本性。微博造谣，尤其是娱乐界的微博造谣已成为一个新兴产业。据报道，买卖"粉丝"已经公开化、市场化。目前"花两毛钱，你就可以在淘宝网上购买到一个微博'粉丝'；如果你够慷慨，花 2399 元就可以买到 3 万个'粉丝'，享受到和大明星一样的众星捧月"；这些粉丝"有的是手工注册的，有的是用相关软件注册的"，"有团队专门做这个工作"，"少的时候一两个人，多的时候会有 10 多个"，"还有人已经注册了 1 万多个微博账号，可以根据客户的需要销售"，"如果量大的话，还可以再通过软件刷"。[1] 在微博这一全新媒体方兴未艾之际，造假已经产业化，谣言传播成了微博造假产业化的必然结果。

最后，社会危机事件发生后传统媒体的"集体塞音"也让微博成为谣言的加速器和温床。社会危机事件发生后，微博往往第一时间便开始传递信息，先于传统媒体。如果这时候传统媒体没有及时发布信息，微博便成为人们寻找和查证信息的来源地。但在不断转发与再转发过程中，不具备新闻工作者职业素养的良莠不齐的普通公众在微博传播中极易添油加醋地将原先的信息进行修改或加入个人观点或主观评价，使谣言传播日益升级和不可控制。郭庆光认为："流言是一种信源不明、无法得到确认的消息或言论，它是集合行为的主要信息形式。通常发生在社会环境具有较高的不确定性，而正规的传播渠道，如大众传媒等不畅通或功能减弱的时期。"[2] 美国心理学家 G·W·奥尔波特（Gordon Willard Allport）和 L·波斯特曼（Leo Postman）1947 年曾提出一个著名的传播学公式：谣言 =（事件的）重要性 ×（事件的）模糊性（即 R=I×A）。[3] 从这个公式可以看出，事件越重要，事实越不清楚的时候，谣言的危害越大，传播得越快、越广。1953 年， 美国社会学家 R·克罗斯（Rob Cross）对上面的公式进行了修正：谣言 =（事件的）重要性 ×（事件的）模糊性 × 公众批判能力。[4] 在这个公式中，克罗斯加入了公众批判能力的因素，指出谣言受众的批判能力也是影响谣言产生的一个重要方面，受众的批判能力越强，谣言产生的可能性就越小，反之则越大。像在"泰兴惨案"中，人们在事发后迫切渴求了解事件真相。但当时传统媒体出现"媒介塞音"，整个官方报纸和广播、电视媒体保持一致地对事件失语或统一口径，当地政府部门也仅仅是出了一个

1. 韩利. 2 毛钱一个批发"微博粉丝" 淘宝店月入 3000. 成都商报，2010-05-24

2. 郭庆光. 传播学教程. 北京：中国人民大学出版社，1999. 98

3. Allport, Gordon W. The Psychology of Rumor. New York：Henry Holt，1947. 133 ～ 135.

4. 李晖. 重大突发事件的谣言控制——以汶川 5. 12 地震为例. 西南民族大学学报，2008（10）

非常简单的通报。传统媒体和官方通报满足不了广大公众对事件真相的信息需求，许多公众便转而求助于小道消息。此后谣言便在微博上不胫而走，真正的事实却被漫天谣言掩盖，缺乏鉴别新闻真相能力的普通公众在这种情况下"宁可信其有，不可信其无"。"泰兴惨案"具有事件的重要性，传统媒体的缺失又让事件具有很强的模糊性，公众批判能力和鉴别能力又很弱，"泰兴惨案"的微博谣言传播满足了奥尔波特和克罗斯两个公式的主要特征。

三、微博公共事件中谣言传播的控制

微博公共事件中的谣言大肆传播，不仅严重损害了微博这一新兴媒体的公信力，而且也产生了误导公众参与、制造社会恐慌、危及社会稳定、引发群体性事件甚至恶性群体性事件等很多负面影响。如何控制微博公共事件中的谣言传播呢？根据传播学理论，信息控制对于其控制对象产生作用主要通过以下5个环节：信源控制、信息内容控制、环境控制、传播过程控制、传播效果控制。具体说来，笔者认为，应从如下3个方面对微博谣言传播进行有效控制：

一是要加强对微博信息发布的监管。微博中一旦出现谣言传播，提供微博服务的网站有义务删除或屏蔽这些内容。提供微博服务的网站应加强对微博信息的管理，起到微博后台"把关人"的作用。微博上都是匿名者，发布的信息数量庞大，监管虽然不易，但提供微博服务的网站仍应从规章制度、技术手段、信息发布流程和处罚措施等方面积极探索行之有效的监管办法，遏制谣言在微博上的蔓延。如2010年11月，新浪微博设立了"微博辟谣"官方账号，由"微博辟谣"工作组的工作人员对不实信息进行纠正。必要时，也可对微博用户实行"实名制"或"有限实名制"（即前台匿名，后台实名）。此前我国采用网游实名制有效遏制未成年人沉迷网络游戏，微博完全可以借鉴该经验，实行前台匿名，却在后台对注册用户进行实名登记，使微博用户更负责任地发布信息，从而防止谣言在微博上的泛滥。2011年12月16日，北京市人民政府新闻办公室、市公安局、市通信管理局和市互联网信息办公室共同制定的《北京市微博客发展管理若干规定》出台，微博客用户必须进行真实身份信息注册后，才能使用发言功能。依照该《规定》，真实身份信息只用于后台注册，前台发言则可以继续使用匿名，也就是"后台实名、前台自愿"，不会影响用户的微博体现，对使用微博客浏览信息的用户，则没有限制性规定。紧接着，按照国家有关部门的统一部署，广东省广州市、深圳市的腾讯网、金羊网、大洋网、深圳新闻

网、奥一网以及嘀咕网、饭否网等 7 家开展微博客业务的主要网站作为试点，从 2011 年 12 月 22 日起，实行微博客用户使用真实身份信息注册。这种实名制也是实行"后台实名、前台自愿"的原则。

这种监管除了"把关人"、政府职能部门的监管之外，还包括法律层面的约束和惩处。如 2013 年 8 月，网络推手"秦火火"、"立二拆四"，《新快报》记者刘虎因涉嫌造谣，微博"大 V"薛蛮子因嫖娼和涉嫌聚众淫乱相继被刑拘；9 月 9 日，两高联合出台司法解释《最高人民法院、最高人民检察院关于办理利用信息网络实施诽谤等刑事案件适用法律若干问题的解释》，划定网络言论法律边界，明确规定谣言被点击、浏览 5000 次或转发 500 次可获刑。尽管"大 V"的被拘和两高的司法解释在网络世界和现实生活中引起了较大的争议，但对采用包括微博在内的网络化手段传谣起哄闹事的行为起到了很好的震慑作用；9 月 23 日，辽宁省第十二届人大常委会第四次会议审议了《辽宁省计算机信息系统安全管理条例（修订草案）》，对包括微博谣言在内的网络谣言进行限制，规定单位、个人在网上传谣可停网 6 个月，构成犯罪的还将追究刑事责任。

二是发挥传统媒体、民间辟谣组织和微博意见领袖在控制微博谣言传播中的作用。在社会危机事件发生后，公众始终是半信半疑，如果在这个时候传统媒体可以及时、全面、客观地报道最新的事件进展，增强信息透明度，微博谣言便没有滋生的土壤。"政府在发布权威信息的同时也应该给予媒体更多的宽容，让媒体客观地采写报道，政府信息的权威性和媒体报道的全面性互相配合，从各个角度展现事实，从而还原给大众一个'整体真实'，谣言便会不攻自破了。"[1] 微博谣言传播以后，传统媒体及时发布客观报道，也会起到很好的辟谣作用。由拥有不同专业背景和持不同意见立场的公众组成的民间辟谣联盟也是控制微博谣言传播的一大"制胜法宝"。如 2011 年 5 月，由数十位学者、律师、媒体人在新浪微博上发起的民间自律组织——"辟谣联盟"成立，短短两个月粉丝数已过 5 万，发布微博 170 余条，大多数微博的转发和评论都在 1000 次以上。但"辟谣联盟"的辟谣行为具有"选择性"和"主观性"，难以从根本上实现多样化、遍及性和中立性的微博辟谣。

此外，拥有众多粉丝的微博意见领袖极大地影响着微博公共事件中的舆情方向，控制微博谣言传播也不能忽略意见领袖们的作用。政府有关部门应该与

---

1. 李林坚. 微博带来谣言时代？. 青年记者，2010（8 下）

微博上的意见领袖们建立良性的的互动关系，善于借意见领袖之力遏制微博谣言的传播。一旦微博上出现谣言，有时意见领袖在微博上的登高一呼，往往能起到大破谣言的巨大作用。有时候，具有广泛公信力和亲和力的意见领袖的辟谣比由政府部门单方面出来辟谣能起到更好的效果。

三是对微博谣言传播进行控制，最终有赖于微博公众素养的整体提升。1992 年美国媒介素养研究中心对媒介素养的定义是：人们面对媒介各种信息时的选择能力、理解能力、质疑能力、评估能力、创造和生产能力以及思辨的反应能力。在微博中，广大公众不仅是信息的消费者，还是媒介活动的积极参与者，更是信息内容的生产者。因此，微博公众素养除了从信息的接受者和信息的消费者这个角度来规范外，还需要从信息的生产者这一角度来加以扩展。微博公众素养除了包括对微博信息的选择和辨别力、对微博信息内容的批判性思考和解读能力之外，还要涵盖通过"赋权"促进健康的微博媒介社区的建设能力。微博公众素养不仅表现为一种媒体素养，还表现为一种社会素养，或者说公民素养。

如何提高微博公众的素养，具体说来：首先，微博公众要具备对纷繁复杂、瞬息万变以及海量的微博信息的基本的辨识与分析能力，要能去伪存真，履行个人"把关人"职能。微博公众除了对微博信息中基本事实的客观性、真实性进行判断外，还要排除信息环境所带来的干扰。在微博这样一个"去中心化"的媒体中，公众这样一种高层次的判断、分辨能力，显得尤为重要。

其次，微博公众要有对微博信息的批判性解读能力，也就是说，要对微博信息的观点正确性进行甄别。微博上传播的信息不是来自专业媒体，而是良莠不齐的各种微博用户。多元的信息环境，常常会引发微博公众的跟风和盲从。因而微博公众要学会批判性地接受信息，不应该成为被动的受众，而应该是观点与意图的主人。

再次，微博公众要具备合格的信息生产与再生产能力。微博公众不再是传统意义上的单向度的受众，他们以写微博、跟帖、互动、转发甚至恶搞等方式直接参与信息的生产与再生产。微博公众要加强作为信息传播者的责任意识，具备传播者应该具有的素养，要负责任地发布信息和言论，以及负责任地进行信息转载等再传播。对于不能验证真实性的信息，以及有损他人合法权利、危害社会稳定、有损公序良德的微博信息，要不予转载。

最后，微博公众要有理性参与公共事务的能力，防止"恶搞取乐"、"捣乱煽动"、"制造恐慌"等现象的出现。微博公众要用建设性态度参与微博上各项公共事务的讨论，即使处于匿名状态，也不要把微博当成个人情绪宣泄的场所或"玩具"，要具有"网络公民意识"，共同构建微博公共领域，维护微博和谐。

第二节 微博公共事件公众参与的引导与管控

由于谣言的泛滥或"大V"等意见领袖、微博推手、微博水军的推波助澜，微博公共事件中的公众常常迷失了方向和丧失了理性的判断，让微博公共事件变得不可控，演变成危机事件、群体性事件甚至恶性群体性事件，如"番禺垃圾焚烧事件"、"深圳富士康连跳事件"、"增城事件"、"潮州群体性事件"等，小则影响干群关系和社会治安，大则严重危害社会稳定和安定团结。对微博公共事件公众参与进行必要的引导和合理的管控，成为摆在公共管理部门和社会工作者面前一项新的难题。

一、对微博公共事件公众参与进行引导的必要性

公共事件常常伴随着公共危机管理，微博公共事件也不例外，而且带来一些新的难题，挑战公共管理部门和社会工作者的能力和智慧。其实，对微博公共事件进行管理的核心是对公众参与的引导，因为没有公众参与，何谈公共事件？对微博公共事件公众参与进行引导的必要性主要有如下几个方面：

（一）正确引导微博公共事件中的公众参与，是新的时代条件下坚持党的群众路线的客观要求

邓小平说，群众路线和群众观点是我们的传家宝。习近平也说："群众路线是我们党的生命线和根本工作路线。"[1]在当前新的时代条件下坚持党的群众路线，也迫切要求对微博公共事件中的公众参与进行正确引导。

"一切为了群众，一切依靠群众"这条党的群众路线体现了党的根本宗旨和力量源泉。将群众路线的观点引入到微博公共事件的管理中来，就是不能将

---

1. 习近平. 在党的群众路线教育实践活动工作会议上的讲话. 人民日报，2013-06-19

参与微博公共事件的公众当成对立面，当成简单的管理对象，而是当成党委、政府值得信赖的朋友，做决策的出发点和重要依据，执政的依靠，施政的力量源泉。党政部门对微博公共事件进行公共管理时是否坚持群众路线，也导致了对公众参与是"堵"还是"疏"的立场取向差异。因此可以说，群众路线是对公众参与行为进行引导的前提基础和客观要求。这是为什么要对公众参与进行引导的问题。

"从群众中来，到群众中去"这条群众路线，要求把党的正确主张变成群众的自觉行动，这体现了党的领导方法和根本工作路线。微博公共事件中的公众，也是群众，对他们做工作，也适用党的群众路线。微博公共事件由于它的公共性、公众性、紧迫性和现实针对性，自然成为各级党政部门履行公共管理职能时的工作重心。对微博公共事件进行管理，需要坚持党的群众路线这一工作方法，在做决策时要广泛听取广大公众的意见，从公众中吸取智慧和力量。正确决策或主张形成后，要再回到广大公众中去，成为公众的自觉行动。这种"从群众中来，到群众中去"的工作方法，其实也体现了对公众参与进行引导的本质，是对公众参与进行引导提供的重要方法论。这是怎么样对公众参与进行引导的问题。

"理论联系实际、密切联系群众、批评和自我批评"这条群众路线集中体现了党的三大作风。用到微博公共事件公众参与的引导上来，就是各级党委、政府等公共管理部门在实施引导工作中应该坚持的立场态度和工作原则。理论联系实际，要求公共管理部门在做决策和做管理时不能光从本本出发，而是要从微博公共事件的发生发展态势出发，从公众参与的实际情况出发，在工作中注重调查研究和实事求是。密切联系群众，要求公共管理部门坚持正确的群众观，在实施引导工作时要深入公众中去，多听取公众的意见，掌握公众参与的动态和诉求，一切引导工作围绕公众这一核心目标来开展。批评与自我批评，要求公共管理部门善用批评的方法纠正公众参与中的偏差；公共管理部门在引导公众参与出现工作失误时，要多做自我检讨，查找自身原因，在实践中不断改进引导工作。

（二）微博公共事件中的公众参与是一把具有两重性的"双刃剑"，非正确引导不可

公众参与是微博公共事件中的核心因素，决定着微博公共事件的走势和性质。公众参与理性、有序，微博公共事件就向着平稳性、建设性、良性的方向

发展；公众参与非理性、无序，微博公共事件就向着危机性、破坏性、恶性的方向发展。因此，微博公共事件中的公众参与是一把具有两重性的"双刃剑"，既能载舟，亦能覆舟，"成也萧何，败也萧何"。如果不对公众参与进行正确引导，微博公共事件便有可能演变成危机事件甚至恶性群体性事件。增城事件、潮州事件等微博公共事件便是因为对其中的公众参与没有进行正确的引导，才最终导致失控甚至酿成恶果。

（三）正确引导微博公共事件公众参与，是社会控制论等科学方法论在管理微博公共事件中的体现和反映

控制论、信息论和系统论是备受推崇的研究方法。作为控制论一个分支的社会控制论，提倡用创新的方法来进行社会管理和控制，"就是利用建立社会或其部分的模型，研究社会系统和社会过程，发现控制规律，从而为决策者提供决策依据，也可用于社会预测与预警。"[1] 社会控制论的主要思想认为，可以用控制论和系统论等科学方法对社会进行最优化的管理和控制，社会秩序将变得越来越可控，突发事件发生的概率也越来越小，即使发生也很容易被引导。将社会控制论的观点引入微博公共事件中的公众参与研究，我们会发现对公众参与可以实现较好的控制，发现其中的规律，通过预测和预警来达到对微博公共事件管理的最优化，从而有利于社会秩序的稳定。社会控制论模型也为我们正确引导微博公共事件公众参与提供了可资参照的科学方法。通过预测和预警机制的建立，可及时发现微博公共事件中的不和谐状况和因素，再通过退馈的方式获得社会信息，用社会反馈来进行调节和控制，最终使微博公共事件变得可控，并向有序、良性的方向发展。

（四）正确引导微博公共事件公众参与，是公共危机管理的迫切要求

21 世纪以来，公共危机事件出现数量多、跨国界、影响大等特点，尤其是美国"9·11"事件发生后，公共危机管理已成为各国政府部门履行公共管理的一个全新领域。近年来，随着群体性事件和自然灾害、公共卫生事件的多发，公共危机管理在中国也逐渐由"幕后"走向了"台前"。对危机事件的干预控制和有针对性的事先预防成为公共危机管理的重头戏。而微博公共事件往往成为许多危机事件的导火索和催化剂。目前各级政府部门不仅都成立了应急办，还相继成立了网管办（后更名为网信办），对包括微博公共事件在内的网络事件进行引导和管理。如前所述，公众参与是微博公共事件是否演变成公共危机

1. 万百五. 社会控制论及其发展. 控制理论与应用，2012，29（1）

事件的核心因素，自然也应该成为公共危机管理的重点目标。对公众参与进行引导，是公共危机管理的迫切要求。

二、微博公共事件公众参与的政府引导与管控

具体说来，对于微博公共事件公众参与的政府引导和管控可以从以下几个方面进行实施：

第一，针对公众参与中的不满情绪设计良好的疏导路径，给它们打开一道泄洪的"阀门"，将"不满"转变为动力。目前各级党政部门已经专门设计给予广大普通公众尤其是底层公众"释放不满"的渠道，比如信访制度、接访制度、政务公开制度、发言人制度、设置官方网站和官方微博、微信进行网络问政等，像广东省等地开展的"阳光政务"、"政府信息公开"等制度。但由于这些制度还处于不断完善的过程之中，很多并没有完全落实到位，在现实生活中经常出现信访人被"截访"、接访见不到领导、发言人对公众热点回应迟缓、官方网站和官方微博经常不更新等现象。因而，好的路径设计最终还需要得到真正实施，让公众不满情绪能"开闸泄洪"，从源头上防止公众参与演变成群体性事件或恶性群体性事件。

第二，政府部门在应对、处置微博公共事件中过激公众参与行为时，要把握恰当时机，从群众路线的立场出发为在公私权力博弈中处于弱势地位的公众解决实际困难，以实际行动取信于民。一般来说，正常的微博公共事件演化为危机事件都有一个从量变到质变的渐进过程，而且事件演变时都会有一个拐点或"临界点"。"任何个案问题都具备成为引发为群体性危机事件的可能，尤其是在 48 小时内。控制导火索事件在 48 小时内任何升级拐点的产生，是政府紧急应对的核心关键点。"[1]政府有关部门首先要正视矛盾，寻求合理解决途径，而不是回避矛盾，忽悠百姓，碰着问题拐着走。在事件发展过程中要有政府的声音，要防止事件被谣言歪曲、误导公众。其次，要善于抓住公众最主要的诉求和公众参与中的"意见领袖"，"整合社会组织、学者等第三方力量，借助意见领袖更好地引导群众应对危机。应把握好危机合作开放的力度、节奏和范围，尽最大的可能争取第三方力量，让作为舆论意见领袖的社会相关组织和学

---

1. 林炜双，肖永鸿等．网络群体性事件的逻辑——基于珠三角的调研，中山大学，2011．广州：十一届"挑战杯"广东大学生课外学术科技作品竞赛二等奖作品，2011

者参与危机应对当中，以整合外来资源，更好地促使危机控制与解决"[1]。最后，要善于运用官方网站，官方微博、微信等新媒体手段来缓冲、平息公众参与中的不满情绪，尽量争取在"临界点"这一"扼杀"危机因子的关键时刻对公众参与进行正确引导，解决问题，平息事态，防止线上参与转变成线下群体性事件。

第三，一旦事件最终演变成群体性事件甚至恶性群体性事件，政府有关部门也不能慌了手脚，而应按照提前做好的应急预案，有条不紊而又紧锣密鼓地开展解释、动员、解决问题等善后工作甚至实施必要的行政强制手段和司法手段。在善后工作中，要坚持"密切联系群众"的作风，深入群众、深入实际，以公众利益为出发点，依靠群众力量，回应公众诉求，妥善解决矛盾冲突。当然，对蓄意滋事和挑起事端的违法犯罪人员要依法惩处。

第四，科学、合理的危机传播策略是政府部门对微博公共事件公众参与进行引导和管控的重要手段。在"增城事件"、"潮州群体性事件"等微博公共事件演变成危机事件甚至恶性群体性事件的过程中，也考验着政府有关部门的舆情管理智慧。面对公众的种种质疑和民生诉求，政府有关部门的公开回应却常常"避重就轻"，让人觉得"雾里看花"。武汉大学沈阳教授举例称，在回应"菜价上涨"时，政府强调"市场规律"、"天气原因"，而避而不谈有关利益集团在蔬菜流通环节中抽取巨额利润；塑化剂被曝光，调查结论"顾左右而言他"，对事件来龙去脉语焉不详，却详细列出"媒体黑名单"，指其报道制造了紧张情绪。在"富士康爆炸"、"中石化百万酒单"等与企业有关的公共事件中，政府部门不但未能作为公正的第三方角色介入调查，反而成为企业及个人信誉危机的"买单人"。有网民从"西安本科生违规参与高考阅卷"、"李昌平微博实名举报刘铁男贪腐案"等公共事件中，根据官方一贯的回应态度总结出"官方否认三部曲"：矢口否认、被迫承认、"无害化"处理。"在信息高度流通的网络环境下，政府的说辞简直一戳即破，对增强民众对政府的信任感毫无裨益，倒添反感"[2]。因而政府部门需要改进微博公共事件发生后的危机传播策略，适时向外界披露真实信息，加强信息发布、信息引导的主动性、及时性，增强微博及互联网等虚拟空间的政府表现，与公众实现平等沟通和良好互动，防止公众"吐槽"，事态扩大。"传播互动的沟通过程是舆论产生和

1. 林炜双，肖永鸿等.网络群体性事件的逻辑——基于珠三角的调研，中山大学，2011.广州：十一届"挑战杯"广东大学生课外学术科技作品竞赛二等奖作品，2011
2. 沈阳. 2011 年 2 季度网络舆情和微博问政报告. 新浪微博. 微盘，2011-07-15，http://vdisk. weibo.com/s/uaga/1311732390?sudaref=www.baidu.com

存在的前提，如果在微博领域中没有政府的参与，那么在微博民意中，政府部门则会充当'失语者'的角色。"[1]政府部门还应强化和改善作为政府喉舌的传统媒体的舆论引导职能，在必要时还可建立官方微博、微信及网络评论员队伍，主动争当微博公共事件中的"意见领袖"。

第五，政府及时、科学的网络舆情监测可以起到预警和预防微博公共事件向危机事件演变的作用。当然，对微博公共事件进行监测和预测不是一件容易的事，因为微博公共事件常常瞬息万变，而且有着微博的传播技术支撑，又契合当前社会转型期矛盾多发和底层话语权日益强化的社会背景。但是，这并不是说政府部门只能束手无策，毫无作为。政府部门应该主动掌握微博等新媒体传播的规律，邀请专业人士充当决策智囊，开展定期网络舆情研判，把握"发展中的事件"的规律和特点，积极引导此类公共事件朝着"利我"的方向发展，让其为我所用。例如，2010年广州亚运会期间营造了较好的舆论氛围，这期间广州市、珠三角地区乃至整个广东省都没有恶性群体性事件发生。这个良好舆论环境的背后是政府有关部门及时、科学的舆情监测在发挥着积极作用。笔者利用采访报道广州亚运会的便利，通过对广州市政府新闻办公室相关负责人和广州亚运会组委会宣传部负责人的访谈发现，在整个广州亚运会期间，广州市政府新闻办公室、亚组委、广州市委宣传部网宣处、广州市公安局网警支队等相关部门组建了专门的"信息发展部"或"舆情监测中心"全程负责关键词的网络舆情监测，还在某些关键时期邀请了专业的公关公司和高校新闻传播学院课题组协助监测。笔者在采访中获悉，广州市政府新闻办公室（广州市委外宣办）长期委托广东外语外贸大学新闻与传播学院对境外媒体进行舆情监测，并形成了常态化。广州市政府有关部门这种积极的舆情策略可以较好地预防微博公共事件等公共性事件演变成危机事件甚至恶性群体性事件。即使有恶性群体性事件发生，政府有关部门由于及时监测和掌握了舆情信息，也会在处理、应对过程中占据先机，事半功倍。

第六，政府有关部门应加强对广大微博博主和网络网民媒介素养的教育和培养，倡导参与公共事件的广大公众做一个合格的、理性的"网络公民"。

三、微博公共事件公众参与的心理疏导和心理控制

心理因素在公众参与微博公共事件中起着重要作用。对公众参与行为进行

1. 陈虹，朱啸天. 解构公共事件中的微博能量——以"微博打拐"事件为例. 新闻记者，2011（5）

心理疏导和心理控制是一项具有重大现实意义的事情，尤其是对一些具有社会危害性的公众参与行为进行心理疏导和心理控制直接决定着事件发展态势和社会的稳定。熟知公众参与的心理特征和相关规律是对公众参与进行心理疏导和心理控制的前提，心理疏导和心理控制是针对公众参与心理特征和相关规律实施的符合自身目的性的应对行为和举措。具体说来，对微博公共事件公众参与进行心理疏导和心理控制有如下几个方面的内容：

（一）尊重公众参与心理特点，充分利用公众参与的心理规律，以宽容的态度进行心理疏导和心理控制

无论公众在参与微博公共事件中表现出的是"释放和发泄心理"，还是"看客和娱乐心理"，或者其他什么心理，如果要对其进行疏导和控制，就需要尊重公众参与的这些心理特点，以容忍、务实的态度来面对公众在参与中表现出的种种心理行为和心理需求。既使面对某些公众在参与中暴露出的狂热、偏执等近乎病态的心理时，疏导方和控制方也应该将其当作一种客观"民意"来对待，认真与公众进行平等交流，了解公众这种心理产生的环境因素和社会背景。亚伯拉罕·马斯洛说过："只有在一定的条件下，人性才表现为善。在恶劣的环境条件下，人们更容易表现出心理病态和丑恶行为。"[1] 疏导方和控制方要从改变和改善公众心理产生的环境和社会背景入手，消除公众参与中这些不利于疏导和控制的心理因素。例如在"方正县开拓团立碑事件"中，面对公众在微博上表现出来的气势汹汹、蛮不讲理的心理状态，作为疏导方和控制方的黑龙江省有关政府部门便要在了解到广大公众这种心理产生的环境因素和社会背景的情况下，尊重公众的心理需求，从解决现实生活中的"立碑事件"来将缓解公众的过激心理情绪。针对公众情绪发泄的众矢之的——为开拓团立的碑，有关部门及时拆除了这块碑，并在微博、网络和传统媒体上进行了相关说明解释。这块碑一旦拆除，广大公众失去了参与的目标，这个时候气也发了，怒也泄了，有关部门作的解释也能自圆其说。公众没有让微博公共事件继续升级的心理动力了，只能最后在心平气和中让"方正县开拓团立碑事件"这一微博公共事件淡化下去，最终烟消云散。

在对公众参与进行心理疏导和心理控制时，尤其要注意充分利用公众参与的心理规律，顺应其变，变堵为疏。要让广大公众的情绪在微博上有一个发泄渠道，而不是一昧的拦堵。要让广大公众有一个心理的"泄洪区"，而不是要

---

1. 亚伯拉罕·马斯洛. 马斯洛的智慧：马斯洛人本哲学解读. 北京：中国电影出版社，2005. 145

围一个"堰塞湖"。让公众在参与微博公共事件中能够发泄掉他们在现实生活中积累的不满、抑郁和愤怒等心理情绪，这反而有利于事件的妥善解决和社会的稳定和谐。

疏导方和控制方对公众参与的心理特点要秉持一种"将心比心"、"换位思考"的宽容心态，要理解和善待公众的各种心理特点和情绪表现。要多与公众交朋友，把公众当成自家人，而不是对立面和"敌人"。要在实施心理疏导和心理控制时，感化公众，而不是激化矛盾。"站在事件参与者的立场，对事件本身给以理解与宽容，对当事人给予关怀与帮助，不仅有助于事件朝着有利于平息解决的方向发展，也符合构建和谐社会的精神。"[1]

（二）因人而异，因事而异，对症下药，有针对性、有重点地开展心理疏导和心理控制

在对公众参与行为进行心理疏导和心理控制时，要在充分掌握公众参与心理规律后，做到因人而异，因事而异，分门别类，分阶段，分步骤，对症下药，有针对性、有重点地开展心理疏导和心理控制。

在微博公共事件中，不同的参与公众发挥着不同的作用。像在微博公共事件发生初期，肇始者直接发挥着引发公共事件的作用。这个时候，实施心理疏导和心理控制便要"抓苗头"，通过尽量满足肇始者的合理要求，消除肇始者的后顾之忧，将事件解决在萌芽状态，缓解肇始者的过激心理情绪，达到抑制微博公共事件扩大化的目的。意见领袖在事件的公共议程设置阶段起着非同寻常的作用。这个时候，实施心理疏导和心理控制便要"擒贼先擒王"，通过感化、疏通、利用意见领袖的心理情绪，达到感化、疏通、利用其他普通公众心理情绪的目的。在感化、疏通、利用等心理疏导和心理控制手段都宣告无效，而微博公共事件发展态势又十分危机时，疏导方和控制方也可以考虑使用"杀一儆百"的策略，通过打压、惩处意见领袖来实现对广大公众参与行为的震慑、恐吓、引导作用，以至来实现控制公众参与行为的目的。如在日本大地震后"抢盐风波"中对最先散布谣言的"意见领袖"以危害公共治安、扰乱社会秩序等罪名进行依法惩处，以平息事态；在2013年整治网络谣言活动中，刑拘微博大Ｖ"秦火火"、"立二拆四"、"薛蛮子"、董良杰等。但实施"杀一儆百"的策略容易导致公众不满情绪的蓄积和反弹，疏导方和控制方一定要结合事后的心理干预和必要的"思想政治工作"，才能从根本上消除广大公众不利于社会稳定的

---

1. 孙静. 网络群体性事件参与者心理特点与疏导. 中国人民公安大学学报（社会科学版），2010（2）

心理情绪。此外，对积极参与者和旁观者，也要具体情况具体分析，在实施心理疏导和心理控制时要各有侧重，区别对待，采取不同的疏导技巧和控制手段。

心理预期和心理暗示是影响微博公共事件中公众参与的两个重要心理因素。在对公众参与进行心理疏导和心理控制时，不能忽略这两个心理因素的重要作用。疏导方和控制方可以通过"主动揭盖"、"自揭伤疤"等策略来改变公众的心理预期，或对公众产生某种有利于疏导方和控制方的心理暗示来引导公众的参与行为。例如，许多公众在参与"郭美美炫富事件"时的心理预期便是"红十字会等官方机构存在腐败行为，不值得公众信任"。这个时候，疏导方和控制方便可通过公布红十字会的捐款数目和用途详细情况等措施来改善红十字会的公众形象，以此来消除广大公众原有的心理预期，并由此给了广大公众一个"'郭美美炫富事件'与红十字会腐败与否无关"的心理暗示，从而达到平息公众情绪，控制公众参与行为，扭转事件发展趋势的目的。

（三）加强事后的心理干预，为公众进行心理疗伤，增强公众的心理"免疫力"

公众参与的心理活动和心理变化是一个潜在的隐性的、较为漫长的心理过程。即使微博公共事件得到解决或平息后，疏导方和控制方仍然有必要对广大公众尤其是对意见领袖等重点公众进行心理干预。

公众在参与微博公共事件中表现出来的心理特征，绝大部分是他们在现实生活中形成的，甚至是从远古时代就继承下来、与生俱来的心理本能。有些心理特征不是微博公共事件公众参与活动中特有的现象，在其他社会活动中也会表现出来，带有一定普遍性。例如，广大公众在面对地震、海啸、"非典"等重大自然灾害和恶性流行病疾情时出现恐慌心理情绪，这也是人类远古时代因恶劣的自然环境和生存环境导致安全感缺失的心理反映。又例如，在日本大地震过后出现的"抢盐风波"中，许多公众轻信微博上出现的谣言，并盲目地参与到"抢盐"行动中去，便是从众心理的表现，这种心理情绪在人类社会也是由来已久。在此类事件发生后，疏导方和控制方在澄清谣言、增加信息透明度的同时，通过合适的心理疏导和心理控制手段，缓解公众心理情绪和心理压力，可以很好地促进微博公共事件的解决，尽可能地消除对社会的负面影响。即使在事后，疏导方和控制方也应主动实施一些必要的心理干预甚至通过专门的医疗机构、公益性组织、大众媒体等来开展心理治疗，为公众进行心理疗伤，减少事件对公众心理造成的潜在阴影和创伤，让公众尽快回复到正常的社会生活秩序中去。这种事后的心理干预也可以像打预防针一样，增强公众的心理"免疫力"，让公众在以后再遇到类似公共事件或危机事件时，心理素质变得更好。

（四）加强微博伦理建设，培育公众参与微博公共事件的健康心理

在微博公共事件转向危机事件之前，对公众参与进行心理疏导和心理控制无疑是一种必要的"化危为机"的手段和策略，但这只能是应急之策。在平时加强微博伦理建设，培育公众参与微博公共事件的健康心理，才是对公众参与进行心理疏导和心理控制的治本之策。

其实，加强微博伦理建设，培育公众参与的健康心理也跟公众参与心理特点中的"矛盾的道德心理"相关。勒庞早就指出，公众参与集群行为时表现出亦正亦邪、低劣与崇高并存的道德心理。这就像我国儒家学说里有关"人性本善"与"人性本恶"的争论一样，谁都难以说服对方。公众参与微博公共事件中表现出来的"矛盾的道德心理"有待在平时的微博参与活动中进行有意识地引导，通过文化的、社会的、法制的手段，不断加强和完善微博伦理建设，让公众养成好的参与习惯和文化自觉，培育公众参与微博公共事件的健康心理。只有这样，通过日常的、自觉的、潜移默化的心理感化，才能实现微博公共事件中公众心理的"长治久安"。

第八章

微博公共事件中的公众参与与公共领域的建构

第一节　微博与公共领域

微博被许多研究者称之为是最接近哈贝马斯（Habermas J）"公共领域"含义的公共场所。笔者也认同微博确实满足公共领域的许多特点，具有公共领域的诸多功能。

一、公共领域理论概述

1962 年，德国哲学家、法兰克福学派第二代代表人物尤尔根·哈贝马斯出版的《公共领域的结构转型》一书标志着"公共领域"作为一个独立学术研究课题出现。但哈贝马斯这本论著真正引起世人重视，是它的英译本 1989 年在麻省理工大学出版之后。哈贝马斯的《公共领域的结构转型》自刊出至今引起学术界广泛争议。安德列斯·盖斯特里希在对各种学术争端进行总结之后，从 5 个方面对哈贝马斯的公共领域理论展开批判，并以卢曼的"社会分化理论"作为替代方案整合哈贝马斯理论中存在的各种不足，但盖斯特里希的论断也存在严重的问题，很多方面无法让学术界信服。"公共领域"引起我国学者的研究兴趣，始于上世纪 90 年代末曹卫东翻译的《公共领域的结构转型》一书正式出版。这本书连同 1998 年出版的汪晖、陈燕谷主编的《文化与公共性》和邓正来主编的《国家与市民社会》两本书，共同为我国学者研究"公共领域"

打下了理论基础。

什么是公共领域？中文维基百科给出的定义是："政治权利之外，作为民主政治基本条件的公民自由讨论公共事务、参与政治的活动空间。"哈贝马斯在《公共领域的结构转型》中对公共领域没有明确界定，后来给出了一段描述性的阐述。哈贝马斯认为，公共领域源于 17 世纪末英国酒吧咖啡屋、德国学者的聚会和法国"文艺沙龙"。作为自由体的私人在这个空间里自由辩论政治、经济、文学、艺术、等话题。具有独立人格、能够在理性基础上就普遍利益问题展开辩论的公众，自由对话、充分沟通的公共空间，理性批判的公共舆论是公共领域必备的 3 个要素。在讨论过程中，公众可以自由地、公开地表达个人意见。对于公共领域，哈贝马斯认为有两点最为重要：一是公共领域是提供给社会的一个平台（platform），人们在这个平台上可就政治、文学、艺术等一些感兴趣的话题进行自由讨论，不受任何强制力量的干涉。二是这些讨论的结果是公众意见（public opinion）的生成。对于政治观点来说，公众意见将为政治决策机构提供重要的参考；对文学艺术来说，这样的公众意见会让优秀作品得到普遍认可。基于这两个特征，公共领域是实行民主政治的一块重要基石，也是民主政治存在的一个前提条件。

对于公共领域，国内许多研究者表达了他们基于中国国情背景下的认识和理解。杨朝娇认为，公共领域区别于私人领域，是处于国家和社会之间并具有独立话语权的理想空间。公共领域与一般论坛的不同之处在于它具有强烈的批判性，各种观点和意见以公共辩论的形式展开碰撞。但是，公共领域这种对理性批判以及公共性、普适性的要求带有浓重的道德伦理色彩，这就难免导致其理论变成一种"理想的言说情境"。[1] 董天策在暨南大学第三期传媒领袖讲习班的一次讲座中认为，哈贝马斯的公共领域既是历史形态的描述，也是理想范式或模式的规定。人们在公共领域不仅是简单地交流思想、表达看法，而且应该有对公共权力的批判与监督，公共领域作为一个公共言论空间，各种观点和意见都能够在里面自由地展开理性讨论，这是公共领域的重要功能。此外，公共领域也要促进社会认同。公共领域最终是通过新闻媒体提供的公共舆论来发挥作用的，所以公共舆论是公共领域的核心，媒体理应是一个公共领域。与曹卫东认为中国在现实条件下建构起来的所谓公共领域是"伪公共领域"的观点不同，董天策认为至少在近现代中国是有公共领域的，比如康有为、梁启超"维

---

1. 杨朝娇. 网络问政对中国公共领域的建构与延伸——以广东网络问政实践为例. 东南传播, 2010（10）

新变法"时期创办的报刊，"五四"新文化运动中的大批报刊，上世纪二、三十年代鲁迅的杂文，上世纪 40 年代储安平创办的《观察》杂志，都是在建构某种公共领域。[1] 钱坤认为，公共领域在经历了 18、19 世纪的兴盛之后，19世纪末期濒于解体，报纸、杂志、电视等大众媒体充当了让公共领域解体的罪魁祸首。大众媒体垄断了主流话语权，公众的独立思考被破坏，公共领域再也不能直接产生有效的公众意见。直到今天，我们仍然生活在大众媒体垄断的时代。伴随着后工业化而充斥着社会的消费文化，使得人们面对媒体时往往采用一种功利的态度，而不是批判地、理性地接受信息。以现在的中国为例，每年都有一些稀奇古怪的人物在互联网上走红，比如芙蓉姐姐、犀利哥、凤姐、贾君鹏、小月月等。这些人的出名，有些是无意的，更多是炒作的结果。这属于一种不太健康的文化现象。究其原因，互联网的诞生使得每一个普通民众都有了几乎是平等地接触信息和传播信息的能力，这也使得利用民众的不成熟而进行网络炒作成为可能，这其实是"病态的大众公共领域"。最后，他得出一个结论：资产阶级公共领域被瓦解之后，并没有相应的公共领域被建立起来。[2] 展江认为，尽管哈贝马斯的理论被认为具有乌托邦色彩，但其给予传媒学术界和业界的思考是多维而深层次的，对于在现实境下建构中国的公共领域和发挥传媒的社会公器功能具有学术和实践意义。[3] 张志安认为，传媒的管理体制问题，即如何建立起真正独立于国家和利益集团之外的传媒制度，是传媒与公共领域的核心问题。他根据当前中国的新闻体制和新闻事业的特点，得出结论：传媒公共领域在中国很长时间内无法存在。他还认为，公共领域在中国网络媒体中的命运与传统媒体没有多少差别，网络媒体给受众营造的意见表达和讨论的空间自由非常有限。无论从宏观的体制上看，还是从微观的操作层面看，网络媒体与传统媒体没有本质的区别。[4]

以上国内学者有关公共领域的论述，虽各有偏重，但都只是解读性、阐述性、经验性的研究，并没有对公共领域理论与中国社会的实际情况进行充分的比较，

1. 董天策. 网络传媒与公共领域的建构，暨南大学，2010. 广州：暨南大学第三期传媒领袖讲习班，2010-07-23

2. 钱坤. 我们为什么用微博？——公共领域的第三次结构转型. 新浪博客"大块文章"，http://blog.sina.com.cn/s/blog_538e5eb30100rq9n.html

3. 展江. 哈贝马斯的"公共领域"理论与传媒. 中国青年政治学院学报，2002（3）

4. 张志安. 传媒与公共领域——读哈贝马斯《公共领域的结构转型》. 央视国际网，http://www.cctv.com/news/special/C15587/20060424/102969.shtml

没有建立起具有说服力的数量模型，更没有提出新的富有理论高度的学说。

二、微博与公共领域的关系

张跣从文化研究的角度剖析了微博对公共领域的影响。[1] 要同时满足"位于权力之外"、"全民参与"、"理性讨论"和"公共利益"这 4 个条件的"公共领域"具有强烈的乌托邦色彩。作为"永不落幕的新闻发布会"、"杀伤力最强的舆论载体"[2] 的微博比网络论坛和博客有着更强大的信息传播力量和干预社会公共事件的能力，"就其传播特性而言，微博是现有技术和社会条件下最有可能接近公共领域这一政治乌托邦的方式。换言之，微博几乎是天然地要对公共领域的权力格局产生影响。"但是张跣又指出，在微博与公共领域的关系上不能犯"技术决定论"的错误，微博内容和传播方式的"碎片之链"即使可以让"对话"在微博上不断展开，但这种"对话"也有可能是"有问无答"和"答非所问"的。而经常受到"震惊体验"、"坏消息综合征"、"速度魔鬼"等困扰的微博网友更接近于传播学意义上的"即逝公众"或"短暂群体"（fugitive commu nities）[3]，而并非哈贝马斯所谓的能够"理性讨论"的民主社会的公众。

张跣以上有关微博与公共领域关系的论述较为客观和公允，既肯定了微博在构建公共领域中的开创性的作用，又指出了微博的局限性，而不是像有些研究者对微博的作用近乎狂热地一路高歌。公共领域虽然在目前看来具有浓厚的"乌托邦"色彩，但其内涵外延都是实实在在的，也不是遥不可及的空中楼阁。作为目前一种全新的新媒体，微博无论是从传播技术还是传播模式方面都为我们提供了公众议论和讨论的公共场所、公共空间，也有利于社会各阶层公众意见、观点在这一公共场所、公共空间里进行充分的讨论、辩论和论证。可以说，在资产阶级公共领域转型或破灭之后，微博是目前人类所掌握的媒体中，最接近和最有希望形成新的公共领域的这么一个"公共场所"或"公共空间"。

为什么前微博时代的门户、网络论坛、google、youtube 等互联网平台，博客，facebook、人人网等社交网络都未能形成新的公共领域？为什么微博

1. 张跣. 微博与公共领域. 文艺研究，2010（12）

2. 汝信，陆学艺，李培林. 2010 年中国社会形势分析与预测（2010 年社会蓝皮书）. 北京：社会科学文献出版社，2009．246～252

3. "短暂群体"的的说法来自于美国传播学家吉特林（T. Gitlin），徐贲由此演绎出"即逝公众"的概念。参见徐贲. 传媒公众和公共事件参与. 爱思想网，http://www.aisixiang.com/data/4850.html

有可能形成新的公共领域？门户、网络论坛、youtube 等互联网平台虽然为广大公众，尤其是为众多底层公众提供了一个比传统媒体更为广阔得多的信息平台，让他们得以就公共事务或公共事件发表各自观点、看法。乍一看，互联网平台与公共领域的模样十分相似。但是仔细分析，我们便会发现，互联网诞生10 多年来，仍然只是作为传统媒体附庸的形式出现，仍然受到政府的严密管控和利益集团的控制，公众还不能自由地发表观点意见，更难形成有效的"公众意见"。在互联网上，网民网络狂欢的浪潮几乎完全淹没了公众理性讨论的身影，像芙蓉姐姐、犀利哥、凤姐、小月月这样的网络恶搞事件层出不穷，此起彼伏，这一方面是网民素养有待提高，另一方面也是因为在互联网上还难以形成有效的公众讨论机制。

博客是互联网时代的又一个伟大发明，它标志着"个人媒体"的兴起，每个公众都可以借助博客形成一个"通讯社"。笔者一位曾经在新华社担任资深记者、高级记者、子刊主编的朋友几年前从新华社跳槽出来，创办了"博联社"——一个被他称之为"博客联合通讯社"的博客网站。笔者至今仍记得他当初向我们描述的博客网站的巨大前景和对公共领域建构的伟大意义。但是几年以后，尤其是在微博崛起以后，博客网站不再热火朝天，我这位朋友创办的"博联社"似乎也越来越显沉寂。博客确实拉近了广大公众和社会精英之间的距离，让他们得以实现此前难以实现的信息交流和沟通。但是博客创作的门槛仍然偏高，广大草根阶层别说写博客，看博客都不会。博客的时效性较差，在公共事务和公共事件的讨论方面无法挑战或取代传统大众媒体。博客的传播是单向的，靠博客留言这种滞后的、间接的沟通并不能有效地形成公众的讨论，更谈不上形成公众意见。

由哈佛大学学生马克·扎克伯格等人于 2004 年在互联网上发布的 Facebook 成为社交网站的典型代表。到 2010 年，facebook 的用户数量已经达到了 5 亿。而且也在这一年，通过 facebook 传播的"茉莉花革命"迅速燃烧中东的多个国家，导致突尼斯、埃及等国家的政治变革乃至利比亚的战乱。在 Facebook 上面，公众不仅可以和自己的朋友保持联络，互相分享信息，而且还可以创造和加入"event"，共同关注公共事务或公共事件。可以说，从营造社会舆论和影响政治事件方面，facebook 等社交网络已经接近了"公共领域"这一形态。然而 facebook 也不具有最终成为公共领域的条件，主要原因是因为他的最本质属性毕竟是"社交网络"，私人性远大于公共性，难以成为像媒体一样的公共信息平台，而且 Facebook 从一开始的定位就把社会精英排除在了平台之外，这也就注定了它永远无法胜任"公共领域"这个职能。

而微博以其独特的信息传播方式适应了现代社会的生活节奏，实现了社会精英与普通公众对公共事务和公共事件的集体参与。可以说，微博正在促成公共领域的第三次结构转型。首先，微博无论从其信息传播方式、参与人群、还是对现代生活的适应上，都可以提供一个供广大公众就某些公共性话题进行交流和讨论的平台。其次，微博这个平台可以生成"公众意见"，这个公众意见将对社会发展起参照或推动作用。如何从海量的微博信息中有效地提取"公众意见"？如何不让有效的"公众意见"不在海量的微博信息中沉没或被人遗忘？这都有赖于公众持续而有效的参与。

第二节　微博公共事件中的公众参与与公共领域

微博与公共领域的关系，并不能说明微博公共事件中的公众参与与公共领域也具有相同的关系，需要我们进一步的探讨。微博公共事件中的公众参与对公共领域的建构是否具有积极作用，也有待我们对一些典型的微博公共事件进行深入考察。

一、微博公共事件中的公众参与与公共领域关系研究综述

一些学者在此前对微博与公共领域、公民社会的研究中，对微博公共事件中的公众参与行为有所涉猎。如，张跣从文化研究的角度分析认为，微博内容和传播方式的碎片化使得微博网友缺乏民主素养和稳定的社会交往理性，更接近于"即逝公众"或"短暂群体"，而不是哈贝马斯所谓的能够"理性讨论"的公众。此外，"震惊体验"、"坏消息综合综"和"速度魔鬼"，让微博网友公民意识"溃不成军、意义缺失和历史感淡漠"。[1] 许纪霖认为，中国有市民而无市民社会，有公民而无公民组织，但是微博的出现改变了这种情况。微博让社会动员得以形成一个个事件或一场场运动。但由微博发动的公民运动既有

---

1. 张跣. 微博与公共领域. 文艺研究，2010（12）

成功的案例也有导致暴力冲突的个案，因而微博是否能够形成一种公民社会还有待观察和思考。微博形成了一套以意见领袖为核心、以常识系统为主的话语方式，但意见领袖与公众之间并不能做到平等的互动，因而这种围绕意见领袖形成的一个个"意见部落"，并不能真正实现哈贝马斯所谓的"理性对话"。刘擎认为，微博形成了一种可供人们高度自由选择的"关切共同体"，物质层面上的社会和网络上的虚拟空间上的社会两者间的区别越来越小。李明洁认为，借助微博新技术呈现的"新意见群体"在当下的语境中塑造了民众或公民的形象。新意见群体在微博上的关注，"是在书写一个时代的民众形象，这不是知识分子发动的自上而下的启蒙，而是自下而上的自启蒙、新启蒙。"唐小兵却认为，很难对微博形成的"关切共同体"的功能进行评价，也不能高估微博对于公民社会成长的作用，因为微博上的个体是匿名的、漂浮的、零散的，既可能往一个公民的方面去成长，也可能往暴民的方面转化。[1] 展江认为："中国现在还没有建成公民社会，但有公共领域。公共领域靠的就是媒体，靠的是都市类媒体和新媒体，公民通过微博实现了比较普遍的公共参与。"[2]

从这些研究中，我们可以知道，微博公共事件中的公众参与与公共领域存在着密切的关系，但这种关系似乎又不太稳定，因为研究者们大多给出了喜忧参半和前景不明的结论。因而，我们既不能忽视微博公共事件中的公众参与对公共领域构建和公民社会成长的积极作用，也不能高估了微博公共事件中的公众参与的作用。

二、公共领域在中国的建构：基于几起典型微博公共事件的分析

下面我们不妨以"微博解救乞讨儿童运动"等几起典型的微博公共事件为例来说明微博公共事件中的公众参与与公共领域的关系。

2011 年初，于建嵘研究员发起的的"微博解救乞讨儿童运动"正是由于微博的存在，才让这个由社会精英引领，广大公众参与的社会运动成为可能，也让社会精英和广大公众共同关注某个公共事件并产生有效互动成为可能，这是使得微博可以成为新时代的公共领域的最主要的特征。公共领域不能没有社会精英的参与，近代资本主义的法国之所以能在公共领域中诞生并传播启蒙思想，这和卢梭、狄德罗等思想家的参与密不可分。"微博使得人们即使在不同时间、

---

1. 南风窗记者. 微博、知识分子与公民社会. 南风窗，2011（9）
2. 展江. 保障言论自由先落实消极自由. 炎黄春秋，2013（9）

不同空间，也能就同一话题发表意见，构成了虚拟的公共意见平台。"[1]在"微博解救乞讨儿童运动"中，虽然还不能说这场运动形成了某种公众意见，但起码成功的让数以百万计的公众开始通过微博关注一个事件，或是一个社会现象，这就具有了一些"公众意见"的雏形。

　　另一个例子是 2011 年 5 月 4 日发生在广州的"举牌哥"事件。"举牌哥"陈逸华是广州 16 中的高一学生。2010 年，政府公办的公益性企业广州地铁公司对外发公告称，一号线 16 个车站将进行总体翻新改造，预计花费 9277 万元，计划在 2013 年年底完成。翻新工程将铲去原有墙面，改为统一灰色石板。2010 年 4 月中旬，陈逸华在微博和"地铁族"论坛上提出质疑："一号线是否需要全面翻新仍有待商榷，并不是所有的站都残旧到要翻新的地步，且翻新工程庞大，会产生大量烟尘污染地下空气。而从文化角度看，一号线每个站原有的装修风格与特色被全然抹杀在石板下。从乘客角度看，千篇一律的装修会造成车站的识辨性降低。"接着，陈逸华又到地铁站服务台反映自己的意见，但没有得到积极回应。他便打算通过签名的方式，反对地铁车站翻新。5 月 3 日，陈逸华打印了二百多份传单，放学后在地铁站发放，但没有引起市民的关注。5 月 4 日这一天，他买来晾衣竹竿，制成横幅，写上"请支持联名反对'统一'化翻新行动"等内容，在地铁口举着，并收集市民签名。3 天时间里，陈逸华收集了 300 多个市民签名。有人将他举横幅收集签名的照片发上微博，短短几天，就被转发超过万次，引起一片公众讨论和公众参与的热潮。广大公众对广州市地铁一号线改造的质疑也随之纷至沓来。面对公众质疑，广州地铁公司一周内三次回应"举牌哥"陈逸华，期间多方辩解。但迫于公众参与下的巨大压力，广州地铁公司最终表态接受陈逸华的建议，即使翻修改建也要坚持节约的原则。"举牌哥"的行动在微博上被许多公众称赞为具有公民意识。网友小党说："一个小朋友撼动一项大工程，广州人应该自豪！"广州市人大代表曾德雄指出，陈逸华身上体现出的公民意识让人敬佩。在这起典型的微博公共事件中，"举牌哥"陈逸华虽然起到了"举旗"的作用，但他不是一个人在战斗。如果事件中自始至终只有陈逸华一个人在战斗，缺乏广大具有公民意识的公众及时跟进参与进来，广州地铁公司很难在短时间内改变"统一化"路径。广大公众以微博作为公共空间对地铁"统一"化翻新行动展开了充分的和理性的讨论，期间

1.　孙杰. 从宜黄血拆案件看微博的话语空间建构. 文化研究网，2011-07-09，http://www.culstudies.com/html/saibowenhui/diershiqiqi_weibo/2011/0709/9400.html

也有不同意见和观点的碰撞，但却很少见泄愤式的谩骂和指责。承担着公共事务管理职能的广州市地铁公司及其背后的政府有关部门也积极参与到事件的讨论中来，"一周三次回应"本身也是一种参与。最终，这一公共事件在各方的观点中和之下实现了"和解"，维护了广大公众的公共利益。可以说，"举牌哥"事件是一起非常符合哈贝马斯笔下描述的各大特点的"公共领域"的建构。在此前后同样发生在广州的"口罩男"事件[1]、"拇指妹"事件[2]、"区伯事件"[3]等几起公共事件同样也是建构"公共领域"的典型微博公共事件。这些公共事件又形成一种公众参与的合力，共同建构起或正在建构着范围更为广泛的"公共领域"。

在"江西宜黄拆迁自焚事件"中，也正是由于微博上的公众参与，让被强拆的钟如九一家有了"说法"，在自焚中烧伤的母亲终于得救，地方政府的有关领导受到查处。"在当前中国社会转型期间，各个社会阶层都希望对自己的利益和诉求进行表达，而微博无疑给了中国公众表达的平台，而在所有的媒体平台中，微博扮演了议程设置的作用，草根阶层通过种种议题，逐渐介入了社会事务的处理当中，打破了过去只有特定阶层的群体才能作决定的状况，微博所呈现出来的公共性，让每个公众都享有了公共话语权。这种公共话语权也将会随着人们微博黏性的增加，微博粉丝圈子的扩大以及微博平台影响力的加强而逐渐扩大。"[4]在"江西宜黄拆迁自焚事件"这一微博公共事件中，"公众意见"已经真正发挥作用并取得实际效果。不过，回头再仔细观察这一事件中的公众参与以及事件发展结果，我们发现都存在一定的随机性，这一事件中"公众意见"还没有像哈贝马斯所认为的那样经过充分的、自觉的、不慌不忙的认真讨论。

---

1. 2010年1月21日上午，一位男性市民在广州人民公园戴墨镜口罩、背挂"救救广州吧"的标语，散发自印的传单，表达他对广州部分整治工程中铺张浪费的不满，并与接访的广州市建委主任展开对话，引起微博、网络和媒体的关注。第二天，广州市建委工程管理处迅速宣布，除已完工和新建的路段外，其他大中修道路维修中将不再统一使用花岗岩，一律采取原状维修。据统计，"口罩男"的意见迅速被政府采纳，意味着约20条大中修道路工程将节省费用大约为5175万元。

2. 亚运后，广州还要花1.5亿元搞光亮工程，一位在西安上大学、当时正在广州一个公益机构实习的广州籍大学女生区佳阳2011年5月17日向广州市建委申请公开光亮工程可行性报告，并在微博征集1000大拇指撑广州市建委，区佳阳被公众称为"拇指妹"。此光亮工程最终被叫停。

3. 2011年9月20日，广州一名姓区的老伯状告广州市政府三部门不作为，引发微博公众和广大媒体广泛关注。

4. 孙杰. 从宜黄血拆案件看微博的话语空间建构. 文化研究网，2011-07-09， http://www.culstudies.com/html/saibowenhui/diershiqiqi_weibo/2011/0709/9400.html

但我们可以说，微博公共事件中的公众参与已经开始生成"公众意见"，但是还没有一个形成"公众意见"的更为完善的讨论"机制"。而这一"机制"的完善也远非传播技术或传播模式一己之力便可毕其功于一役。还有赖于整个传播生态的改善、舆论环境的宽松、公众参与能力的提升和社会政治改革的进展。

三、微博公共事件中的公众参与建构中国公共领域的前景

虽然有许多研究者仍然担心微博这个所谓的"公共领域"在中国的前景并不光明，他们会举出许多官方对互联网言论包括微博言论管控的例子。其实，从历史发展的眼光来看，微博对于当代中国有着特殊的机缘。尽管现如今政府的言论管制仍然盛行，在非常敏感的话题上，微博在中国也无法做到完全自由的、不考虑自身的、不受国家力量干涉的讨论——这让微博与哈贝马斯有关"公共领域"的第一条特征有所违背。但是微博前景光明的地方在于，这种口语化的、病毒式的传播方式，大大增加了网络言论管制的成本，从而在实际上放宽了言路。另外，在一些相对不那么敏感的话题上，微博这个平台则提供了一个很好的让公众参与讨论的机制。比如引起全国热议的"李庄案"、"药家鑫案"、"新快报记者陈永洲案"等事件，微博上广大公众展开的讨论非常之广，其中正反面意见都有所表达，精英们和普通公众的声音都有出现，并相互碰撞。这对于全社会的公共领域的建构和公民社会的创建，都有着非常积极的推动作用。

另一方面，公众对微博传播权、表达权、知情权的滥用也会导致公共领域受到损害。哈贝马斯推崇的"公共领域"需要理性的公众在公共场所就公共事务进行充分的但也是理性的讨论。在微博上尤其是在微博公共事件的公众参与中，我们却经常看到公众非理性的"网络狂欢"和"网络暴力"。有学者分析网民对博客传播权的滥用导致公共领域受到损害时认为："当网民不是进行诚实而必要的批评，而借此进行诽谤、栽赃陷害、猥亵、挑动骚乱、煽动叛乱时，可以认为是滥用博客传播权，损害他人、团体或国家权益，导致公共领域受到损害。"[1] 同样的道理，公众在微博公共事件的参与中滥用传播权也是有损公共领域的建构。《南方周末》曾报道过一起香港市民反对特区政府拆迁一条小村的公共事件，此事件便可看作是一起公众传播权滥用导致公共领域受损的典型案例。据《南方周末》报道，2009 年底、2010 年初，香港特区政府为修建广

---

1. 王强春. 博客乌托邦：消失的公共领域. 岭南新闻探索，2011（5、6）

深港高铁准备新界元朗拆迁一条名叫"菜园村"的小村，然而公众借助微博、博客和网络社区等平台掀起了近年罕见的群体性的抗议活动，阻拦政府拆迁。香港特区政府"在主流媒体做了很多宣传工夫，奈何忽略了利用网络工具，结果反对者利用几乎不用花成本的网上社交群组和博客区结集力量，猛批政府的方案，并且号召行动，发动连番的群众运动，成效之大可从包围立法会的大规模抗议可见。"[1] 修建广深港高铁本来是一项对香港本地发展和整个珠三角全局发展来说，都是一件好事，也方便了香港特区市民与广州、深圳等珠三角地区居民的出行，此项目事先也经过有关方面反复论证，也得到包括香港特区政府和立法机关的批准，即使公众有不同意见也可以借助包括微博在内的媒介和交流平台进行充分的、理性的商谈、讨论甚至辩论，可是最后由于公众对传播权滥用，让微博等媒介沦为了"非理性话语暴力的滋生地"。

当下的中国学术界围绕政治改革这个话题一直没有停止过各种争论。然而我们应该知道，政治改革，或者说实行我们所期待的民主政治的一个必要条件，就是有一个健康的舆论环境和一群具有优秀的公民意识的公众。目前的中国显然二者都较缺乏。微博公共事件中的公众参与的作用就在于：第一，它本身有助于建立一个各阶层平等对话讨论的健康的舆论环境；第二，通过这个健康的舆论环境可以更快地令中国广大公众的公民意识觉醒。从这个角度来看，微博以及微博公共事件中的公众参与在一定意义上可以促成公共领域在中国的新生，也必将推动中国公民社会的建立和完善。

---

1. 梁家权. 香港高铁点起"80 后"心头火. 南方人物周刊，2011（3）

中外文参考文献

一、中文部分

（一）书籍

1. 邱林川，陈韬文．新媒体事件研究．北京：中国人民大学出版社，2011
2. 秦志希．新闻舆论与新闻文化．武汉：武汉大学出版社，1997
3. 吕思勉．中国制度史．上海：上海教育出版社，2002
4. 王俊秀，杨宜音．社会心态蓝皮书：2011 年中国社会心态研究报告．北京：社会科学文献出版社，2011
5. 陈耀春．中国政府公共关系．北京：中国经济出版社．1999
6. 熊源伟．公共关系学．合肥：安徽人民出版社．1994
7. 中国大百科全书：政治学．北京：中国大百科全书出版社，1992
8. 当代世界政治实用百科全书．北京：中国社会科学出版社，1993
9. 郭庆光．传播学教程．北京：中国人民大学出版社，1999
10. 胡联合．中国当代社会稳定问题．北京：红旗出版社，2009
11. 黄建钢．政治民主与群体心态．长沙：中信出版社，2003
12. 蔡定剑．民主是一种现代生活．北京：社会科学文献出版社，2010
13. 彭兰．网络传播概论．北京：中国人民大学出版社，2008
14. 杜骏飞．中国网络传播研究（第三辑）．杭州：浙江大学出版社，2009
15. 古斯塔夫·勒庞著；冯克利译．乌合之众——大众心理研究．桂林：广西师范大学出版社，2011
16. 汝信，陆学艺，李培林．2010 年中国社会形势分析与预测（2010 年社会蓝皮书）．北京：社会科学文献出版社，2009
17. 亚伯拉罕·马斯洛．马斯洛的智慧：马斯洛人本哲学解读．北京：中国电影出版社，2005
18. 塞缪尔·P·亨廷顿，丁·纳尔逊．难以抉择．北京：华夏出版社，1989
19. 戴维·米勒等．布莱克维尔政治学百科全书．北京：中国政法大学出版社，1992
20. 恩斯特·卡西尔著；甘阳译．人论．上海：上海译文出版社，1985
21. 凯斯·桑斯坦．网络共和国．上海：上海世纪出版集团，2003
22. 约翰·费斯克．关键概念：传播与文化研究辞典．北京：新华出版社，2004

23. 约翰·费斯克·理解大众文化. 北京：中央编译出版社，2006

24. 皮埃特·布尔迪厄. 关于电视. 沈阳：辽宁教育出版社，2000

25. 皮埃特·布尔迪厄. 实践与反思——反思社会学导论. 北京：中央编译出版社，1998

26. 理查德·谢弗. 社会学与生活. 北京：世界图书出版公司，2006

27. 安德鲁·埃德加著；杨礼银，朱松峰译. 哈贝马斯：关键概念. 南京：江苏人民出版社，2009

（二）论文

28. 赵前前，金江磊. 社会公众"社会流动—政治参与"行为选择模式研究. 兰州交通大学学报，2010（4）

29. 张伟. 刍议政治参与理论. 学习时报，2005-05-18

30. 蔡定剑. 从公众参与走向政府善治. 中国改革，2010（11）

31. 赵一鸣. 微博在网络舆论中的传播机制与对策. 青年记者，2011（5下）

32. 王君超. 微博的"颠覆性创新". 传媒，2011（4）

33. 谢婧. 微博对公共事件的推动力. 网络传播，2011（5）

34. 王绍光. 政治文化与社会结构对政治参与的影响. 清华大学学报（哲学社会科学版），2008（4）

35. 周葆华. 作为"动态范式订定事件"的"微博事件". 当代传播，2011（2）

36. 陈力丹，董晨宇. 从个人事件到公共事件——以"杭州飙车案"为例. 民主与科学，2009（4）

37. 胡联合. 群体性事件：何以发生与演化——关于群体性事件的理论及其启示. 中国社会科学内部文稿，2009（3）

38. 童世骏. 大问题和小细节之间的"反思平衡"——从"行动"和"行为"的概念区分谈起. 华东师范大学学报，2005（4）

39. 孙惠柱. 社会表演学与和谐社会. 解放日报，2006-04-03

40. 徐瑗. 微博传播影响公共事件走向的机制分析 -- 以江西宜黄拆迁自焚事件为例. 青年记者，2010（12上）

41. 何国平. 网络群体性事件的动员模式及其舆论引导. 思想政治工作研究，2009（9）

42. 王淑伟，谭园玲. 微博公共事件发生机制分析. 新闻爱好者，2011（10上）

43. 陈虹，朱啸天. 解构公共事件中的微博能量——以"微博打拐"事件为例. 新闻记者，2011（5）

44. 彭兰. 微博客的信息传播机制分析. 人民网传媒频道, 2010-10-11, http://media.people.com.cn/GB/40628/12914673.html

45. 杨玲. 粉丝、情感经济与新媒介. 文化研究, 2009 (11)

46. 蔡骐. 大众传播中的明星崇拜和粉丝效应. 湖南师范大学社会科学学报, 2011 (1)

47. 莫梅锋, 饶德江. 关于"粉丝"的媒介研究. 电影艺术, 2007 (4)

48. 李昕. 符号消费——文化资本与非物质文化遗产保护. 西南民族大学学报（人文社科版）, 2008 (8)

49. 桂正浩, 张斯敏. 符号消费的社会学分析——以汽车消费为例. 法制与社会, 2009 (31)

50. 王子文, 马静. 网络舆情中的"网络推手"问题研究. 政治学研究, 2011 (2)

51. 彭媛, 张曼玲. 从传播学角度解读网络推手出现的必然性. 新闻界, 2008 (3)

52. 陈月生. 群体性事件中的群体心态研究. 理论与现代化, 2010 (6)

53. 孙静. 网络群体性事件参与者心理特点与疏导. 中国人民公安大学学报（社会科学版）, 2010 (2)

54. 王俊秀. 当前中国社会心态分析报告. 中国工商. 2005 (12)

55. 王俊秀, 杨宜音, 陈午晴. 中国社会心态调查报告. 民主与科学, 2007 (2)

56. 杨宜音. 个体与宏观社会的心理关系：社会心态概念的界定. 社会学研究, 2006 (4)

57. 陈顺贤, 蔡维波. 泄愤型群体性事件的心理分析及疏导措施, 正义网, 2011-12-02, http://www.jcrb.com/procuratorate/theories/practice/201112/t20111202_765120.html

58. 广东省社会科学院精神文明建设研究中心课题组. 广东公众社会心态定向研究——基于群体性事件的分析视角. 广东社会科学网, 2011-04-20, http://www.gdass.gov.cn/2011/0420/968.html

59. 周葆华. 突发公共事件中的媒体接触、公众参与与政治效能感——以"厦门PX事件"为例的经验研究. 开放时代, 2011 (5)

60. 毕宏音. 网民心理特点分析. 社科纵横, 2006 (9)

61. 师曾志. 沟通与对话：公民社会与媒体公共空间——网络群体性事件形成机制的理论基础. 国际新闻界, 2009 (12)

62. 董天策, 王君玲. 网络群体性事件研究的进路、议题与视角. 现代传播（中国传媒大学学报）, 2011 (8)

63. 闫幸, 常亚平. 微博研究综述. 情报杂志, 2011 (9)

64. 喻国明，欧亚，张佰明等．微博：从嵌套性机制到盈利模式．青年记者，2010（7下）

65. 彭兰．影响公民新闻活动的三种机制．上海师范大学学报（哲学社会科学版），2010（4）

66. 于建嵘．转型中国的社会冲突：对当代工农维权抗争活动的观察和分析．领导者，2008（2）

67. 于建嵘．当代中国农民的以法抗争：关于农民维权活动的一个解释框架．社会学研究，2004（2）

68. 徐昕．为权利而自杀：转型期中国农民工的"以死抗争"．乡村中国评论，2008（2）

69. 王宏伟．当代中国底层社会"以身抗争"的效度和限度分析——一个"艾滋村民"抗争维权的启示．社会，2010（2）

70. 杨朝娇．网络问政对中国公共领域的建构与延伸——以广东网络问政实践为例．东南传播，2010（10）

71. 钱坤．我们为什么用微博？——公共领域的第三次结构转型．新浪博客"大块文章"，http://blog.sina.com.cn/s/blog_538e5eb30100rq9n.html

72. 展江．哈贝马斯的"公共领域"理论与传媒．中国青年政治学院学报，2002（3）

73. 张志安．传媒与公共领域——读哈贝马斯《公共领域的结构转型》．央视国际网，http://www.cctv.com/news/special/C15587/20060424/102969.shtml

74. 张跣．微博与公共领域．文艺研究，2010（12）

75. 徐贲．传媒公众和公共事件参与．爱思想网，http://www.aisixiang.com/data/4850.html

76. 李晖．重大突发事件的谣言控制——以汶川5．12地震为例．西南民族大学学报，2008（10）

77. 林炜双，肖永鸿等．网络群体性事件的逻辑——基于珠三角的调研，中山大学，2011．广州：十一届"挑战杯"广东大学生课外学术科技作品竞赛二等奖作品，2011

78. 孙杰．从宜黄血拆案件看微博的话语空间建构．文化研究网，2011-07-09，http://www.culstudies.com/html/saibowenhui/diershiqiqi_weibo/2011/0709/9400.html

79. 王强春．博客乌托邦：消失的公共领域．岭南新闻探索，2011（5、6）

80. 文远竹．试析微博中的谣言传播及其控制．电视研究，2011（9）

81. 李林坚．微博带来谣言时代？．青年记者，2010（8下）

82. 沈阳．2011年2季度网络舆情和微博问政报告．新浪微博微盘，2011-07-15，http://vdisk.weibo.com/s/uaga/1311732390?sudaref=www.baidu.com

83. 孙晓峰：《微博客国外研究现状》．百度文库，http://wenku.baidu.com/view/56a5bf4e2e3f5727a5e96293.html

84. 蔡前．以互联网为媒介的集体行动研究：基于网络的视角．求实，2009（2）

85. 丹尼尔·戴扬，邱林川，陈韬文．"媒介事件"概念的演变．传播与社会学刊，2009（9）

86. 杜鹏．基于聚类分析的我国网络群体性事件内涵研究．未来与发展，2010（8）

87. 杜骏飞，魏娟．网络集群的政治社会学：本质、类型与效用．东南大学学报（哲学社会科学版），2010（1）

88. 高恩新．互联网公共事件的议题建构和共意动员．公共管理学报，2009（4）

89. 贾宝林．网络与群体性事件研究述评．南京政治学院学报，2009（3）

90. 于建嵘．中国的泄愤事件与管治困境．当代世界与社会主义（双月刊），2008（1）

91. 林炜双，景怀斌等．作为组织政治行为的潜规则：影响因素与作用机制．公共行政评论 2010（4）

92. 毛启蒙．隐形的权力，现实的回归——从网络群体性事件的视角论我国网络政治参与的发展．天水行政学院学报，2010（4）

93. 邱林川．新媒体事件与网络社会之转型．传媒透视，2009（1）

94. 杨久华．关于当前我国网络群体事件的研究．北京青年政治学院学报，2009（3）

95. 史安斌．媒体在公共外交中的三重角色．公共外交季刊，2011（冬）

96. 查特吉．关注底层．读书，2001（8）

97. 应星．草根动员与农民群体利益的表达机制——四个个案的比较研究．社会学研究，2007（2）

98. 郭宇宽．儒法分歧与当代中国走向．燕山大讲堂63期实录．腾讯公益，2010-03-23，http://view.news.qq.com/a/20100323/000028_5.htm

99. 陈柏峰．钉子户与强制拆迁——反思宜黄事件．江西论坛，http://bbs.jxcn.cn/dispbbs.asp?boardid=6&Id=355657

100. 刘畅．网络言论的幕后力量——网络公关问题报告．光明日报，2011-07-12

101. 胡泳．微博：看客如何实现落地？．时代周报，2010-11-26

102. 南风窗记者．微博、知识分子与公民社会．南风窗，2011（9）

103. 乐国安．集群行为与群体性事件．南开大学报，2010-10-29

二、英文部分

104. Paul F Lazarsfield,Bernard Bernard Berelson & Hazel Gauset.The People's

Choice:How the Votes Makes Up His Mind in a Presidential.New York:Columbia University Press,1948

105. Kent M Jennings.Political Participation in the Chinese Count ryside,A merican Political Science Review,1997,91(2)

106. Campbell A,et al.The Voter Decides.Westport,Connecticut:Greenwood Press,1954

107. Lee F L F.Collective efficacy,support for democratization,and political participation in Hong Kong.International Journal of Public Opinion Research,2005,18(3)

108. Norris P.Does television erode social capital?A reply to putnam.PS:Political Science and Politics,1996,29(3)

109. Dhavan V Shah.Civic engagement,interpersonal trust,and television use:An individual-level assessment of social capital.Political Psychology,1998,19(3)

110. Chan Joseph Man,Zhou Bao-hua.Expressive behaviors across discursive spaces and issue types in Shanghai.Asian Journal of Communication,2011

111. Newhagen J E.Media use and political efficacy:The suburbanization of race and class.Journal of the American Society for Information Science,1994,45(6)

112. Boulianne S.Does internet use affect engagement?A meta-analysis of research. Political Communication,2009,26(2)

113. Putnam R D,Bowling Alone.the Collapse and Revival of American Community.New York:Simon & Schuster,2000

114. Chan Joseph Man,Zhou Bao-hua.Expressive behaviors across discursive spaces and issue types in Shanghai.Asian Journal of Communication,2011

115. Bandura A.Self-efficacy:toward a unifying theory of behavioral change. Psychological Review,1977,37(2)

116. Miller H,et al.Type-set politics:Impact of newspapers on Public Confidence,American Political Science Review,1979,73(1)

117. Pinkleton B.et al.Relationships of media use and political disaffection to political efficacy and voting behavior.Journal of Broadcasting & Electronic Media,1998,42

118. Almond G,Verba S.The Civic Culture.Boston:Little,Brown,1963

119. Verba S,Nie N H.Participation in America.New York:Harper,1972

120. McLeod J M,et al.Community,communication,and participation:the role of mass media and interpersonal discussion in local political participation.Political Communication,1999(16)

121. Lee K M.Effects of Internet use on college students'political efficacy.

Cyberpsychology & Behavior,2006(9)

122. Scheufele D A,Nisbet M C.Being a citizen online:new opportunities and dead ends. Harvard International Journal of Press-Politics,2002(7)

123. Finkel S E.Reciprocal effects of participation on political efficacy:A panel analysis. American Journal of Political Science,1985,29(4)

124. Finkel S E.The effects of participation on political efficacy and political support:Evidence from a West German panel.Journal of Politics,1987,49(2)

125. Mendelsohn M,Cutler F.The effect of referendums on democratic citizens: Informati on,politicization,efficacy and tolerance.British Journal of Political Science,2000(30)

126. Semetko H A,Valkenburg P M.The impact of attentiveness on political efficacy:evidence from a three-year German panel study.International Journal of Public Opinion Research,1998,10(3)

127. Lianjiang Li.The empowering effect of village elections in China.Asian Survey,2003(43)

128. Castells M.The rise of network society.Oxford:Blackwell,1996

129. Castells M.Communication,power,and counter-power in the network society. International Journal of Communication,2007(1)

130. Dayan D,& E.Katz.Media events:The live broadcasting of history. Cambridge,MA:Harvard University Press,1992

131. Dayan D.Beyond media events.In M.Price,D.Dayan (Eds).Owning the Olympics:Narratives of the New China.Ann Arbor,MI:The University of Michigan Press,2008

132. Qiu J L.Life and death in the Chinese informational city:The challenges of working-class ICTs and the information have-less.Paper presented at the conference"Living in the Information Society",Makati City,Philippines,2006

133. Qiu J L.Mobile civil society in Asia:A comparative analysis of People Power II and the Nosamo movement.Javost-the Public,2008,15(3)

134. Qiu J L.Working-class network society:Communication technology and the information have-less in urban China,Cambridge MA:The MIT Press,2009

135. Ross L,Greene D,House P.The false consensus phenomenon:An attributional bias in self-perception and social perception processes.Journal of Experimental Social Psychology,1977,13(3)

136. Nisbett R E,Wilson T D.The halo effect:Evidence for unconscious alteration of

judgments.Journal of Personality and Social Psychology,1977,35(4)

137. Billig M.Social psychology and intergroup relations.London:Academic Press,1976

138. Cherry F.Lost in translation.In Cherry F.The "stubborn particulars" of social psychology:Essays on the research process.London:Routledge,1995

139. Allport,Gordon W.The Psychology of Rumor.New York:Henry Holt,1947

140. Bandura A.Social foundations of thought and action:A social cognitive theory,Englewood Cliffs NJ:Prentice-Hall,1986

141. Sherif M,Harvey O J,White B J,Hood W R,Sherif C W.Intergroup cooperation and conflict:The robbers cave experiment.Norman OK:University of Oklahoma Book Exchange,1961

142. Kenski K,Stroud N J.Connections between internet use and political efficacy,knowledge,and participation.Journal of Broadcasting & Electronic Media,2006,50(2)

143. Gamson W.Talking Politics.New York:Cambridge University Press,1992

144. Carey J.Communication as culture:Essays on media and society.Winchester MA:Unwin Hyman,1989

附录：微博公共事件年表（2009 年—2013 年）

2009 年 11 月 26 日	广州番禺垃圾焚烧事件
2010 年 1 月 21 日	广州"口罩男"叫停花岗岩路基工程
2010 年 2 月 23 日	"犀利哥"恶搞事件
2010 年 2 月 28 日	广西烟草局长"香艳日记门"事件
2010 年 3-5 月	深圳富士康员工连续坠楼事件
2010 年 3 月 4 日	城市广告语"宜春，一座叫春的城市"引争议
2010 年 3 月 10 日	微博揭穿全国政协委员严琦作秀风波
2010 年 3 月 17 日	山西疫苗案
2010 年 3 月 23 日	南平杀童事件
2010 年 4 月	广东惠州奥美特案
2010 年 4 月 14 日	微博直播青海玉树地震
2010 年 4 月 29 日	江苏泰兴幼儿园血案
2010 年 5 月	深圳宋山木强奸案
2010 年 5 月 17 日	广东佛山本田罢工事件
2010 年 6 月 8 日	广州白云机场金鹿航空迫降谣言事件
2010 年 6 月 18 日	广州法制办"咆哮哥"事件
2010 年 7 月 1 日	唐骏"学历门"事件
2010 年 7-8 月	李一道长造假事件
2010 年 7-12 月	经济观察报记者仇子明被通缉案
2010 年 7 月 14 日	霸王洗发水微博公关
2010 年 7 月 22 日	广州二沙岛"最牛违建别墅"事件
2010 年 7 月 23 日	深圳凤凰医院"缝肛"门事件
2010 年 8 月 3 日	广州保卫粤语行动
2010 年 8 月 7 日	90 后大学生微博直播舟曲泥石流事故
2010 年 8 月中旬	金浩茶油致癌事件
2010 年 8 月 19 日	李盟盟事件
2010 年 8 月 23 日	明星微博悼念菲律宾劫持人质事件遇难者
2010 年 8 月 29 日	方舟子遇袭事件

2010 年 9 月 4 日	深圳城管伤幼童引发群体事件
2010 年 9 月 8 日	女画家微博直播"捉奸门"事件
2010 年 9 月 10 日	江西宜黄拆迁自焚事件
2010 年 9 月 26 日	《在东莞》作者广东佛山被刑拘案
2011 年 10 月 15 日	微博关注陈光诚出狱事件
2010 年 10 月 16 日	"我爸是李刚"事件
2010 年 10 月 20 日	药家鑫案
2010 年 11 月 2 日	"张国荣复活"事件
2010 年 11 月 3 日	腾讯与 360 大战事件
2010 年 11 月中旬	广州多名女子失踪被卖器官微博谣言事件
2010 年 11 月 11 日	微博"谍曝"广州亚运会开幕式
2010 年 11 月 11 日	日本女优苍井空登陆新浪微博
2010 年 11 月 15 日	上海静安高层大火事件
2010 年 11 月 20 日	周立波与网民对骂事件
2010 年 11 月 20 日	微博直播湖南常德抢尸事件
2010 年 11 月 23 日	宁夏"跨省刑拘"错案
2010 年 11 月 23 日	厦门警方微博缉凶
2010 年 11 月 24 日	"帮助抗战老兵实现一个心愿"行动
2010 年 12 月 2 日	3 条微博计费 3900 元惹争议
2010 年 12 月	反对虐待动物微博万人大签名行动
2010 年 12 月 6 日	金庸"被去世"事件
2010 年 12 月 6 日	山东拆迁户微博发自杀遗书事件
2010 年 12 月 19 日	微博曝光四川渠县官办智障奴工基地黑幕事件
2010 年 12 月 22 日	深圳"史上最牛工资单"事件
2010 年 12 月 25 日	浙江乐清"钱云会事件"
2011 年 1 月	微博客成《南方人物周刊》年度人物
2011 年 1 月 25 日	微博解救乞讨儿童行动
2011 年 2 月 10 日	江苏响水新春万人大逃亡事件
2011 年 3 月 2 日	张春贤成为首位开通实名微博的省部级官员
2011 年 3 月	明星"拯救黑熊"行动
2011 年 3 月 15 日	"健美猪"事件

2011 年 3 月 16 日	抢盐风波
2011 年 4 月 22 日	李庄漏罪案
2011 年 3 月 31 日	双汇万人大会
2011 年 4-5 月	江西新钢上访女工欲参选人大代表事件
2011 年 4-6 月	药家鑫、李昌奎案引发"死刑"大讨论
2011 年 4 月 2 日	为贫困地区学童提供免费午餐爱心行动
2011 年 4 月 11 日	中石化天价酒事件
2011 年 4 月 15 日	北京张家湾附近"拦车救狗"事件
2011 年 4 月 19 日	徐武事件
2011 年 4 月 23 日	陈光标慈善注水风波
2011 年 4 月 25 日	个税起征点征集意见引发微博热议
2011 年 5 月 1 日	四川女孩微博直播白宫生活
2011 年 5 月 2 日	五道杠与不屑弟风波
2011 年 5 月 2 日	微博直播拉登之死引中国网民关注
2011 年 5 月 4 日	广州"举牌哥"反对花巨资改造地铁车站
2011 年 5 月 8 日	宁波机场 "让领导先飞"事件
2011 年 5-8 月	故宫"十重门"事件
2011 年 5 月 9 日	沈阳夏俊峰被判死刑
2011 年 5 月 9 日	高晓松酒驾
2011 年 5 月 10 日	国家统计局住房支出 111 元数据引微博热议
2011 年 5 月 16 日	王功权微博私奔引发"私奔体"流行
2011 年 5 月 17 日	广州"拇指妹"追问光亮工程
2011 年 5 月下旬	北京地铁迷药谣言事件
2011 年 5 月 23 日	清华真维斯楼事件
2011 年 5 月 23 日	四川攀枝花瓜农付友莲微博卖瓜
2011 年 5 月 25 日	李承鹏微博上表态参选人大代表事件
2011 年 5 月底	台湾塑化剂风波
2011 年 6 月 4 日	微博见证李娜法网夺冠
2011 年 6 月 6 日	广东潮州群体性事件
2011 年 6 月 9 日	沈阳最牛工商局长事件
2011 年 6 月 9 日	湖北利川群体事件

2011 年 6 月 11 日	广州增城事件
2011 年 6 月 11 日	西安本科生高考阅卷事件
2011 年 6 月 15 日	"大爱清尘"寻救尘肺病农民兄弟大行动
2011 年 6 月 16 日	四川凉山会理县领导"悬浮照"事件
2011 年 6 月 19 日	广州新市街道办主任裸聊事件
2011 年 6 月 20 日	郭美美事件
2011 年 6 月 20 日	溧阳卫生局长微博开房事件
2011 年 6 月 22 日	广州九旬抗战老兵微博寻子事件
2011 年 6 月 23 日	张柏芝谢霆锋离婚事件
2011 年 6 月 26 日	吕丽萍反同风波
2011 年 6 月 28 日	孕妇微博直播生产过程被誉"围脖第一妈咪"
2011 年 6-12 月	"留守儿童微心愿"计划
2011 年 6 月底	多个城市强降雨后内涝引发"看海"事件
2011 年 7 月 7 日	广州"微博晒作文题"高考舞弊案
2011 年 7 月 21 日	远征军"老兵回家"活动
2011 年 7 月 23 日	温州动车脱轨事故
2011 年 7 月 30 日	黑龙江方正县开拓团立碑事件
2011 年 7 月 31 日	昆明发改委官员"艳照门"事件
2011 年 8 月 2 日	河南汝阳人大主任"艳照门"事件
2011 年 8 月 4 日	成都教育局官员微博"调情门"事件
2011 年 8-9 月	媒体拯救"植物人妈妈"事件
2011 年 8 月 16 日	"卢美美"中非希望工程被质疑事件
2011 年 8 月 21 日	四川绵阳高速"摸奶哥"不雅照事件
2011 年 8 月 26 日	安徽芜湖"你反对党，你反对我"事件
2011 年 9 月 2 日	四川射洪黑熊逃跑门事件
2011 年 9 月 6 日	李双江之子李某某"红星带我去战斗"事件
2011 年 9 月 20 日	广州"区伯"状告广州市政府三部门不作为
2011 年 9 月 21 日	广东陆丰乌坎村事件
2011 年 9 月 21 日	校长撑腰体事件
2011 年 9 月 26 日	微博直播谢娜张杰大婚
2011 年 9 月下旬	贵州副县长女儿"尤美美"微博炫富事件

2011 年 10 月 6 日	微博哀悼乔布斯
2011 年 10 月 13 日	广东佛山小悦悦事件
2011 年 10 月 14 日	四川志愿者"自贡救狗"事件
2011 年 10 月 18 日	京剧名角刘桂娟微博嘲讽雷锋风波
2011 年 10 月 26 日	浙江织里镇安庆打工者抗税事件
2011 年 10 月 26 日	天津曝光豪华公务车事件
2011 年 11 月 16 日	甘肃正宁"校车之殇"事件
2011 年 11 月 28 日	武汉高校女生求职被割肾抛尸微博谣言事件
2011 年 12 月 7 日	广州女孩微博直播自杀事件
2011 年 12 月	"衣加衣"温暖行动
2012 年 1 月	韩寒、麦田微博论战及方舟子介入打假
2012 年 1 月 5 日	温州富二代初中生用钱擦鞋微博炫富事件
2012 年 1 月 31 日	微博曝光云南"涉嫌公车上香"事件
2012 年 2 月初	香港人内地人对骂事件
2012 年 2 月上旬	浙江药监局长儿媳微博炫富"坑公公"事件
2012 年 2 月 7 日	微博曝光甘肃卫视女主播 3 天换 3 名字
2012 年 2 月 10 日	重庆王立军事件
2012 年 2 月 10 日	微博谣言江苏要发生 7 级以上地震事件
2012 年 2 月 10 日	38 岁单身女硕士建贞操网倡守贞
2012 年 2 月下旬	福建泉州归然堂熊胆事件
2012 年 2 月下旬	合肥"官二代"火烧花季少女事件
2012 年 3 月 16 日	4 大门户网站微博全部实行实名制
2012 年 3 月 23 日	哈医大一院杀医案
2012 年 4 月 4 日	贾樟柯微博晒"家庭文革史"
2012 年 4 月 15 日	"毒胶囊"事件被曝光
2012 年 4 月 16 日	天津的哥拒收盲人车费"一句话感动千万人"
2012 年 4 月 19 日	湘潭 21 岁"官二代"局长事件
2012 年 4 月 20 日	山西女商人吃空饷变身副县长
2012 年 4 月下旬	武汉市"海选"3 名"布衣参事"
2012 年 5 月 4 日	湖南高校职称评委开房收钱
2012 年 5 月 8 日	上海中学校长拒绝警察询问学生事件

2012 年 5 月 8 日	黑龙江最美女教师张丽莉舍身救学生
2012 年 5 月 9 日	汪洋"破除人民幸福是党和政府恩赐"言论引热议
2012 年 5 月 11 日	河南"眼花"法官被批捕
2012 年 5 月 15 日	深圳市公务员上街擦皮鞋
2012 年 5 月 18 日	保定"良心油条哥"窜红微博
2012 年 5 月中旬	发改委假冒副司长"邹斌勇"被曝光
2012 年 5 月 24 日	微博力挺"魏桥民电"打破电老虎垄断
2012 年 5 月 29 日	《环球时报》社评鼓吹"适度腐败论"
2012 年 5 月 29 日	"最美司机"吴斌 76 秒感动国人
2012 年 6 月 4 日	广东惠州山寨版"欧洲小镇"遭炮轰
2012 年 6 月 4 日	陕西安康某孕妇被强行引产 7 月婴儿
2012 年 6 月 5 日	中国烟草获"2011 生态中国贡献奖"遭炮轰
2012 年 6 月 5 日	人社部延迟退休年龄调研引热议
2012 年 6 月 25 日	广东中山沙溪镇群体性事件
2012 年 7 月 1 日	"我靠重庆"旅游广告引争议
2012 年 7 月 2 日	什邡群体性事件
2012 年 7 月 7 日	柳州围剿食人鱼
2012 年 7 月 3 日	蒋方舟刚毕业就任《新周刊》副主编
2012 年 7 月 9 日	央视"马赛克"风波
2012 年 7 月 10 日	湖南娄底被救者"找回感恩之心"
2012 年 7 月 11 日	浦东高速交警发布"把稳生命"走红微博
2012 年 7 月 15 日	《现代汉语词典》第 6 版拒收"剩男"、"剩女" 和"同志"等词引热议
2012 年 7 月 15 日	北大校长周其凤"探母"遭质疑
2012 年 7 月 15 日	微博关注 73 岁农民被迫犯罪入狱养老
2012 年 7 月 21 日	北京地区强降雨
2012 年 7 月 24 日	襄阳斥巨资建郭靖黄蓉雕像引争议
2012 年 7 月中下旬	微博力挺廖丹"刻章救妻"
2012 年 7 月 30 日	叶诗文得金牌被疑服禁药引国人愤慨
2012 年 8 月 3 日	湖南永州唐慧被劳教案
2012 年 8 月 6 日	沈阳大量商铺关门歇业避打假事件

2012 年 8 月 10 日	江苏靖江公务员砍人案
2012 年 8 月 26 日	陕西"表哥"杨达才事件
2012 年 9 月 10 日	钓鱼岛事件引发中国民间反日行动
2012 年 10 月 9 日	福建"表叔厅长"李德金事件
2012 年 10 月 10 日	广州"房叔"蔡彬事件
2012 年 10 月 13 日	太原公安局长之子醉驾袭警事件
2012 年 10 月 22 日	四川"虐猴男"活剥猴皮
2012 年 10 月 24 日	浙江温岭幼儿园女教师虐童照曝光
2012 年 10 月 29 日	王石曝婚变
2012 年 11 月 18 日	于丹北大谈昆曲被呛下台
2012 年 11 月 21 日	重庆北碚区委书记不雅照被曝光
2012 年 11 月 23 日	黑龙江双城市人大代表涉嫌性侵女主播
2012 年 11 月 23 日	李庄向最高检申诉
2012 年 11 月 30 日	广东顺德公安副局长"上亿房产"被曝光
2012 年 12 月 3 日	岳阳天价切糕事件
2012 年 12 月 3 日	兰州市长身陷"名表门"
2012 年 12 月 5 日	山西一区人大代表 4 妻 10 子女事件
2012 年 12 月 6 日	《财经》副主编李昌平实名举报刘铁男
2012 年 12 月 11 日	儿慈会"洗钱"风波
2012 年 12 月 12 日	编译局衣俊卿事件
2012 年 12 月 14 日	河南信阳 22 名学生被砍伤后政府"失声"
2012 年 12 月 18 日	海南"坑警女友"事件
2012 年 12 月 26 日	郑州"房妹"事件
2013 年 1 月 3 日	南方周末新年献辞事件
2013 年 1 月 4 日	兰考弃婴火灾遇难
2013 年 1 月 10 日	揭阳民政局"借孤儿"应付检查事件
2013 年 1 月 10 日	辽宁东港 80 后女副市长遭质疑
2013 年 1 月 12 日	网友呼吁无座火车票半价
2013 年 1 月 17 日	陕西神木"房姐"事件
2013 年 2 月 17 日	李双江之子李某某涉轮奸案事件
2013 年 2 月 26 日	佛山高明人大官员住四亩别墅事件

2013 年 3 月 22 日	湖南湘潭 27 岁在读研究生升任副县长
2013 年 4 月 18 日	山寨"习总书记"打的报道
2013 年 4 月 19 日	江苏泰州官员餐桌下跪事件
2013 年 4 月 20 日	四川芦山地震微博寻亲爱心接力
2013 年 5 月 3 日	在京安徽女孩袁丽亚坠亡事件
2013 年 5 月 8 日	张艺谋超生事件
2013 年 5 月 9 日	广东揭阳"子承父业"副县长事件
2013 年 5 月 14 日	海南"校长带小学生开房"事件被披露
2013 年 5 月 25 日	埃及神庙浮雕惊现"丁锦昊到此一游"
2013 年 5 月 27 日	大连女企业家"娜喊"举报行政执法局长
2013 年 5 月 28 日	浙江金华"下水道弃婴"事件
2013 年 5 月 31 日	延安城管"跳脚踩头"事件
2013 年 6 月 16 日	武汉卧底城管练摊事件
2013 年 7 月 19 日	"大师"王林事件
2013 年 8 月 1 日	上海"法官涉嫖门"
2013 年 8 月 11 日	记者陈宝成案
2013 年 8 月 18 日	河南林州民警摔婴事件
2013 年 8 月 21 日	网络推手"秦火火"、"立二拆四"被刑拘
2013 年 8 月 22 日	微博直播薄熙来案庭审
2013 年 8 月 23 日	新快报记者刘虎涉嫌造谣被刑拘
2013 年 8 月 24 日	山西男童被挖眼案
2013 年 8 月 25 日	"大 V"薛蛮子嫖娼被拘
2013 年 9 月 14 日	甘肃初中生发帖被刑拘
2013 年 9 月 29 日	区伯微报广州市委后门送礼事件
2013 年 10 月 13 日	浙江余姚镇干部下乡视察水灾让人背
2013 年 10 月 21 日	大 V 王功权被批捕
2013 年 10 月 22 日	新快报记者陈永洲被长沙警方跨省刑拘
2013 年 10 月 25 日	温岭杀医案
2013 年 10 月 28 日	天安门金水桥恐袭案
2013 年 11 月 3 日	孙杨无证驾豪车与公交车相撞
2013 年 11 月 3 日	湛江国资委副主任带女下属开房

2013 年 11 月 16 日	十八届三中全会启动放开单独二孩
2013 年 12 月 2 日	汪峰抢头条 5 连败
2013 年 12 月 13 日	朝鲜金正恩姑父张成泽被处决
2013 年 12 月 28 日	习近平庆丰包子铺排队买包子

后　记

　　这本小册子是在我的博士论文基础上补充修改而成的。之所以以"微博"为题，是因为我在职读博的 3 年期间，正是微博在中国勃兴并大放异彩之时。作为一名职业新闻人，我不能对微博这一新兴媒体和传播平台视而不见。我原本雄心勃勃地想做一个非常宏大的"微博传播研究"：从自媒体、社交平台、虚拟公共领域等 3 个维度展开论述。后来在开题时被导师当头棒喝，指出我选题的大而空，却对选题中的一个小小分支"微博公共事件中的公众参与"产生浓厚兴趣。于是便有了这本小册子。

　　这本小册子也见证了我跟武大的最深厚的缘分。有人戏称我是"武大队"的铁杆球迷。此话不假。我的本科、硕士、博士以及我的最美好的青春年华都是在武大度过的。我有时做梦都会梦见珞珈山上那满山遍野的樱花。梦见那些年，我们在樱花树下走过的日子。有关武大的点点滴滴的回忆都像樱花一般美好、绚丽。如果说，我们可以选择让时光永久定格在哪个节点的话，我会毫不犹豫地选择所有与武大有关的日子，让她像放 DVD 一样反复地回放。

　　但是爱因斯坦早就告诉我们，时间是单向度的、线性的，她不会因为我们的不舍和留恋而稍作停留。能够停留的，只有我们心中的那些刻骨铭心的记忆。有校友说，关于武大的记忆，除了可爱的女生，便是白发的先生。在我沉甸甸的"武大队"记忆库中，恩师们的名字和事迹占据了很大的比重。我博士生导师秦志希老师当年在我们读本科时讲授《中国现代文学史》抢座的场面总是难以忘怀。当时是个大阶梯教室，却常常觉得挤。下午的课，中午时前两排便早早地被笔记本占了座。占座者大多是上一届的美女师姐们。刚开始，我还觉纳闷：怎么重修的尽是这些漂亮的女生？后来才知道，她们根本不是什么重修，而是自己主动"再修"。秦老师的课讲得真是十分的出彩，而且十分的忘我，用他那湖北鄂州的口音，抑扬顿挫、手舞足蹈地演绎经典。本科毕业多年以后，有时同学聚会，大伙还会回忆起当年秦老师讲课的盛大场面。有同学说，秦老师瘦骨嶙峋、仙风道骨，他的气质仿佛就是从现代文学史中走出来的人物，这种人讲授现代文学史不引人入胜那才怪呢！大家对此观点都十分赞同，并以此为切入点对"武大队"老师们的讲课风格进行了热烈的讨论和深入的总结。记忆的闸门一打开，杯中的酒也便喝得更加热烈、畅快淋漓。

像所有书籍的后记一样，在这里，我也有很多感谢的话、感恩的话要说。首先，要感谢我的导师秦志希教授10多年来的言传身教，感谢他不嫌我的顽劣和鄙陋，一次又一次圆了我重回武大的梦想。感谢武大新闻学院的诸位老师，是您们让我有了永远成为"武大队"铁杆球迷的勇气！我还要感谢武大新闻学院2009级博士班各位同学、文学院高精鍊博士以及暨大新闻友谊班级张曼缔、刘佩等同学对我的帮助，没有你们，我的这本小册子不会这么顺利完成。

我服务的广州日报社曾经开创并至今保持着中国报业的多项第一，是年轻人放飞梦想的地方，也是我们安身立命之所在。在这里，我要感谢汤应武社长、李婉芬总编辑、黄卓坚副总编辑、周成华副总编辑、肖卫中副总编辑等领导多年来对我的关心和爱护。感谢广州日报的同事们一路上跟我一起分担、一起分享！

感谢广州市宣传文化出版资金对本书的资助。感谢赵泓教授为本书出版提供的帮助。

最后，我要感谢一下我的家人，感谢爸爸、妈妈和妻子常馨的支持和理解。

文远竹

2013 年 11 月于广州南浦岛